DESPERTE SUA GENIALIDADE

DESPERTE SUA GENIALIDADE

Fuja da Conformidade, Estimule a Criatividade & Torne-se Extraordinário

Ozan Varol

ALTA BOOKS
GRUPO EDITORIAL
Rio de Janeiro, 2024

Desperte Sua Genialidade

Copyright © 2024 STARLIN ALTA EDITORA E CONSULTORIA LTDA.

Copyright ©2023 Ozan Varol.

ISBN: 978-85-508-2254-9

Alta Cult é uma Editora do Grupo Editorial Alta Books.

Translated from original Awaken Your Genius. Copyright © 2023 by Hachette Book Group, Inc. ISBN 9781541700369. This translation is published and sold by Ozan Varol, the owner of all rights to publish and sell the same. PORTUGUESE language edition published by Starlin Alta Editora e Consultoria Eireli, Copyright © 2024 by STARLIN ALTA EDITORA E CONSULTORIA LTDA.

Impresso no Brasil — 1ª Edição, 2024 — Edição revisada conforme o Acordo Ortográfico da Língua Portuguesa de 2009.

```
        Dados Internacionais de Catalogação na Publicação (CIP)
               (Câmara Brasileira do Livro, SP, Brasil)

    Varol, Ozan
        Desperte sua genialidade : fuja da conformidade,
    estimule a criatividade e torne-se extraordinário /
    Ozan Varol. -- 1. ed. -- Rio de Janeiro : Alta Books,
    2024.

        ISBN 978-85-508-2254-9

        1. Autoajuda 2. Criatividade 3. Crescimento
    pessoal I. Título.

    24-195341                                    CDD-158.1
                    Índices para catálogo sistemático:

        1. Autoajuda : Crescimento pessoal : Psicologia
            aplicada    158.1

        Eliane de Freitas Leite - Bibliotecária - CRB 8/8415
```

Todos os direitos estão reservados e protegidos por Lei. Nenhuma parte deste livro, sem autorização prévia por escrito da editora, poderá ser reproduzida ou transmitida. A violação dos Direitos Autorais é crime estabelecido na Lei nº 9.610/98 e com punição de acordo com o artigo 184 do Código Penal.

O conteúdo desta obra fora formulado exclusivamente pelo(s) autor(es).

Marcas Registradas: Todos os termos mencionados e reconhecidos como Marca Registrada e/ou Comercial são de responsabilidade de seus proprietários. A editora informa não estar associada a nenhum produto e/ou fornecedor apresentado no livro.

Material de apoio e erratas: Se parte integrante da obra e/ou por real necessidade, no site da editora o leitor encontrará os materiais de apoio (download), errata e/ou quaisquer outros conteúdos aplicáveis à obra. Acesse o site www.altabooks.com.br e procure pelo título do livro desejado para ter acesso ao conteúdo.

Suporte Técnico: A obra é comercializada na forma em que está, sem direito a suporte técnico ou orientação pessoal/exclusiva ao leitor.

A editora não se responsabiliza pela manutenção, atualização e idioma dos sites, programas, materiais complementares ou similares referidos pelos autores nesta obra.

Grupo Editorial Alta Books

Produção Editorial: Grupo Editorial Alta Books
Diretor Editorial: Anderson Vieira
Editor da Obra: Gorki Starlin
Vendas Governamentais: Cristiane Mutüs
Gerência Comercial: Claudio Lima
Gerência Marketing: Andréa Guatiello

Produtor Editorial: Thiê Alves
Tradução: Rafael Surgek
Copidesque: Alessandro Thomé
Revisão: Kamila Wozniak
Diagramação: Natalia Curupana

Rua Viúva Cláudio, 291 — Bairro Industrial do Jacaré
CEP: 20.970-031 — Rio de Janeiro (RJ)
Tels.: (21) 3278-8069 / 3278-8419
www.altabooks.com.br — altabooks@altabooks.com.br
Ouvidoria: ouvidoria@altabooks.com.br

*Dedicado a todos os professores que ajudaram
a despertar minha genialidade — especialmente:*

Şakir Kan

Baise Kan

Neriman Minisker

Robert Rice

William Chisholm

Jonathan Rau

Anne Kozlu

Steven Squyres

William Birdthistle

Jane Latimer

Sumário

Introdução	XI
Um Recado Deste Livro para Você	XIX

PARTE I: *A Morte* — **1**

1. Deseduque	3
2. Descarte	13
3. Desintoxique	37

PARTE II: *O Nascimento* — **59**

4. Espetacularmente Você	61
5. Descubra Sua Missão	85

PARTE III: *A Jornada Interior* — **107**

6. Destrave a Sabedoria Interior	109
7. Liberte o Poder da Diversão	131
8. Ouse Criar	145

PARTE IV: *A Jornada Exterior* — **167**

9. Detectando Besteiras	169
10. Olhe Onde os Outros Não Olham	189
11. Não Sou Seu Guru	205

VIII SUMÁRIO

PARTE V: *A Transformação* *217*

12. Liberte Seu Futuro 219
13. Metamorfose 229

Epílogo 237
Quais São os Próximos Passos? 239
Agradecimentos 241
Notas 243

*Gênio é aquele que mais se parece
consigo mesmo.*

— THELONIOUS MONK

*O que está atrás de nós e o que está diante de nós
são questões minúsculas em comparação com o
que está dentro de nós.*

— HENRY STANLEY HASKINS

A originalidade consiste em retornar à origem.

— ATRIBUÍDA A ANTONI GAUDÍ

Introdução
É hora de despertar

Há um verme viciado em comer folhas de uva.
De repente, ele acorda... e não é mais um verme.
Ele é toda a vinha, e o pomar também, o fruto, os
troncos, uma sabedoria e felicidade crescentes que
não precisa mais devorar.

— RUMI, "O DESPERTAR DO VERME"

Sonhos parecem reais quando se está sonhando.

Você se encontra no meio da cena, sem saber como chegou no ponto em que está. Não se pergunta como regrediu à sua infância ou como conseguiu criar asas e voar. Apenas quando acorda, percebe que estava sonhando.

Nossa vida funciona da mesma maneira. É difícil nos lembrarmos como chegamos onde estamos, por que fazemos o que fazemos e acreditamos no que acreditamos.

Pense nisto: como acabou tendo de fazer determinado trajeto ao trabalho todos os dias? Como desenvolveu o jeito que escova os dentes? Como passou a dormir do lado da cama em que dorme? Como adquiriu seu jeito de tomar café?

Como você adotou as crenças que defende e as opiniões que são tão entremeadas em sua identidade? Qual foi o momento exato em sua vida em que você se declarou liberal, conservador ou neutro?

INTRODUÇÃO

Quais dessas crenças foram escolha sua e quais foram implantadas pela sua comunidade, suas escolas e sua família?

É difícil dizer.

Temos pouca noção de como viemos parar neste lugar. Só sabemos que estamos nele, então seguimos. Andamos sonâmbulos pela vida, ficamos presos em nossa maneira ensaiada de agir no mundo, escolhemos as coisas por hábito, não por desejo, reafirmamos as mesmas crenças, pensamos os mesmos pensamentos e fazemos as mesmas escolhas que levam aos mesmos resultados.

De certa forma (bem verídica), nosso passado se torna nosso futuro. O que escolhemos anteriormente dita o que fazemos hoje. Nós nos arrastamos para o mesmo amanhã previsível revivendo o ontem.

Dizemos que algumas pessoas vivem fora do padrão. Todavia, nesse clichê está implícito que *o resto de nós vive em um padrão*. Isso é tão válido que chega a ser perturbador. Somos ensinados desde cedo a não causar problemas, a fazer o que for preciso para nos encaixarmos de uma forma que pareça natural.

Somos definidos por crenças que não são nossas, trilhamos caminhos desgastados que nunca foram nossos, seguimos orientações de pessoas que não nos conhecem e que não têm ideia de para onde queremos ir, pintamos o espaço entre as linhas traçadas por outros.

Como resultado, nos tornamos atores coadjuvantes em nossa própria vida.

Estamos condicionados a procurar remendos externos em buracos internos — confiar em estranhos mais do que em nós mesmos. Esse condicionamento é ótimo para a indústria da autoajuda: os "três princípios disso" ou os "cinco segredos para aquilo" só dependem do seu cartão de crédito. Corporações e governos, por meio de algoritmos cada vez mais sofisticados, nos conhecem melhor do que nós mesmos — tornando-nos vulneráveis ao controle e à manipulação.

No fundo, sabemos que estamos destinados a mais — que não fomos postos na Terra para sempre seguir uma rotina —, mas nos sentimos aprisionados por nossa doutrinação e programação antinaturais. Tornamo-nos adaptados à realidade da qual queremos escapar.

O preço que pagamos por viver neste mundo é trair quem somos — e nos desconectar da genialidade interior.

Dentro de você há um vasto reservatório de sabedoria inexplorada. Você é feito de cada experiência que teve, cada história que ouviu, cada pessoa que foi, cada livro que leu, cada erro que cometeu, cada pedaço de sua existência humana maravilhosamente confusa. Tudo aquilo que faz você ser *você* — um enorme tesouro esperando para ser explorado.

Toda essa sabedoria está escondida sob as máscaras que usa, os papéis que desempenha e as décadas de condicionamento social que o ensinaram a pensar da mesma forma que seus professores, seus pais, sua tribo, influenciadores e pensadores — a pensar como qualquer um, exceto você.

Como resultado, nos tornamos estranhos para nós mesmos. Muitos de nós vamos do nascimento à morte sem saber o que realmente pensamos e quem realmente somos.

O negócio é o seguinte: ninguém pode competir com você em ser você, e esta é a primeira e a última vez que sua existência existirá. Se seu pensamento é uma extensão de você — se o que está criando é um produto de sua própria genialidade —, não existe quem possa competir contigo. No entanto, se reprimir a si mesmo e se não tomar para si a sabedoria interior, ninguém mais o fará. Essa sabedoria se perderá, tanto para você quanto para o mundo.

Pense nos humanos como peças individuais de um quebra-cabeça que, quando montado, forma um lindo coletivo. Cada peça é importante. Cada peça é idiossincrática. O quebra-cabeça não pode ser completado com um bilhão de peças com a mesma forma e cor. O que torna cada peça diferente também é o que a torna valiosa para o coletivo. Se você copiar as outras peças ou se sujeitar a elas, o mundo perderá a completude de sua forma e cor.

INTRODUÇÃO

As peças desse quebra-cabeça que assumem sua verdadeira forma e cor são extraordinárias. Elas se destacam da multidão, pois não a copiam e não estão à mercê de forças externas porque esculpem essas forças. Não podem ser mal orientadas pelos outros porque são as autoras de sua própria vida.

Elas também se revestem da magia do Teflon; vivem livres das opiniões dos outros — bem como de suas próprias opiniões e identidades passadas. Pensam e agem com independência genuína, obtendo insights diretamente de seu âmago.

Esses pensadores extraordinários são gênios. Por gênio não quero dizer grande talento ou inteligência. Um gênio, nas palavras de Thelonious Monk, "é aquele que mais se parece consigo mesmo". Gênio, em sua origem no latim, refere-se ao espírito guardião presente no nascimento de cada pessoa. Todos nós somos como Aladdin, e nosso gênio — ou nossa genialidade — está engarrafado dentro de nós, esperando para ser despertado.

Assim que despertam sua genialidade, pensadores extraordinários a compartilham com o mundo ao seu redor; canalizam a energia que os trouxe à existência e a transformam na arte que somente eles podem criar. Não apenas resistem ou rompem o status quo — essas pessoas o reimaginam e modificam o alicerce do possível. Nas palavras da campanha publicitária "Pense diferente", da Apple, eles são desajustados, rebeldes, encrenqueiros — pinos redondos em buracos quadrados.

Entretanto, o objetivo não é apenas pensar diferente. Alguém que anda para a esquerda simplesmente porque os outros estão andando para a direita é um conformista de um tipo diferente; ainda vive em reação aos outros, não em seus próprios termos. O mesmo vale para quem rejeita fatos científicos e, em vez disso, adota teorias da conspiração sobre Terra plana e governos reptilianos. Essas pessoas acham que essas teorias são produto de seu próprio pensamento, quando, na verdade, elas foram capturadas por uma narrativa tribal. Rebeldes sem uma causa, deixaram seu pensamento se tornar ainda mais conformista. Convicções fortes são um sinal da mente convencional, não da independente.

INTRODUÇÃO   XV

Fomos condicionados a temer pensadores independentes. Depois de fazer as pessoas pensarem por si mesmas, não há como prever seus caminhos. Pensadores independentes são um perigo constante para o status quo e para as pessoas que se beneficiam dele. Os reis tremem e seu governo cai quando o pensamento independente se agita.

Pensar *em* si mesmo não é o mesmo que pensar *por* si mesmo. Também não é ser melhor do que as outras pessoas e nem quer dizer que o certo é se apaixonar por seus próprios pensamentos tal como Narciso e seu reflexo em um lago. O mito do gênio solitário é apenas isso — um mito. Como explicarei mais adiante, uma comunidade diversificada de pensadores que *não* pensam da mesma forma pode ser um espelho para você e ajudá-lo a ver as profundezas que em outras condições se perderiam. Uma orquestra de pessoas de mentes *não* similares em que cada membro toca suas melhores melodias internas produz uma sinfonia completa que é maior do que a soma de suas partes.

Nesta era de manipulação em massa, em que tantas pessoas que seriam inteligentes em outras circunstâncias foram seduzidas a ter mentalidade preguiçosa, como deve ser agir em vez de reagir? Ter certeza de que suas crenças são suas? Parar de viver no piloto automático? Trilhar seu próprio caminho como líder e criador? Agir a partir de sua imaginação, em vez de sua programação? Ser a peça extraordinária do quebra-cabeça, em vez de se dobrar para caber nas formas que dizem que você deve ocupar? Deixar sua marca no universo?

Este livro é para quem deseja marcar o universo. É um livro prático para pessoas sem praticidade e que mostrará as ferramentas necessárias para despertar, se encontrar e descobrir as melodias que somente você pode tocar na sinfonia da vida.

A obra está organizada em cinco partes.

A primeira parte, *A Morte*, é sobre **eliminar quem você não é para que possa começar a descobrir quem é**. Nela, você se matriculará em uma escola de desaprendizagem. Revelarei como nos perdemos quando nos atrelamos a uma identidade, uma crença, uma tribo, um emprego, outra pessoa ou nosso antigo eu. Você descobrirá como

XVI   INTRODUÇÃO

organizar sua mente para que possa encontrar a genialidade interior e se concentrar no que importa e aprenderá a desinstalar sua programação não natural, a descartar o que não lhe serve mais e abandonar o que *é* para descobrir o que *pode ser*.

A segunda parte, *O Nascimento*, é sobre **encontrar o caminho de volta para o verdadeiro você**. Você aprenderá a descobrir seus princípios primários, suas impressões digitais e sua forma e sua cor — as qualidades que compõem sua genialidade. Revelarei como se diversificar e abraçar suas multidões, em vez de cair na armadilha de se definir como uma única pessoa, estática e não evolutiva, e você aprenderá a criar suas próprias portas na vida, em vez de se contorcer para passar pelas portas que estão abertas.

A terceira parte, *A Jornada Interior*, é sobre **acender sua criatividade**. Nessa parte, explicarei como pensar por si mesmo, criar ideias originais e fazer algo do nada, explorando sua sabedoria interior e a si mesmo em busca de insights. Você aprenderá por que a criatividade é menos sobre forçar ideias a virem e mais sobre desbloquear obstáculos que impedem seu fluxo natural. Revelarei maneiras práticas de desvendar os peixes grandes nadando nas profundezas de seus próprios oceanos. No final desta parte, você estará equipado com estratégias práticas para criar arte relevante — seja um livro, um negócio ou uma ideia inovadora.

A quarta parte, *A Jornada Exterior*, é sobre **explorar o mundo exterior e encontrar o equilíbrio entre o que está dentro e o que está fora**. Revelarei minha abordagem para filtrar informações e detectar besteiras, explicarei por que nos tornamos intelectualmente aprisionados tão facilmente e como escapar da tirania do novo, do conveniente e do popular. Você descobrirá como olhar para onde os outros não olham, ver o que os outros não veem e encontrar o extraordinário no comum, e também aprenderá por que as histórias de sucesso nos enganam, como conselhos bem-intencionados muitas vezes nos iludem e o que fazer para parar de se comparar com os outros.

A quinta parte, *A Transformação*, é sobre **seu futuro**. Revelarei por que a vida é uma academia na selva, não uma escada, como o planejamento pode cegá-lo para melhores possibilidades e como começar a andar antes de enxergar uma trilha evidente, e você aprenderá por que sua rede de segurança pode ser uma camisa de força, como deixar ir pode ser um ato de amor e por que uma vida vivida com cuidado é semimorta.

Quando você despertar do torpor de seu passado, a ilusão da Matrix desaparecerá e, como Neo, você começará a ver todos os 1s e 0s. Despertar será chocante. O novo eu que surgirá pode parecer estranho, porque foi suprimido por muito tempo. Os efeitos colaterais incluem dores de cabeça, crises existenciais e amigos muito confusos.

Sempre haverá uma razão para continuar colorindo dentro das linhas traçadas por outros — ou dentro daquelas que você mesmo traçou. Será agoniante deixar para trás o conforto para perseguir o desconfortável — entrar no desconhecido, onde todas as coisas que nunca existiram são criadas.

Mas, como Zora Neale Hurston pontuou: "Não há agonia que se compare a carregar dentro de si uma história não contada."[1] Este livro está aqui para ajudá-lo a descobrir essa história, explorar sua sabedoria interior e dar à luz sua genialidade, seu verdadeiro eu — a pessoa que você deveria ser.

Não é preciso uma pílula vermelha ou sapatinhos vermelhos para iniciar esta jornada.

Você já está em casa.

Vire a página e comece a caminhar de volta para si mesmo.

XVIII **INTRODUÇÃO**

Para ajudá-lo a pôr os princípios do livro em prática, criei vários recursos gratuitos no meu site, que é uma extensão importante deste livro [conteúdo em inglês].

Visite ozanvarol.com/genius para encontrar:

- Um resumo dos principais pontos de cada capítulo.

- Planilhas, desafios e outros exercícios para ajudá-lo a implementar as estratégias discutidas no livro.

- Um espaço para se inscrever na minha newsletter semanal, em que compartilho uma grande ideia que se pode ler em três minutos ou menos (os leitores a chamam de "o único e-mail que aguardo ansiosamente toda semana").

Um Recado Deste Livro para Você

Espero há muito
por você
espero que venha me buscar.

Contato você cruzando o tempo e o espaço.

Vejo todos seus capítulos.
A magia em sua loucura.
A luz em seus olhos.
O desejo não realizado em suas veias.
As palavras não ditas em seus lábios.
Um raio dentro de seu DNA.

Estou aqui para ser seu espelho,
refletindo o melhor e o pior de você.

Estou aqui para ser sua pá,
ajudando a desenterrar o que se internalizou.

Estou aqui para cortar-lhe com papel,
dizer coisas que não quer ouvir.

Mas não mudarei minhas palavras somente para que
me ame.
Não te oferecerei um refrigerante açucarado ou um
chá insosso.

INTRODUÇÃO

Servirei minha verdade — nada além de minha grande,
   linda e confusa verdade.

Lembre-se: eu não sou sua verdade.
Sua verdade está dentro de você.

Eu não te direi como viver.
(Isso o impediria de fazê-lo.)
Não sou uma palestra ou um sermão.
Não há teste no final.
Você pode pular partes de mim.
Pegue o que deu certo, deixe o resto.
Discorde de mim e me diga o que deixei passar.
Faça perguntas próprias, encontre respostas próprias.

Eu acredito nas palavras.
(Afinal, eu sou um livro!)
Mas aquilo em que mais acredito está além delas.

Minhas palavras destravarão as suas.
Minha sabedoria libertará a sua.
Minha história desprenderá a sua.

Sentarei a seu lado no escuro
enquanto você retorna à sua luz.

Eu mal posso esperar
para me encantar
com você,
que é extraordinário.

PARTE I

A Morte

A Parte I tem três capítulos:

1. **Deseduque:** sobre reparar os danos causados pelo sistema educacional.
2. **Descarte:** sobre deixar quem você não é para que possa descobrir quem é.
3. **Desintoxique:** sobre organizar sua mente para que possa ver a sabedoria interior e se concentrar no que importa.

No percurso, revelarei:

- Um dos piores conselhos (que é frequentemente repetido).
- Por que a persistência pode sair pela culatra.
- Uma maneira contraintuitiva de gerar ideias originais.
- Seu recurso mais escasso (dica: não é tempo e nem dinheiro).
- O que a cobra pode ensinar sobre viver do seu jeito.
- O lado sombrio da meditação.
- As três táticas que uso para manter a mente aberta e evitar o viés de confirmação.
- Por que você nunca se sentirá "a par de tudo" (e o que fazer sobre isso).
- A maior mentira que nos contaram sobre produtividade.
- A única emoção pela qual ansiamos — e como ela pode ajudá-lo a se ver com mais clareza.

1

Deseduque

*Reexamine tudo o que lhe foi dito na escola,
na igreja ou em qualquer livro, descarte
aquilo que insulta sua própria alma.*

— WALT WHITMAN,
PREFÁCIO *FOLHAS DE RELVA*

"Não há nada de errado com esta criança"

Gillian Lynne era considerada uma criança problemática.[1] Ela não se saiu muito bem na escola e não conseguia ficar parada, muito menos se concentrar. Era tão hiperativa que as pessoas a chamavam de Wriggle Bottom [Bumbum Dançante, em tradução livre].

Isso foi na década de 1930, na Grã-Bretanha, e a sigla TDAH nem existia. Preocupada com o fato de sua filha ter um distúrbio, a mãe de Lynne a levou a um médico, e essa consulta mudaria radicalmente o curso da vida da menina.

O importante foi o que o médico *não* fez; não rotulou Lynne como "difícil", não disse a ela para se acalmar nem a medicou automaticamente.

Em vez disso, decidiu seguir um palpite — ligou o rádio e pediu à mãe de Lynne que saísse do quarto com ele.

No minuto em que os adultos saíram, o corpo de Lynne começou a se mexer. Enquanto a música enchia o ar, ela não conseguia se conter e começou a dançar por toda a sala, até pulando na mesa do médico. "O que eu não tinha notado", Lynne escreveu em sua autobiografia, "era que a porta dele era uma daquelas lindas e antigas, de vidro com desenhos gravados, e o médico e minha mãe estavam observando através dela".[2]

Enquanto observava Lynne dançar, o médico sorriu e se virou para a mãe.

"Não há nada de errado com essa criança. Ela é uma dançarina nata, você deve levá-la imediatamente para a aula de dança."

(Podemos pausar a história aqui por um segundo? Que médico *incrível*!)

Essa receita — *levá-la para a aula de dança* — mudou a vida de Lynne. Quando chegou à escola de dança, ela encontrou uma sala inteira de pessoas como ela — "pessoas que tinham que se mexer para pensar", como ela afirmou.

Em seguida, veio uma vida inteira na dança. Lynne dançou no Royal Ballet e coreografou *Cats* e *O Fantasma da Ópera*, dois dos espetáculos mais antigos ainda em atividade na história da Broadway. Ao lembrar do momento no consultório, Lynne disse: "Eu realmente devo toda a minha carreira… e suponho que minha vida a esse homem."

A maioria das escolas trata os alunos da mesma forma que as companhias aéreas tratam os passageiros da classe econômica. O mesmo saco de pretzels é servido em cada assento apertado. Independentemente de suas percepções e curiosidades únicas, cada aluno recebe o mesmo currículo, as mesmas lições e as mesmas fórmulas.

Eficiente? Sim. Eficaz? Não.

É difícil fazer com que as pessoas se interessem por um assunto com o qual não se importam. Quando era estudante, o astrônomo Carl Sagan odiava cálculo.[3] Ele acreditava que o cálculo havia sido inventado por educadores mal-intencionados para "fins de intimidação", mudando de opinião apenas depois de ler o livro *Voo Interplanetário*, de Arthur C. Clarke. No livro, Clarke usou o cálculo para calcular trajetórias interplanetárias. Em vez de acatar quando lhe diziam "o cálculo é bom para você", Sagan agora podia ver por si mesmo a utilidade da disciplina e poderia usá-la para resolver problemas que achava que deviam ser resolvidos.

Em seus primeiros anos, as crianças são movidas por uma curiosidade genuína, olham para o mundo, envoltas em admiração, e não tomam nada como certo. Elas não lidam com a vida supondo que sabem (ou deveriam saber) as respostas, mas com o desejo de experimentar e assimilar.

Podem fazer perguntas como: *Se o mundo está girando, por que estamos parados? Por que o solo parece frio se o núcleo da Terra é tão quente? Como as nuvens flutuam sem cair?* Essas perguntas fantásticas irritam os adultos, que acreditam que elas são totalmente irrelevantes. (Pare um momento e tente respondê-las.)

Segundo Neil Postman, "As crianças entram na escola como pontos de interrogação e saem como pontos-finais".[4] Muitas vezes, as escolas curam os alunos da curiosidade, dissipando qualquer desejo que tenham de buscar o que lhes interessa. Em vez de fazer suas próprias perguntas e descobrir suas próprias respostas, os alunos são obrigados a memorizar as respostas de outra pessoa para as perguntas de outra pessoa.

Quando os alunos gostam do que aprendem, fazer os deveres escolares não parece trabalho, mas uma brincadeira. Gostar da escola também aumenta o desempenho acadêmico. Em um estudo com mais de 12 mil alunos no Reino Unido, quem relatou gostar da escola aos 6 anos teve um desempenho muito melhor em testes padronizados aos 16 anos, independentemente do QI ou da origem socioeconômica.[5]

Quando eu tinha 5 anos, meus pais me matricularam no jardim de infância. Em vez de escolher a minha pré-escola, como a maioria dos pais faz, eles me disseram que eu mesmo faria a escolha. Sem meu conhecimento, já haviam pesquisado as pré-escolas das redondezas, encontraram três que eram adequadas e acessíveis e, depois, as apresentaram a mim.

Visitamos cada uma delas e pude fazer as perguntas que eram importantes para mim ("Aqui tem quais brinquedos?"). Esse foi um momento formativo — que guardo comigo até hoje. Pela primeira vez na minha vida, me senti empoderado para fazer minhas próprias escolhas dentro dos limites que meus pais haviam estabelecido. Eu pude pensar por mim mesmo, em vez de depender do pensamento alheio.

Dizer às crianças para "assistir a isso" ou "fazer aquilo" não é bom o bastante — assim como a instrução "aprenda cálculo" não foi boa o suficiente para Sagan. Mas se você permitir que as pessoas sigam seus próprios interesses — e se comprometam com um destino que consideram importante —, elas ganharão vida.

Gaste menos tempo no "o quê", por exemplo, *É isso que estamos fazendo*, e mais tempo no "porquê", como em *Este é o porquê de estarmos fazendo isso*. Mostre ao seu filho como a geometria e as frações o ajudarão a consertar a bicicleta. Explique aos seus funcionários como a nova estratégia de marketing que precisam executar ajudará a conseguir um bom resultado. Reúna seus clientes incorporando um propósito no coração do que você faz.

Se fizer isso, o aluno se tornará um aprendiz, o funcionário se tornará um membro da equipe, e o cliente se tornará um defensor apaixonado.

Porque o problema não é com eles.

Eles só precisam ir para a aula de dança.

Assim que eles se moverem, moverão o mundo.

"O que você aprendeu na escola hoje?"

A osmose é o processo pelo qual as moléculas passam através de uma membrana semipermeável a fim de equilibrar as concentrações.

Eu estava andando de um lado para o outro memorizando material para minha prova de biologia do ensino médio. Andar me colocava em transe, permitindo que a membrana semipermeável que é meu cérebro absorvesse as moléculas de informação que eu deveria aprender.

Entretanto, eu não estava aprendendo nada — estava regurgitando uma série de palavras sem sentido que definiam a osmose e não tinha ideia do que essas palavras realmente significavam. Não sabia o que tornava uma membrana semipermeável (em oposição à completamente permeável) e como raios as moléculas sabiam equilibrar as concentrações. (Será que tinham pequenos cérebros que lhes diziam o que fazer?)

Minhas outras aulas não foram diferentes. No laboratório de química, havia um resultado certo que nosso "experimento" deveria produzir. Se não o obtivéssemos — se o experimento produzisse algo inesperado —, não havia espaço para curiosidade; significava que tínhamos realizado o experimento incorretamente e seria preciso repeti-lo até "acertarmos" enquanto nossos colegas de classe iam ao cinema.

A palavra educar está relacionada à palavra latina *eductus*. E *eductus* significa "eduzir" ou "extrair" de uma "pessoa algo potencial ou latente".[6] Em outras palavras, a educação deve ajudar os alunos a desenvolver e amadurecer o que já está dentro deles.

A maioria dos sistemas educacionais faz o contrário.

Não há extração, apenas preenchimento — de conhecimento e fatos. O professor enche os tanques vazios das mentes jovens com o "conteúdo" do curso, e o aluno absorve o conhecimento por osmose e o regurgita na prova. A educação é toda sobre o acúmulo passivo das respostas de ontem às perguntas de ontem. Os alunos não são ensinados a revisar fatos antigos, gerar o conhecimento de amanhã e responder a perguntas que nem sequer foram feitas.

Memorizar não é entender.

Não se pode aprender ioga memorizando posições de ioga. Não se pode aprender a andar de bicicleta lendo um livro sobre isso. E não se pode aprender ciência memorizando a definição de osmose. Como diz Richard Feynman, há uma diferença "entre saber o nome de algo e saber algo".[7]

Essa abordagem verbal de ensino joga o foco na pessoa que está na frente da turma. Muitas escolas prosperam com os alunos terceirizando seu pensamento para outra pessoa e dependendo do professor para obter a resposta certa. Professores bem-intencionados são esmagados sob as restrições dos resultados exigidos que os levam a padronizar e ensinar para a prova. O pensamento independente é sacrificado pela conformidade simples e escalável, e a conformidade é recompensada com uma boa nota e um pedaço de papel chamado diploma.

Pior, todo o "aprendizado" acontece em um ambiente que se assemelha a uma ditadura. Há uma hierarquia estrita. Qualquer movimento não autorizado está sujeito a punição. Funções corporais essenciais requerem um passe livre. As regras são impostas arbitrariamente: mesmo que a goma de mascar não impeça o aprendizado, o comportamento ainda é punido.

Embora os educadores falem em valorizar a criatividade, muitos acabam, na prática, a desestimulando. Pesquisas mostram que os professores classificam os alunos altamente criativos como menos desejáveis na sala de aula.[8] Essa descoberta foi replicada em vários estudos: os alunos criativos são os não convencionais, que frequentemente são desfavorecidos por seus professores.[9]

Com isso, as escolas acabam desensinando a criatividade. As crianças desaprendem a fazer arte, a se manifestar e a tomar iniciativa e fazer perguntas críticas. Elas são recompensadas por pensar como o professor, como o conselho escolar ou como o autor do livro didático — não por pensar por si mesmas ou questionar o que aprendem.

Destaquei-me nesse sistema. Eu me formei em primeiro lugar na minha turma de direito, obtendo a média de notas mais alta da história do curso. Isso não significa que eu era mais inteligente do que outros alunos ou que seria o melhor advogado graduado na minha universidade. (Na verdade, deixei a advocacia depois de apenas dois anos.) Meu GPA* indicou uma coisa e apenas uma: eu era bom em fazer provas e descobrir o que meus professores queriam. Depois de cada prova final, eu imediatamente me esquecia de tudo o que aprendera, e o pouco de que me lembrava rapidamente se desatualizava.

A maioria das provas devia ter as palavras VAMOS FINGIR inscritas em grandes letras maiúsculas na capa, para que todos estejam cientes do que está prestes a acontecer.[10]

---

* Grade Point Average, Média de Notas, em tradução livre, equivalente ao Coeficiente de Rendimento das universidades brasileiras. (N. do T.)

Vamos fingir que as perguntas desta prova são importantes.

Vamos fingir que há uma resposta única e absolutamente certa para cada questão.

Vamos fingir que a resposta foi determinada por alguém muito mais inteligente do que você.

Vamos fingir que a resposta é fixa para sempre.

Uma questão típica nesse jogo de "Vamos fingir" pode ser "Quem descobriu a América?" Ela encerra todas as dúvidas exigindo uma resposta unidimensional e eurocêntrica como "Cristóvão Colombo".

No entanto, uma questão muito mais interessante é: "Como se descobre quem descobriu a América?"[11] Essa questão leva a ainda mais perguntas: "O que significa 'descobrir'?", "Já não havia milhões de pessoas vivendo na América quando os europeus chegaram?", "Os nativos sempre estiveram aqui? Se não, como vieram para cá? A pé? De barco? De onde?", "Como investigar isso?"

Essas perguntas — que desafiam respostas simples — são do tipo que os alunos encontrarão na vida real. Esses estudantes deixam a escola perfeitamente equipados para prosperar em um mundo que não existe fora da sala de aula e se sentem perdidos, porque na vida não há problemas claramente definidos com uma solução única e também claramente definida.

No decurso da vida, a figura de autoridade pode mudar — digamos, de um professor para um gerente —, mas a abordagem básica permanece a mesma. O gerente exige anuência, e o trabalhador anui, então a empresa fica atolada em dogmas e na resistência à mudança.

Sendo assim, vamos parar de perguntar: "O que você aprendeu na escola hoje?" Essa questão perpetua a concepção ultrapassada da educação como um empreendimento cujo único propósito é ensinar aos alunos as respostas certas.

Em vez disso, perguntemos "O que te deixou curioso hoje?", ou "Quais perguntas você está interessado em explorar?", ou "Como você descobriria as respostas?", ou qualquer outra destinada a fazer com que os alunos pensem por si mesmos e coloquem um ponto de interrogação no fim da sabedoria convencional.

Se uma criança lhe perguntar "Como os dinossauros morreram?", resista ao impulso de iniciar uma lição sobre um asteroide atingindo a Terra. Em vez disso, pergunte: "O que você acha que poderia tê-los matado? Como você descobriria isso?" Quando ela lhe der uma resposta, peça-lhe mais. Deixe-a ver que, muitas vezes, há mais de uma maneira de enquadrar a pergunta e mais de uma resposta possível para ela.

Se um funcionário vier até você e perguntar "O que devo fazer sobre esse problema?", não dê uma solução rápida e eficiente logo de cara. Deixe-o sugerir soluções por conta própria. Quando você dá respostas certas aos outros, está agindo como um *personal trainer* que "ajuda" os clientes levantando os pesos para eles.

No fim das contas, a capacidade de reimaginar a sabedoria convencional é muito mais importante do que a capacidade de regurgitá-la.

Para onde foram todos os artistas?

"Quantos artistas há na sala?"

Essa é a pergunta que Gordon MacKenzie, um artista de longa data da Hallmark Cards, fazia enquanto visitava escolas.[12]

A resposta era sempre a mesma.

Na primeira série, todas as crianças saltavam de seus assentos e levantavam as mãos.

Na terceira série, cerca de dez em cada trinta crianças levantavam as mãos.

Na sexta série, apenas um ou dois levantariam as mãos, com relutância — enquanto outros na classe olhavam em volta para ver quem admitiria tal desvio.

"Toda criança é uma artista", disse Pablo Picasso. "O problema é como permanecer uma artista quando ela crescer."[13] À medida que os financiamentos estudantis e imobiliários começam a aumentar, ficamos presos em padrões antigos e perdemos de vista o artista interior.

Nosso vocabulário reflete essa mudança. A gente nem chama mais de "arte". Chamamos de "conteúdo". Uma parte de mim morre por dentro quando alguém se chama de "criador de conteúdo".

Conteúdo é algo que se coloca dentro de uma bolsa, que se produz em uma linha de montagem. Ninguém quer se levantar de manhã e ler o conteúdo durante o café. E nenhum criador que realmente se preze quer gerar conteúdo também.

Porque o conteúdo é normal. O conteúdo é fungível. Os criadores de conteúdo podem ser substituídos. Os artistas não.

Arte não é apenas algo que artistas mal remunerados fazem em um estúdio e não está relacionada apenas a objetos. Contanto que você esteja reimaginando o status quo — que esteja perturbando a paz, na frase memorável de James Baldwin —, qualquer coisa que faça em sua vida pode ser arte.

A nova estratégia que você projeta no trabalho é arte.

A maneira como cria seus filhos é arte.

A maneira como decora sua casa é arte.

A maneira como fala, a maneira como sorri, a maneira como vive sua vida — é tudo arte.

Se você chamar suas criações de "conteúdo" ou se recusar a pensar em si mesmo como artista, os resultados refletirão essa mentalidade. Suas criações serão comuns. Você reforçará o status quo, entediará as pessoas até não poder mais. E estará descontroladamente fora de contato com um mundo em rápida evolução que exige que todos nós sejamos artistas.

A filha de 7 anos do artista Howard Ikemoto uma vez lhe perguntou: "O que você faz no trabalho?"[14] Ele respondeu: "Trabalho em uma faculdade, onde meu dever é ensinar as pessoas a desenhar." Ela respondeu, perplexa: "Então elas se esqueceram?"

Sim. Já se olhou no espelho e se perguntou o que aconteceu? Você provavelmente não se sente tão velho quanto parece. É porque há um centro eterno dentro de você que permaneceu jovem, mesmo que seu corpo tenha envelhecido fisicamente. E há um artista com um estúdio permanente nesse centro atemporal — um aluno da primeira série dentro de você saltando de seu assento para dizer ao mundo que é um artista. Quanto mais pudermos nos reconectar com esse artista interior e recapturar nossa maravilha juvenil, melhor estaremos.

Então saque seu giz de cera e sua tinta metafóricos para pintar com os dedos.

Sua tela em branco está esperando por você.

O que você criará?

2

Descarte

*Todo ato de criação é, antes de tudo,
um ato de destruição.*

— ATRIBUÍDA A PABLO PICASSO

A pele em que habitas

A cobra é o antigo símbolo da transição.[1]

Ao contrário da pele humana, a pele de uma cobra não cresce com o animal.[2] Durante sua vida, o interior supera o exterior, e a cobra chega a um ponto em que deve descartar a pele mais velha em favor da nova.

Este processo é *desconfortável*. A cobra se esfrega e se arranha em superfícies até que seja capaz de, literalmente, rastejar para fora de sua pele antiga. Quando consegue completar o processo, uma nova e vibrante pele surge no lugar da antiga. Por outro lado, quando a cobra não consegue mudar de pele, pode ficar cega e morrer.

No decurso de minha vida, usei e descartei muitas peles: cientista de foguetes, advogado, professor de direito, autor e palestrante.

Cada muda era precedida por uma sensação desconfortável de que algo não estava certo. Eu fazia alguns ajustes aqui e ali, mas chegou um ponto em que minha pele velha não conseguia sustentar meu crescimento interior. O que antes fazia sentido agora não fazia.

Tomemos, por exemplo, minha transição da ciência de foguetes para o direito. Eu me especializei em astrofísica na faculdade e trabalhei na equipe de operações para a missão Mars Exploration Rovers. Adorei trabalhar nesse projeto e enfrentar os desafios práticos de colocar um rover na superfície marciana. No entanto, eu não amava a essência das aulas teóricas de matemática e física a que tinha de assistir. Com o tempo, meu entusiasmo pela astrofísica começou a diminuir, e me tornei mais interessado na física da sociedade. Embora isso significasse abrir mão dos quatro anos que dedicara à ciência de foguetes, honrei minha curiosidade enquanto ela fluía em uma direção diferente e decidi ir para a faculdade de direito.

Descartar era perder temporariamente meu equilíbrio. Mas não descartar seria me perder.

Muitas vezes nos confundimos com nossa pele, mas ela não é o que somos; é apenas o que estamos vestindo no momento. Foi o que nos era adequado ontem. No entanto, muitas vezes nos vemos incapazes de descartar aquilo que superamos. Ficamos presos a um emprego que é ótimo no papel, mas que, na prática, suga nossa alma. Permanecemos em uma relação disfuncional, recusando-nos a reconhecer que não está dando certo. Sacrificamos a possibilidade do que *poderia ser* pela prisão autoconstruída do que *é*.

Quando você não está mudando quem é, está escolhendo quem será. A decisão de permanecer o mesmo é uma escolha — e não é a natural. Nossa pele física muda a cada mês ou dois.[3] Mas as peles compostas por nossas crenças, nossos relacionamentos e nossas carreiras estão muito mais grudadas.

Descartar vai contra a sabedoria convencional. Todos ouvimos o conselho bem-intencionado *nunca desista*. Valorizamos a bravura e a perseverança e atribuímos um enorme estigma à desistência. Desistir é indigno, significa que você falhou. "Vencedores nunca desistem e desistentes nunca vencem", como diz o ditado popular.

Sim, muitas pessoas desistem quando deveriam persistir. Não se deve desistir de um objetivo simplesmente porque as coisas ficaram difíceis ou porque você fracassou algumas vezes.

No entanto, muitas pessoas persistem quando deveriam desistir. Bravura é importante — mas não se ela o cegar para outras possibilidades. Determinação não tem sentido se você está repetidamente fazendo o que não dá certo ou se prende a algo que existe para além de seu propósito. O você de 37 anos tem pouco em comum com o de 27. Caso tenha alguma dúvida sobre isso, confira as postagens nas redes sociais que escreveu há 10 anos. Depois de terminar de sentir vergonha alheia do que seu eu passado decidiu compartilhar com o mundo, reflita: por que você deve se ater às decisões que essa pessoa tomou? O que você fez ontem não precisa controlar o que faz hoje.

Mesmo coisas positivas podem se tornar um fardo no futuro. Em uma parábola budista, um homem constrói uma jangada para atravessar um rio furioso, chegando com segurança ao outro lado. Então, ele levanta a jangada e começa a andar em uma floresta, mas ela começa a se prender nas árvores, impedindo seu avanço. No entanto, ele se recusa a soltar a jangada. *"Esta jangada é minha!"*, reclama. *"Eu a construí! Ela salvou minha vida!"* Mas, para sobreviver na floresta, ele deve soltar a jangada que salvou sua vida no rio.

Não se engane: mudar de pele é doloroso e chocante, isso é certo. Você a usa há anos, senão décadas, ela faz você se sentir seguro e confortável. Com o tempo, tornou-se sua identidade, então cultivar uma nova pele requer mudar quem você é.

Adicionar é fácil, mas subtrair é difícil — muito difícil. Quando investimos tempo e recursos na construção de algo, a falácia do custo irrecuperável entra em ação e nos compele a manter o curso. (*Passei dois anos neste projeto, não posso desistir agora!*) Nós nos comportamos como uma cobra que se prende com teimosia à sua pele velha e morta, mesmo quando a nova, ávida, tenta surgir.

Desejamos o que não temos, mas tememos perder o que fazemos.

Se você foi bem-sucedido em um caminho que já venceu, está enfrentando outro inimigo formidável: seu ego. A parte de você que ganha títulos, aumentos salariais e elogios não irá à lona sem brigar muito. Ela vai espernear, gritar, fazer tudo o que estiver ao alcance para convencê-lo de que você está cometendo o maior erro de sua vida. Seu ego perguntará: *Se eu parar de fazer o que faço há anos, se abandonar o título de advogado ou de diretor sênior, o que perderei? Mais importante,* quem *serei?*

Mas há outra pergunta mais importante que deve ser feita:

O que ganharei se me desapegar disso?

Muitos dos impactos positivos em minha vida vieram de subtrações, não de adições. Tenho mais orgulho de ter parado de fazer certas coisas do que das coisas que fiz.

Quando você não age — quando se agarra à pele antiga —, corre o risco de deixar uma tela não pintada, um livro não escrito, uma canção não cantada e uma vida não vivida. Caso fique em um emprego sem saída que suga sua alma, não encontrará a carreira que lhe permite brilhar e iluminar o mundo. Caso continue lendo um livro terrível porque já leu os primeiros capítulos, não encontrará aquele livro revolucionário que abalará todas suas estruturas. Caso permaneça em um relacionamento disfuncional porque, apesar de todos os fracassos da relação, ainda está convencido de que pode "consertar" a outra pessoa, você não encontrará um relacionamento que alimente sua alma.

Lembre-se sempre do custo de não agir, da dor da estagnação e da morte de seu potencial. Como diz o ditado, dá-se muitos passos em falso ficando parado.

Além disso, o descarte muitas vezes não é permanente para os humanos. Você pode fazer algo que a cobra não consegue: se sentir falta da pele antiga, pode colocá-la de volta. É possível recomeçar. Por exemplo, se fundar uma startup não der certo, você pode voltar para o mundo corporativo; ainda terá todas as habilidades que o tornaram bem-sucedido e agora também terá o benefício da perspectiva de fundador. Voltar para onde estava não é o mesmo que nunca ter saído desse lugar. Você saberá que encontrou seu espaço, mesmo que seja no ponto de partida.

Se a vida parece pesada, você pode estar optando por carregar uma jangada que não lhe serve mais. Se parece difícil se encaixar em padrões, relacionamentos ou pensamentos antigos — se você está cansado de viver sempre na mesma —, pode ser hora de fazer a muda. Mesmo que a nova pele não se encaixe perfeitamente, descartar a pele velha lhe dará uma sensação muito necessária de controle sobre sua vida. Provar a si mesmo que está no comando e que pode criar seu futuro é um presente inestimável.

Para continuar crescendo e se manter saudável, a planta deve ser podada. Os humanos funcionam da mesma maneira. Depois de podar o que não está mais lhe servindo — quando ficar nu diante do vento com camadas da pele antiga sendo trocada —, você começará a se ver.

Ao eliminar quem *não é*, você descobrirá quem *é*.

Você não é sua identidade

Já perdi contato com algumas pessoas que eu costumava ser.

— JOAN DIDION,
SLOUCHING TOWARDS BETHLEHEM

Herdamos uma identidade inicial de nossos pais: *americano. Germânico-escocês. Católico. Judeu.*

Posteriormente, as expectativas, as ideais e os papéis implantados em nós por outros se tornam parte de nossa identidade: *esportista. Sabe-tudo. Encrenqueiro.*

Nossa escolha de carreira adiciona outra camada: *profissional de marketing. Contador. Advogado.*

Nossas características autopercebidas adicionam ainda mais camadas: *"Sou perfeccionista." "Não demonstro minhas emoções." "Fico desconfortável socializando."* Tijolo por tijolo, construímos uma identidade para nós mesmos que define o que podemos fazer, no que podemos acreditar e o que podemos alcançar em nossa vida. Em seguida, gastamos uma quantidade extraordinária de energia defendendo e sustentando essas identidades.

"O que magoa muitas pessoas, particularmente pessoas famosas", certa vez afirmou Kobe Bryant, "é começar a se valorizar pelo 'que' são, pela maneira como o mundo as vê: escritora, palestrante, jogadora de basquete. E aí você começa a acreditar que o que se é, isso é quem se é".[4]

Nossa identidade é uma construção. É uma história que nos contamos, uma narrativa que criamos para dar sentido a nós mesmos e ao nosso lugar no mundo. Então nos tornamos prisioneiros dessa narrativa, restringindo nosso pensamento e ajustando nosso comportamento para se adequar à nossa identidade. Nossa linguagem muitas vezes reflete essa postura inflexível. *Sou democrata. Sou republicano. Sou vegano. Sou paleo.*

Confundimos a identidade com o "eu", mas a identidade, na verdade, o obscurece, levando você a acreditar que sua existência se resume a ela, mas é ela quem o impede de ser você. Você não é sua dieta. Não é seu partido político. Não é seu currículo ou seu perfil do LinkedIn. Não é a casa que possui ou o carro que dirige. Descrever-se com uma única identidade fixa é insultar sua vastidão e esconder e suprimir as multidões dentro de você.

Acabamos servindo nossa identidade, em vez de mudá-la para nos servir. Nossas narrativas se tornam profecias autorrealizáveis. Se você disser a si mesmo que fica desconfortável socializando, evitará ambientes sociais, o que enfraquecerá sua musculatura social e o tornará ainda mais desajeitado. Se disser a si mesmo que não demonstra suas emoções, estará escolhendo viver uma vida reclusa e levantar muros ainda mais altos. Se você se considera um perfeccionista, mudará sua realidade para viver de acordo com esse rótulo, apontando constantemente para alguma miragem inatingível de perfeição.

A identidade também facilita que autoridades e grandes empresas nos dividam em categorias e subcategorias. Se você tem uma identidade fixa, é mais fácil para um algoritmo mostrar o *gadget* que com certeza será comprado, para um político criar mensagens que o deixam exaltado e para uma empresa de mídia estreitar ideias atraentes para seu perfil. Recusar-se a ser estereotipado dessa maneira lhe devolve o poder de escolha.

Quanto menos rótulos vierem depois do "Sou...", mais liberdade você terá para assumir quem é. Isso é o que os budistas chamam de não ser — deixar cair o véu da identidade para que seu eu verdadeiro possa emergir. "Tornar-se ninguém, livrar-se das algemas que o fazem se lembrar de quem você é e quem os outros pensam que seja", nas palavras de Rebecca Solnit.[5] Se puder confundir o algoritmo ou o pesquisador de mercado — se não houver uma caixa de seleção que capture sua diversidade —, saberá que está no caminho certo.

Para dar si mesmo à luz, a pessoa que deveria ser, você deve esquecer quem é.

O restante deste capítulo compartilhará sugestões sobre como se desvincular de sua identidade para que você possa ser livre.

Você não é suas crenças

Você descobrirá que muitas das verdades às quais nos prendemos dependem muito de nosso próprio ponto de vista.

— OBI-WAN KENOBI EM *STAR WARS: EPISÓDIO VI — O RETORNO DE JEDI*

Há um velho ditado na academia: a *política acadêmica é cruel demais porque os riscos são pequenos demais.*

Vivenciei esse ditado em primeira mão. Em meus primeiros anos como professor, aborreci vários estudiosos proeminentes escrevendo uma série de artigos que contrariaram a sabedoria convencional em meu campo.

DESPERTE SUA GENIALIDADE

Durante um jantar de congresso particularmente memorável, um professor sênior ficou tão ofendido com meu trabalho que me insultou ferozmente enquanto pedaços de espaguete alfredo voavam de sua boca. (Terei o bom gosto de não compartilhar o que ele disse, embora seja tentador.)

Era difícil não levar ataques assim para o lado pessoal. Minha frequência cardíaca aumentava, minha pressão arterial disparava e eu ficava na defensiva, agarrando-me aos meus argumentos como se fossem um bote salva-vidas me protegendo da desgraça iminente.

Minhas crenças acadêmicas se misturaram à minha identidade — e se tornaram minha maior fraqueza. Era *meu* artigo, *meu* argumento, *minha* ideia. Era *eu*.

Uma vez que formamos uma opinião — nossa própria e muito inteligente ideia —, tendemos a nos apaixonar por ela. Médicos se apaixonam por seus diagnósticos, políticos seguem religiosamente a filosofia partidária e cientistas ignoram hipóteses concorrentes. O que pensamos se torna quem somos. Nossas crenças, expressas de forma consistente ao longo do tempo, se enrijecem. Torna-se impossível determinar onde elas terminam e onde nós começamos.

Os fatos não impulsionam nossas crenças, são elas que impulsionam os fatos que escolhemos aceitar — e os que escolhemos ignorar. Assumimos que os fatos e a lógica estão do nosso lado e que nossos oponentes estão ignorando a verdade — embora tenhamos a mesma opinião com mais frequência do que imaginamos.

Quando nossas crenças e nossa identidade se fundem, adotamos um sistema de crenças simplesmente para preservar nossa identidade. Qualquer tentativa de mudar de ideia — seja por nós mesmos ou, pior, por outra pessoa — nos atinge como uma ameaça. Quando alguém diz "Não gosto de sua ideia", ouvimos "Não gosto de você". A crítica se transforma em agressão verbal, e simples desentendimentos se transformam em mata-matas existenciais.

Minha experiência no congresso acadêmico me lembrou de uma parábola. Um grupo de homens cegos se depara com um elefante pela primeira vez na vida.[6] Cada homem inspeciona esse animal estranho tocando uma parte diferente de seu corpo. Um homem toca o tronco e diz que o animal é como uma cobra grossa. Outro toca seu flanco e o descreve como um muro. O seguinte toca sua cauda e diz que é como uma corda. Em uma das versões da parábola, os desentendimentos atingem um ponto inflamado. Os homens se acusam de mentir e se desentendem. "É uma cobra, seu idiota!" "Não, seu burro, é um muro!"

A moral da história é simples: a percepção molda a realidade. Não vemos as coisas como *elas* são, mas como *nós* somos.

Embora nossa experiência possa ser precisa, ela é limitada e subjetiva; não compreende toda a verdade. Não estamos vendo o elefante na sala, apenas tocamos uma parte dele.

O professor sênior e eu estávamos agindo como os cegos da parábola — nossas crenças bloquearam nossa visão, e não víamos a perspectiva um do outro.

Hoje, quando discordo de alguém, tento adotar uma abordagem diferente. Em vez de assumir imediatamente que a pessoa está errada e eu estou certo, pergunto: *O que teria de ser verdade para que a perspectiva dela fosse correta? O que ela vê e eu não? Que parte do elefante estou ignorando?*

Quando você interage com os outros, o objetivo não é julgá-los ou repreendê-los — nem mesmo em sua própria mente. Não é convencê-los ou vencer a discussão. Pesquisas apontam que, quanto mais tentamos convencer os outros, mais nos convencemos — e mais rígidas nossas crenças se tornam.[7] Em vez disso, o objetivo deve ser entender e ficar curioso sobre a visão da outra pessoa sobre o elefante — tentar descobrir o que ela está vendo e por quê. "Prossiga", em vez de "Você está errado e vou dizer por quê".

Aqui vai uma maneira incomum de implementar essa mentalidade de curiosidade, em vez de vontade de ganhar. Quando você estiver prestes a discordar de alguém, não diga nada até depois de ter reafirmado o que a outra pessoa disse, *agradando-a*.[8] E essa pessoa, por sua vez, não pode responder até que reafirme sua fala, agradando você. Essa regra perturba aquela dinâmica social tão comum, em que ficamos tão focados em elaborar a própria réplica inteligente que paramos de prestar atenção no outro. Teste isso na próxima reunião de trabalho ou na próxima discussão discordante. E lembre-se do conselho de Haruki Murakami: "Argumentar e vencer é quebrar a realidade da pessoa contra quem se está argumentando. É doloroso perder a própria realidade, então seja gentil, mesmo que esteja certo."

Toda vez que você enxerga uma nova perspectiva, muda a forma como vê o mundo. O mundo em si não mudou, mas sua percepção sim. Se estou em um lugar no qual sou capaz de tocar apenas a orelha do elefante, a única maneira de entender a presa do animal é por meio de outro ser humano.

Isso não exige que se mude de ideia, mas simplesmente que se veja o ponto de vista de outra pessoa. "A característica de uma mente educada", disse Aristóteles, "é ser capaz de acolher um pensamento sem aceitá-lo".[9]

O truque é separar sua identidade de suas crenças para enxergá-las claramente, avaliá-las honestamente e descartá-las, se necessário. Depois de tirar a venda que suas crenças formaram, é possível ver o mundo — e a si mesmo — com mais clareza.

Veja três maneiras de colocar essa mentalidade em prática:

1. Não misture ideias à sua identidade.

Escreva suas opiniões em tinta temporária, para que possam ser revisadas. Em vez de dizer "É nisso que acredito", diga "É assim que compreendo essa questão atualmente". Essa redação deixa claro que nossas ideias e opiniões — assim como nós — são obras em andamento, mudando e melhorando continuamente. "'Aquilo em que acredito' é um processo, não uma finalidade", como afirmou Emma Goldman.[10]

2. Amorteça o impacto em seu ego.

A parte mais difícil de pensar diferente é admitir que aquilo em que se acreditava passou a estar errado. A maioria dos egos não está disposta a admitir isso.

Então, diga ao seu ego que não estava errado. Para amortecer o impacto, diga a si mesmo que estava certo levando em conta o que conhecia — sua visão parcial do elefante. Mas agora que novas informações vieram à tona sobre outras partes do elefante que não se podia ver antes, suas crenças devem mudar. Dessa forma, você não está cancelando seu eu passado, está simplesmente o atualizando.

3. Faça uma pergunta simples a si mesmo.

Selecione uma de suas crenças firmemente mantidas. Pergunte a si mesmo: *Que fato mudaria minha opinião sobre esse assunto?*

Se a resposta for *Nenhum fato mudaria minha opinião*, você não tem uma opinião.

Você *é* a opinião.

A beleza na complexidade

*Para além das ideias de
irregularidades e atos corretos,
Há um campo.
Encontro vocês lá.*

— RUMI, *A GRANDE CARRUAGEM*

"Eu te amo, eu te amo, eu te amo", disse Megan à mãe ao telefone. "Falo com você em dez dias."

Então Megan foi para um retiro de meditação silenciosa. Isso simbolizou um recomeço após um término. Dez dias de foco interno ajudariam a restaurá-la. O centro de retiros que ela escolheu divulgava a meditação como um "remédio universal para os males universais" que proporciona "libertação total" de "todo o sofrimento".

Durante o retiro, Megan teria de largar o celular e manter um "nobre silêncio" obrigatório. Todos os dias, ela meditava por quase onze horas, sentada de pernas cruzadas em um tapete e se concentrando em sua respiração.

No sétimo dia do retiro, as coisas tomaram um rumo sombrio para Megan.

Durante a meditação, ela começou a se sentir pesada, e um "medo imenso" tomou conta dela; Megan começou a perder o controle da realidade — e de si mesma. Ela ficava pensando: *É o fim do mundo? Estou morrendo? Jesus está me punindo?*

Quando a mãe de Megan e sua irmã mais nova foram buscá-la no centro de meditação, a moça resistiu. "Você não está aqui de verdade", disse à irmã. "Estou criando você. Você é apenas uma projeção."

Depois que ela voltou para casa, seus problemas não diminuíram. Poucos meses depois do retiro, ela tirou a própria vida.

Quando li pela primeira vez a trágica história de Megan em um artigo de David Kortava, fiquei tentado a tratá-la como um caso extremo.[11] Tenho meditado regularmente por quase uma década e sou evangelista dos benefícios dessa prática.

A sabedoria convencional pinta a meditação como um remédio universal. Ariana Huffington capturou o sentimento predominante em uma entrevista: "A lista de todas as coisas em que [a meditação] impacta positivamente — depressão, ansiedade, doenças cardíacas, memória, envelhecimento, criatividade — soa como um rótulo de óleo de cobra do século XIX! Só que essa cura para tudo é real e não há efeitos colaterais tóxicos."

Mas a realidade, como frequentemente acontece, é mais matizada. A meditação restaura o bem-estar de muitas pessoas. Para outras, no entanto, faz o oposto.

Uma pesquisa conduziu uma revisão sistemática de 83 estudos sobre meditação que incluíram mais de 6.700 participantes. Sessenta e cinco por cento dos estudos relataram pelo menos um tipo de efeito adverso resultante da meditação. "Descobrimos que a ocorrência de [efeitos adversos] durante ou após as práticas de meditação não é incomum", concluíram os pesquisadores, "e pode ocorrer em indivíduos sem histórico prévio de problemas de saúde mental".[12]

Compartilhei essa pesquisa com os leitores de minha lista de e-mails para meditar sobre os perigos de pensar em categorias rígidas de preto-branco, bom-mau, certo-errado, sim-não. Foi um de meus posts mais populares, e a maioria dos leitores apreciou o ponto central: não existe remédio universal. Mesmo uma coisa "boa" não é boa para todas as pessoas em todas as circunstâncias.

Curiosamente, também recebi mais e-mails de ódio por esse artigo do que por qualquer outra coisa que escrevi recentemente. Segue um exemplo:

"Você está afugentando as pessoas da meditação. O que tem de errado com você?"

"Este artigo é mais do que irresponsável. Estou cancelando a assinatura."

"Você é uma fraude! Melhore."

Irônico, não é? Alguns dos praticantes mais ardentes da meditação prontamente responderam com raiva a um artigo que apenas introduzia nuances e ambiguidades.

Nada zen, não é?

Acho que a reação deles foi muito humana. Temos dificuldade em tolerar a ambiguidade. Achamos muito mais fácil classificar as coisas em categorias simples e rígidas e mantê-las desse jeito. Meditar é bom. Meditar é inútil. Fazer faculdade é essencial. Fazer faculdade é inútil. Elon Musk é um herói. Elon Musk é um vilão.

Em vez de ver todos os tons de cinza entre esses extremos, rejeitamos qualquer evidência que introduza dúvida. A partir dessa perspectiva, é melhor suprimir informações revisadas por pares sobre os potenciais efeitos adversos da meditação do que distorcer uma imagem unidimensional da meditação como um bem universal.

Fazemos isso com as pessoas também. Dividimos o mundo em heróis e vilões, opressores e oprimidos. Esse é o modelo padrão de Hollywood: os mocinhos derrotam os bandidos e todos vivem felizes para sempre. Não se pode esperar nada de ruim do bom, nem nada de bom do ruim. Não há espaço para nuances ou julgamento razoável. E o modelo funciona porque se adapta à natureza humana.

Jano era um deus romano com duas faces. Seu superpoder era sua capacidade de olhar em diferentes direções simultaneamente. Pensadores independentes agem como Jano e podem considerar várias perspectivas ao mesmo tempo. O objetivo não é conciliar as contradições ou resolver as divergências. É acolhê-las. É viver com elas. É perceber que a luz pode ser uma onda *e* uma partícula. É entender que uma prática de meditação que faz maravilhas para uma pessoa pode causar problemas para outra.

Nossa preferência pelo pensamento binário é, em parte, produto de nosso sistema educacional. As escolas são fábricas de certezas. Elas não nos incomodam com ambiguidades nem deixam nuances atrapalharem. Aprendemos, por exemplo, que a democracia triunfou sobre a tirania na Segunda Guerra Mundial. Mas nos esquecemos de que a União Soviética também estava entre os vencedores.

Em um livro didático não há "eu acho". Nenhum dos conhecimentos em um livro desse tipo é provisório ou uma obra em andamento. O mundo é uma série de respostas unidimensionais, certas ou erradas, descobertas por pessoas muito mais inteligentes do que você. Seu trabalho é memorizá-las e seguir em frente.

E então as certezas substituem todo o pensamento. Elas se tornam substitutas da compreensão. Distorcem a realidade para combinar com a narrativa. Criam divisões gritantes que alienam as pessoas com uma perspectiva diferente.

Ao ir direto para a certeza, pulamos o terreno sagrado da incerteza — não estar convicto, manter a mente aberta. Essas são as condições necessárias para detectar nuances e plantar as sementes de novas ideias. Não precisamos pesar todas as perspectivas igualmente ou garantir que todos os pontos de vista concebíveis sejam representados. É mais sobre manter a mente aberta e perceber que um conjunto de verdades não nega o outro.

Gosto de manter minhas opiniões um tanto flexíveis. Acolho pensamentos sem aceitá-los. De vez em quando, até flerto com a hipocrisia: acredito em uma coisa, mas faço a outra. Se me vejo sendo hipócrita, tomo isso como um sinal de que minha mente pode estar mudando — e isso é uma coisa boa de vez em quando. Quanto mais vagamente me apego às minhas crenças — que é precisamente o que a meditação ensina —, maior a probabilidade de mudar de ideia.

"O teste de uma inteligência de primeira linha", pontuou F. Scott Fitzgerald, "é a habilidade de manter duas ideias opostas em mente ao mesmo tempo e ainda reter a capacidade de funcionar".[13] A realidade começa a surgir apenas quando deixamos de lado nossa tendência de pensar em categorias puras e percebemos que quase todas as coisas existem em um continuum. Ao longo desse continuum, as respostas mudam dependendo do tempo e do contexto. Uma resposta mais próxima de estar correta hoje pode estar mais errada amanhã.

Em vez de nos comprometermos com uma única opinião, podemos ter vários pontos de vista e reduzir nosso apego a qualquer um deles. Em vez de cantar uma única melodia, podemos adicionar uma contramelodia. Em vez de marchar com uma batida consistente, podemos dançar nossa dança, deliciando-nos com ritmos surpreendentes.

Se você puder deixar pensamentos contraditórios dançarem um com o outro sem que sua cabeça exploda, eles produzirão uma sinfonia com um transbordar melódico — na forma de novas ideias — muito superior à música original.

Ao adotar essa mentalidade, você ganha a magia da percepção e vê através das miragens criadas por histórias unidimensionais.

No fim, há uma beleza enorme na complexidade. Um mundo de diversidade é muito mais interessante — e preciso — do que um mundo de certezas.

Você não é sua tribo

Henri Tajfel tinha um interesse pessoal em estudar genocídio.[14]

Ele era um judeu polonês que serviu no exército francês durante a Segunda Guerra Mundial. Foi capturado pelos alemães, mas sobreviveu ao Holocausto porque os alemães não perceberam que ele era judeu. Embora Tajfel tenha escapado da morte, muitos de seus amigos e familiares não escaparam.

Ele dedicou sua carreira profissional a responder a uma pergunta aparentemente simples: *O que motiva a discriminação e o preconceito?*

Tajfel e seus colegas realizaram uma série de experimentos.[15] Recrutaram voluntários para diversas equipes com base em suas respostas a perguntas aleatórias. Perguntou-se aos sujeitos, por exemplo, de qual de duas pinturas abstratas eles mais gostavam. Com base em suas respostas, foram atribuídos a um grupo composto por outras pessoas que expressaram a mesma preferência.

Eram grupos relativamente sem sentido, criados artificialmente. Não havia histórico compartilhado entre os membros e nenhuma razão inerente para que se desenvolvesse qualquer conflito.

No entanto, os participantes rapidamente desenvolveram a lealdade do grupo. Eles eram mais propensos a distribuir recompensas monetárias aos membros de seu próprio grupo à custa dos outros — mesmo quando não recebiam recompensas e mesmo quando estratégias alternativas beneficiariam ambos os grupos.

Em outras palavras, foi necessária a mais trivial das distinções para que os participantes se dividissem em "nós" e "eles". Simplesmente dizer às pessoas que elas pertenciam a um grupo e não ao outro era suficiente para desencadear lealdade em relação ao seu próprio grupo e preconceito contra o outro.

As tribos estão no centro da experiência humana. Milhares de anos atrás, a lealdade à nossa tribo era vital para nossa sobrevivência. Se você não se conformasse, seria condenado ao ostracismo, rejeitado ou, pior, abandonado à morte.

As tribos perduram na sociedade moderna de maneiras diferentes. As modernas se organizam em torno de diferentes identidades — democratas e republicanos, torcedores dos Yankees e dos Red Sox, nerds e topzeras, crossfiteiros e bodybuilders, Dead Heads e Little Monsters.

Uma vez que estamos em uma tribo, tendemos a nos identificar com essa tribo. Nós nos tornamos parte da tribo, e a tribo se torna parte de nós.

Não há nada inerentemente errado com as tribos. Elas nos conectam a uma comunidade com ideias semelhantes e criam oportunidades de conexão. Entretanto, o tribalismo se torna perigoso quando transforma rivais em inimigos, quando suprime o pensamento diverso e quando compele os indivíduos a fazer coisas que não fariam por conta própria.

Esse tipo de tribalismo perigoso prospera em um mar de pessoas desconectadas em busca de pertencimento. E quem não deseja pertencer a um grupo hoje em dia? Estamos desconectados de nossos vizinhos, da natureza, dos animais, do universo e da maioria das coisas que nos tornam humanos.

As tribos são o ímã que atrai o metal de nosso desejo de pertencer. Elas nos asseguram que estamos certos e somos moralmente superiores e nos forçam a uma realidade diferente, na qual se torna impossível ver — e muito menos compreender — outra visão de mundo. Tornamo-nos "os Poucos, os Orgulhosos, os Mais ou Menos Constantemente Chocados com Todos os Outros", como disse David Foster Wallace.[16]

Com o tempo, a identidade tribal se torna nossa identidade. Uma vez que a identidade e a tribo se fundem, deixamos esta determinar o que é apropriado para ler, assistir, dizer e pensar. Pegamos dicas nas redes sociais sobre o que nossa tribo está pensando e seguimos a linha. Se nossa tribo odeia Joe Rogan, também o odiamos. Se nossa tribo acredita que os imigrantes estão destruindo nosso país, também acreditamos. Perdemos nossa voz. Perdemos nossa escolha. Essa sensação calorosa, confusa e satisfatória de pertencer supera todo o resto — incluindo pensar por nós mesmos.

Seguimos narrativas, não evidências. Julgamos a mensagem pela afiliação tribal do falante. Aceitamos informações fomentadas por nossa tribo sem investigá-las ou pensar por nós mesmos. Por outro lado, rejeitamos informações de fontes divergentes, independentemente de sua qualidade.

Qualquer sinal de destribalização — qualquer desvio do código de conduta esperado — ameaça o pensamento de grupo tribal, introduz a incerteza na certeza tribal. Isso aumenta o perigo de que outros possam seguir o exemplo. Então, se você desobedecer ou discordar — se afastar sua própria tribo ou adicionar nuances ao pensamento categórico —, será constrangido, cancelado e enxotado.

Em *Fahrenheit 451*, Ray Bradbury descreve uma sociedade distópica na qual o governo queima livros, transformando-os em cinzas, e depois queima as cinzas. É fácil enxergar esse romance como um conto de alerta sobre um estado totalitário que proíbe livros.

O que é mais difícil de ver é outra narrativa, em que o verdadeiro culpado não é o governo, mas as pessoas. Em *Fahrenheit 451*, são as tribos — os amantes de cães, os amantes de gatos, os médicos, os advogados, os esquerdistas, os direitistas, os católicos, os zen-budistas — que despejam o querosene, acendem o pavio e pressionam seu governo a fazer o mesmo. Embora os autores não consigam controlar como seus livros são interpretados, Bradbury insiste que esta é a principal mensagem do livro: a existência de ditadores juniores (na forma de cidadãos comuns) erradicando ideias aparentemente controversas pode ser algo tão perigoso quanto um governo opressor.[17]

Um remédio frequentemente receitado para o tribalismo é a empatia. Porém, estudos mostram que as pessoas expressam empatia de forma tendenciosa.[18] Os membros de nossas próprias tribos recebem empatia, os demais levam um soco no estômago. Nós os menosprezamos (*eu avisei*), os condenamos ao ostracismo (*se você não está conosco, está contra nós*), os ridicularizamos (*que idiota*). Vemos os outros não como pessoas tentando entender o mesmo elefante de ângulos diferentes, mas como moralmente corruptos ou pouco inteligentes.

Rejeitamos pessoas que não seguem nossas normas.

Rejeitamos pessoas que têm uma perspectiva diferente.

Em seguida, rejeitamos pessoas que não rejeitam as pessoas certas.

A inteligência não é uma defesa contra essa tendência. Na verdade, estudos revelam que pessoas com habilidades cognitivas mais altas são mais suscetíveis a estereótipos porque são melhores na detecção de padrões.[19]

Embora a tecnologia tenha derrubado algumas barreiras, ergueu outras. Fomos classificados por algoritmos em câmaras de eco, nas quais somos bombardeados com ideias que reiteram as nossas. Quando vemos nossas próprias ideias repetidamente espelhadas nos outros, nossos níveis de confiança disparam e nossas opiniões se tornam ainda mais intensas.[20] Crenças opostas estão longe de serem vistas, então assumimos que elas não existem ou que aqueles que as adotam devem estar fora de si. Mesmo nas raras ocasiões em que outras perspectivas aparecem em nossos feeds, é fácil se desconectar delas. Simplesmente cancele a assinatura, deixe de seguir ou deixe de ser amigo — até que todos nossos conhecidos sejam reduzidos àqueles que papagueiam nossa visão de mundo.

A gritaria substituiu o engajamento fundamentado. A ideologia de diferentes tribos é variada, mas o estilo de argumento é perturbadoramente semelhante: *Minha posição é baseada em fatos e lógica, mas meus oponentes são imorais, tendenciosos e francamente ignorantes. Se ao menos eles abrissem a mente — se ao menos lessem tal e tal livro ou ouvissem tal e tal coisa —, entenderiam totalmente.*

Nós interagimos com os outros não para entendê-los, mas para convencer nosso próprio grupo de que pertencemos a ele. Os argumentos se transformaram em credenciais que acenamos nas redes sociais e além para garantir que todos saibam para qual time jogamos. Ganhamos aceitação pelo que dizemos e por aquilo em que acreditamos — não por quem somos.

Esses debates não são entre o certo e o errado, mas entre um errado contra o outro, e a verdade não está no meio deles, nem no debate, não está em lugar nenhum.

Tenha cuidado caso se encontre em um espaço onde apenas verdades aceitáveis são permitidas. Tabus são um sinal de insegurança. Apenas castelos frágeis precisam ser protegidos pelas paredes mais altas. Os melhores resultados são descobertos não eliminando respostas concorrentes, mas interagindo com elas. E o engajamento acontece em grupos construídos, não sobre tabus e dogmas, mas sobre uma base que celebra o pensamento diverso.

Quando pregamos, quando lecionamos, quando tentamos cegamente impor nossa verdade aos outros, quando derramamos o querosene e acendemos o pavio, quando permitimos que nossas tribos determinem o que é aceitável e o que não é, não somos capazes de ver os outros ou a nós mesmos claramente. E colocamos em risco o futuro da humanidade.

Envolver-se com perspectivas divergentes é trair sua tribo. Perguntar a outro grupo como eles veem um problema específico é ver esse grupo. Ao tentar entendê-los, você os humaniza. Ao questionar a narrativa tribal — a arma central dela —, você está reduzindo o poder da tribo.

E é exatamente isso que precisamos fazer. Se nossa identidade de grupo não substituir a nossa — se pudermos desenvolver um forte senso de independência de nossas tribos —, podemos fazer perguntas que ninguém faz e ver o que os outros são cegos demais para ver.

Quando você não está identificado com nenhum lado — quando não está na equipe que toca a presa nem na que toca a tromba —, é possível ser o observador afastado e ver o elefante inteiro em toda a sua glória.

Eu vejo você

Sawubona é uma saudação comum zulu.[21]

Mas seu significado é muito mais profundo do que um típico olá. *Sawubona* significa literalmente "Eu vejo você". Refere-se a ver em um sentido mais significativo do que o simples ato de ver. *Sawubona* significa: "Eu vejo sua personalidade. Eu vejo sua humanidade. Eu vejo sua dignidade."[22]

Sawubona diz que você não é um objeto para mim, não é uma transação, não é um título, não é apenas mais uma pessoa na fila entre meu macchiato Starbucks e eu, não é a camisa que está vestindo ou em quem votou na última eleição.

Você existe! Você é importante. Você não pode ser reduzido a um rótulo, uma identidade ou uma tribo. Você é uma lembrança para alguém. Você é um ser humano vivo, respirando, imperfeito, que vivenciou alegria e sofrimento, triunfo e desespero, amor e tristeza.

A resposta tradicional à *sawubona* é *ngikhona*, que quer dizer "estou aqui", mas seu significado também é mais profundo: "A expressão diz ao observador que você sente que foi visto e compreendido e que sua dignidade pessoal foi reconhecida."[23]

Quando nos sentimos compreendidos dessa maneira, vibramos na frequência de cada um e vemos a perspectiva do outro, em vez de passar batido por ela.

Essa é uma qualidade extremamente rara em um mundo onde nos recusamos a fazer contato visual com nossos oponentes, muito menos ver o mundo através de seus olhos.

Sawubona não envolve nenhum gesto grandioso. Significa ficar curioso sobre a visão de outra pessoa sem tentar convertê-la na nossa.

Significa se envolver com os outros, mesmo quando não endossamos todas suas ações.

Significa resistir às tentativas de nos fatiarmos em grupos e subgrupos.

Significa lembrar a nós mesmos que a beleza prospera na diversidade — incluindo a diversidade de pensamento.

Significa ver a diferença como um prazer curioso para aprender, em vez de um problema a ser corrigido.

Significa lembrar de nossa humanidade comum, mesmo quando discordamos.

Significa escolher enxergar em um mundo que perdeu a visão.

Permita-se temer

"Ai, meu Deus! Olhe lá... ali!", gritou o astronauta Bill Anders.[24]

A missão Apollo 8 marcou a primeira vez que uma nave espacial tripulada entrou na órbita lunar. Enquanto a espaçonave circulava a Lua, Anders avistou um objeto surgindo no horizonte e alertou Jim Lovell e Frank Borman, seus companheiros de tripulação.

O objeto era a Terra. Os três homens se tornaram os primeiros humanos a ver nossa casa a 240 mil milhas de distância — e capturaram o momento em uma fotografia icônica chamada *Earthrise* [Nascer da Terra]. Esses três astronautas — grego para "marinheiros estelares" — partiram para a Lua e, ao fazê-lo, encontraram a Terra.

Do ponto de vista da Lua, nos vimos pela primeira vez. Um mármore azul e branco vibrante contra um pano de fundo de preto cósmico sem vida. Não havia fronteiras entre as nações, nem razão para as pessoas que vivem em um cantinho dessa bolinha odiarem os ocupantes de outro, nem motivo para nossas preocupações e angústias ofuscarem a beleza da vida. "Ver a Terra como ela realmente é, pequena, azul e bela nesse silêncio eterno em que flutua", escreveu o poeta Archibald MacLeish, "é nos vermos como seus cavaleiros, irmãos nesta beleza radiante em frio eterno".[25]

Em um ponto durante a missão, Lovell ergueu o polegar para a janela da espaçonave e cobriu toda a Terra com ele. Atrás de seu polegar viviam mais de cinco bilhões de pessoas e tudo o que ele já conhecera. A Terra era uma "mera partícula em nossa galáxia, a Via Láctea, e jogada ao esquecimento no universo", escreveu ele.[26] Lovell começou a questionar sua própria existência. Ele esperava ir para o céu quando morresse. No entanto, percebeu que tinha ido para o céu quando nasceu.

A distância lhe deu clareza. "De lá da Lua, a política internacional parece muito pequena", explicou o astronauta Edgar Mitchell, da Apollo 14. "Você quer agarrar um político pela nuca e arrastá-lo por um quarto de milhão de milhas e dizer: 'Veja isso, seu filho da puta.'"[27]

Seja para a Lua ou para uma terra estrangeira aqui na Terra, viajamos "inicialmente, para nos perder; e, em seguida, para nos encontrar", nas palavras de Pico Iyer.[28] Fique muito tempo em casa e acabará cansado e perderá toda a perspectiva. Respirar novos ares tira você de seus caminhos arraigados e lhe abre novas maneiras de ser.

Os franceses chamam isso de *dépaysement*, a desorientação sentida quando se viaja para uma terra estranha. Seu mundo se torna confuso. Sua noção do que é adequado ou não dá cambalhotas. Você aprende a rir de coisas que o irritariam em casa. A maioria se torna minoria. Cercado pelos ecos de uma língua que você não conhece, você volta à infância, quando sua língua materna lhe era estranha — se torna um jovem tolo novamente.

Essas condições são ideais para descartar sua pele antiga. Nossas crenças, nossas perspectivas e nossos hábitos estão ligados ao nosso ambiente. Mude seu ambiente e fica mais fácil desalojar o que não lhe serve mais. É por isso que muitos fumantes acham mais fácil parar de fumar quando estão viajando. O novo ambiente não tem as mesmas associações de comportamento tabagista que a casa.[29]

Há outra razão pela qual a foto *Nascer da Terra* é tão poderosa. Ela desencadeia uma resposta emocional ao ver nossa casa azul se elevar acima da superfície lunar cinza. É a mesma emoção que nos cativa quando nos perdemos na natureza, quando vemos o nascimento de nosso filho ou refletimos sobre a vastidão do universo.

Essa emoção — o temor — está extremamente ausente em nossa vida. Há problemas no trabalho, estresse em casa e ansiedade nas notícias. Estamos famintos por temor, somos privados de uma das emoções mais fundamentais que nos conecta aos outros e nos torna mentalmente mais humildes.

O temor não dá apenas arrepios. Ele desperta. Acalma o ego e afrouxa seu apego à pele antiga. Em uma série de estudos, os participantes que assistiram a vídeos inspiradores do céu noturno expressaram menos convicção sobre suas crenças sobre a punição capital e mais disposição para interagir com outras pessoas que tinham opiniões diferentes sobre a imigração.[30] Outro estudo descobriu que o temor aumenta a conscientização das pessoas sobre as lacunas em seu conhecimento.[31]

Se você está em uma rotina e se sentindo preso em sua pele velha, permita-se temer. Perca-se em uma terra estrangeira. Saia em uma noite sem nuvens e consuma uma das substâncias mais potentes que alteram a mente — o céu noturno.

Quando voltar para casa, ela não terá mudado, mas você sim. "Não deixaremos de explorar", escreveu T. S. Eliot, "e, ao término da nossa exploração, deveremos chegar ao ponto de partida e conhecer esse lugar pela primeira vez".[32]

3

Desintoxique

*Há várias coisas sobre as quais um homem
inteligente deseja ser ignorante.*

— RALPH WALDO EMERSON,
PALESTRA "DEMONOLOGY"

Liberte sua mente (e o resto vem naturalmente)

Era o pior pesadelo de um compositor.[1]

Do nada, ele começou a ouvir tinidos e zumbidos em seus ouvidos. Nos anos seguintes, sua audição diminuiu constantemente. Para ouvir sua própria música, ele batia nas teclas do piano com tanta força que muitas vezes as destruía.

Sua condição continuou a piorar e não havia esperança de tratamento. Era o século XIX, quando a surdez era mal compreendida. O que dava sentido à sua vida — o som — estava desaparecendo completamente.

Aos 40 e poucos anos, ele não conseguia mais ouvir música.

Mesmo que os sons tocassem apenas em sua imaginação, ele continuou a compor. Afinal, a música é uma linguagem, e ele passou a vida inteira a dominando. Sabia como as notas musicais soavam e como diferentes instrumentos trabalhavam juntos. Ele poderia compor uma sinfonia inteira sem ouvir uma única nota.

Sua surdez debilitava, mas também permitia. Quanto menos ele podia ouvir, mais original se tornava. "A surdez não prejudicou e, de fato, pode até ter aumentado suas habilidades como compositor", escreveu seu biógrafo.[2] Seus primeiros trabalhos foram fortemente influenciados por seu professor, Joseph Haydn. Quando ficou surdo, não conseguia ouvir a música da moda de seu tempo, então não foi influenciado por ela.

Com a trilha sonora de outros músicos desligada, ele se ligou totalmente.

Sua originalidade, de acordo com Craig Wright , professor de música de Yale, "repousa nos sons que sua deficiência o forçou a ouvir internamente".[3] Sua surdez permitiu que desenvolvesse um estilo de composição único que destilava a música em seus elementos fundamentais. Ele, então, tomou posse desses elementos e lhes deu impulso, repetindo um acorde ou ritmo repetidamente em tom mais alto e com volume crescente. Esse estilo o definiria como um dos maiores compositores de todos os tempos.

Isso o tornaria Beethoven.

Imagine Beethoven sentado em frente a um piano. Nada de distrações. Sem tagarelice. Nada de música. Certamente sem smartphone e sem internet. Apenas as notas dançando em sua imaginação.

Para a maioria de nós, esse tipo de solitude é ensurdecedor, então preenchemos o silêncio com os pensamentos e as opiniões de outras pessoas. "Todo o infortúnio humano vem de... não saber como permanecer em silêncio em um cômodo", escreveu Blaise Pascal no século XVII.[4]

Desde então, o problema só piorou. Nunca foi tão fácil acessar informações como hoje. Essa facilidade de acesso traz muitas conveniências, mas também torna muito fácil ter acesso ao que as outras pessoas estão pensando. Na época de Beethoven, para que se obtivesse informações, seria necessário, no mínimo, ir a uma biblioteca ou a uma banca de jornal. Atualmente, fatos e opiniões estão a apenas um clique e uma rolagem de tela.

Cada notificação toca a melodia de outra pessoa. Cada e-mail nos transporta para a realidade de outra pessoa. Cada notícia urgente que surge conecta nosso cérebro ao drama e ao conflito. Nas palavras atemporais de Shakespeare, vivemos em um conto "cheio de som e fúria, sem sentido algum".

Em meio a todo esse som e toda essa fúria, não conseguimos nos ouvir. Os sons de outras pessoas ensurdecem nossos ouvidos, e suas cores cegam nossos olhos.

Quando você diminuir o volume de outras vozes, começará a ouvir uma melodia sutil, os sussurros de uma nova voz. Essa voz parecerá estranha, mas familiar — como se já a tivesse ouvido antes, mas não consegue se lembrar de onde.

Depois, reconhecerá essa voz como sua e se encontrará novamente — pela primeira vez em muito tempo.[5]

Nesse estado, você está sozinho, mas não solitário; está falando com a única pessoa que foi e será sua companheira constante: você mesmo. As ideias que perdeu se tornarão audíveis no silêncio.

O caminho para sintonizar a genialidade interior começa por sintonizar o ruído exterior.

Você descobrirá que há um ser sábio em seu interior, que já conhece o próximo capítulo de sua história e a próxima melodia de sua sinfonia.

Seu recurso mais escasso

Acordei no meio da noite, totalmente confuso.

Sonhei com uma equação. Eu estava em uma sala de aula, e no quadro havia uma equação simples escrita em giz:

$$0,8 * 0,2 = 0,16.$$

Esclarecendo: raramente sonho com matemática. Quando o faço, muitas vezes é um pesadelo em que vou terrivelmente mal em uma prova final de física teórica na faculdade.

Mesmo que esse não fosse um pesadelo, a equação me incomodou muito. De acordo com a matemática do ensino médio: 0,8 multiplicado por 0,2 é mesmo igual a 0,16. O que me incomodava era a conta implícita: o produto de dois números pode ser menor que cada número (0,16 é menor que 0,8 e 0,2).

O resultado faz sentido para o astrofísico em mim. Mas, no sonho, eu estava olhando para essa equação como um principiante em matemática, completamente confuso com o resultado. Como isso era possível? Se você multiplicar dois números juntos, o resultado não deveria ser maior do que cada parte?

Sonhos são escritos em tinta que desaparece. Mas este permaneceu por um tempo, como se uma mensagem estivesse embutida nele e eu precisasse aprendê-la.

E então ela me atingiu: quando vivemos em fração — em um 0,8 ou 0,2, em vez de em um 1,0 completo —, comprometemos a saída.

A maioria de nós passa pela vida funcionando com uma fração em tudo o que fazemos. Verificamos o e-mail durante as reuniões do Zoom. Enfiamos um sanduíche na boca com uma mão enquanto olhamos e celular com a outra. Checamos nosso e-mail antes de sair da cama e continuamos a checá-lo mais vezes do que imaginamos (para o norte-americano médio, o número diário é de 74 vezes).[6] Em média, os usuários do app Slack verificam suas mensagens a cada cinco minutos — fragmentando sua atenção em uma taxa absurdamente alta. A ironia do Slack, que em inglês significa descanso ou folga, é que ele impede que as pessoas descansem.

Quando trabalhamos, pensamos em lazer. Quando estamos no lazer, pensamos no trabalho. Habitamos um estado intermediário — nem lá, nem cá. Como resultado, nossa produtividade é afetada; produzimos menos do que investimos. Alcançamos apenas um iota de nossa capacidade total.

Onde está seu celular neste exato segundo? Se você é como a maioria das pessoas, a resposta será "ao alcance da mão". Nós nos tornamos inseparáveis de nossos celulares. Caminhamos com eles, jantamos com eles e até os levamos ao banheiro para compartilhar os momentos mais privados. São a primeira coisa que pegamos de manhã e a última coisa que vemos antes de ir para a cama.

Fomos levados a acreditar que se não estivermos sempre "ligados", perderemos informações cruciais. Porém, ao responder ao medo de ficar de fora [também conhecido como FOMO, do inglês *Fear of Missing Out*], nos tornamos imprudentes com nosso recurso mais escasso, que não é o tempo nem o dinheiro; é a atenção. Trate-a como se fosse seu dinheiro (porque ela é mais importante do que ele). Guarde-a, invista-a e gaste-a onde mais importa. E lembre-se: os serviços "gratuitos" de hoje — como as mídias sociais — não são gratuitos. Você está pagando uma fortuna em termos de atenção fragmentada e foco perdido.

A atenção não escala: podemos prestar atenção em apenas uma coisa de cada vez. É por isso que ela vale tanto. As forças econômicas reconheceram o valor desse recurso escasso e o transformaram em uma *commodity*. O empreendimento das redes sociais é vender atenção. O usuário dá sua atenção a eles de graça, e eles a vendem por um valor. Quando você abre o aplicativo, as redes ganham dinheiro, e quando o fecha, elas perdem.

De instante em instante, sua realidade é definida por aquilo em que você presta atenção, e ela capacita e amplia o objeto focado em sua mente. A maneira mais fácil de mudar sua realidade é mudar a forma de usar sua atenção.

Quando as pessoas encontram um grande líder, costumam dizer: "Essa pessoa me fez sentir como se eu fosse a única na sala." Imagine dar esse tipo de atenção completa a tudo o que se faz — e tornar esse objeto de atenção a *única* coisa na sala.

Não apenas trabalho focado, nas palavras memoráveis de Cal Newport, mas lazer focado. Descanso focado. Escuta focada. Leitura focada. Amor focado... Tudo focado.

Essa mentalidade requer estar ciente de suas próprias limitações. Quando escrevo, por exemplo, minha produção começa a cair significativamente após cerca de duas horas. Na quarta hora, estou operando a 0,2, na melhor das hipóteses. Se eu continuar forçando, sei que escreverei uma baboseira embolada que nem vale a pena editar. É muito melhor sair da frente do computador e dar atenção a outra coisa.

"Assim como os neurônios que disparam juntos se conectam, os que não disparam juntos não se conectam", segundo Nicholas Carr.[7] À medida que você passa mais tempo saltando de uma distração para outra e menos tempo se concentrando em uma única atividade, as redes neurais que suportam essas funções antigas começam a enfraquecer. Pegamos um livro e lemos o mesmo parágrafo várias vezes. Não conseguimos assistir a um filme ou ter uma longa conversa sem pegar o celular. Nosso foco oscila constantemente.

"Uma riqueza de informações", de acordo com Herbert Simon, "cria uma pobreza de atenção".[8] Se sua atenção for fragmentada e impulsivamente puxada em um milhão de direções diferentes, você não será capaz de se lembrar de muita coisa. Não será capaz de fazer associações, conectar pontos e formar novos insights. Não será capaz de pensar.

Pesquisas acadêmicas corroboram essa conclusão do senso comum: os multitarefas ferrenhos têm um desempenho pior em tarefas simples de memória cognitiva.[9] Quando sua atenção está sobrecarregada, sua capacidade de processar informações e transferi-las para a memória de longo prazo diminui significativamente.

A solução não é apenas estar atento ao que se está fazendo; é escolher uma atividade em detrimento de outras, é se recusar a picotar sua atenção em pedaços minúsculos e inúteis, alternando tarefas aproximadamente a cada dez minutos, como faz o profissional intelectual padrão.[10]

Deve haver vontade em sua atenção e propósito em seu foco. Muitas vezes, funcionamos no impulso, passando de uma notificação a outra, de um e-mail a outro, vivendo nossa vida em um borrão frenético. Todavia, se você desacelerar por apenas um momento e dedicar com vontade toda sua atenção ao que fará em seguida, acionará um desfibrilador interno que, com um choque, pode trazê-lo de volta à vida e aproximá-lo de sua capacidade total.

É como um grande líder apertando a mão da tarefa e a saudando. *Olá, atividade. É um prazer conhecê-la. Escolhi cuidar de você. Vou te tratar como se fosse a pessoa mais importante da sala e ignorar todo o resto.*

Pergunte a si mesmo diariamente: *Como quero usar meu recurso mais escasso hoje? Para onde quero direcionar minha atenção?* Pergunte também: *Qual coisa não merece minha atenção, mas a tem? Enquanto presto atenção nessa coisa, o que deixei passar?*

$0,8 * 0,2 = 0,16$. Agora há um post-it na minha mesa com essa equação. Serve como um lembrete constante para viver focado, em vez de em uma fração da minha capacidade.

Isso é tóxico

Uma mosca estava pousada em uma palha sobre
uma poça de urina de burro.
Cheia de orgulho, ela ergueu a cabeça e disse:
"Sou a capitã deste navio,
mestra deste oceano!"

— RUMI

"O que há na sua rotação digital matinal?", perguntou ele.

"Digital matinal o quê?", indaguei.

"Rotação digital matinal", repetiu ele. "Os primeiros aplicativos ou sites que você olha todas as manhãs."

Tive vontade de retrucar com indignação: "Eu não sou o tipo de pessoa que tem uma 'rotação digital matinal'." Mas na fração de segundo antes de abrir a boca, percebi que estaria mentindo.

Eu, de fato, tinha uma rotação digital matinal. Todas as manhãs — antes mesmo de tomar meu café da manhã —, olhar o Instagram, o Facebook, meus sites favoritos de notícias comuns e esportivas. Se algo estava nos trends, eu queria saber, se alguém gostou do meu post, eu queria saber, se surgisse alguma notícia nova, eu queria saber.

Segui essa rotina para me antenar e me conectar, mas acontecia o contrário. Era o equivalente digital de devorar um balde gigante de M&Ms no café da manhã todas as manhãs. Eu perdia toda a conexão, isso fritava meu cérebro em uma piscina de uns e zeros, e eu ficava enjoado no processo.

Informação é como comida. Algumas delas são tóxicas. E mesmo as saudáveis podem se tornar tóxicas em altas doses. Uma vez ingerida, a informação pode causar estragos em sua mente, ocupando um espaço precioso em um ambiente já desordenado. A *in-formação*, como o nome sugere, nos forma a partir de dentro. Se você consome lixo, sua vida se torna lixo. Lixo entra, lixo sai.

Os tanques sem fundo da internet se enchem repetidamente com lixo novo. Quando concluímos a rotação, já estamos atrasados. É hora de começar de novo para recuperar tudo o que perdemos. É aquele jogo de dar marteladas nas toupeiras, só que eterno — isso deixa nossa mente em constante hiperventilação.

Imagine que alguém coletou todas as informações que você ingere diariamente — as atualizações de status do Facebook de seus amigos, artigos *clickbait*, enxurradas de tuítes sem sentido —, inseriu todas em um livro, e disse: *Eu quero que você leia tudo isso do início ao fim.* Afirmo com certeza quase absoluta que você não aceitaria. No entanto, as mesmas informações que nos são entregues em micropartes espalhadas ao longo do dia tornam-se mais digeríveis. É a morte por mil cortes.

Além disso, a fumaça permanece por muito tempo depois que o fogo se apaga. Mesmo depois de passarmos para a próxima coisa, ainda nos encontramos preocupados com um e-mail de trabalho em nossa caixa de entrada, invejando fotos das férias de um amigo na praia ou nos perguntando o que Kim Kardashian pode estar fazendo neste exato momento.

Há informações que são objetivamente lixo — como a vida amorosa do seu ex-parceiro ou aquele *clickbait* com o título "Dez estrelas infantis adoráveis que não envelheceram muito bem".

E ainda há informações inúteis disfarçadas de saudáveis; aquelas notícias urgentes que convenientemente são quebradas em ciclos previsíveis ou editoriais que se fantasiam de imparciais, mas são projetados para inflamar nossas emoções.

É fácil racionalizar a ingestão desse tipo de informação. Fomos seduzidos a acreditar que devemos "nos manter atualizados" e "acompanhar a época". Em um momento de grande turbulência social e política, a aquisição de informações parece urgente — mas a falta de espaço para pensar adequadamente cria sua própria emergência.

Sherlock Holmes comparou o cérebro a um sótão vazio. Pode-se decorar o cérebro com qualquer mobiliário que escolher, mas o espaço é limitado. Tudo o que está em seu cérebro ocupa o espaço de outra coisa.

Observe estas estatísticas reveladoras. A pessoa média passou 145 minutos por dia nas redes sociais em 2021.[11] O adulto médio lê de 200 a 260 palavras por minuto.[12] O livro médio tem cerca de 90 mil palavras. Se o adulto médio lesse livros, em vez de usar as redes sociais, leria de 118 a 153 livros por ano. Cada momento que se gasta ingerindo informações inúteis é um momento que não está sendo gasto em um livro que pode transformá-lo.

Se você está curioso sobre o que eu permito que fique em meu cérebro-sótão, essas foram as escolhas que fiz.

Eu procuro fontes com uma razão sinal-ruído mais alta. Geralmente, prefiro audiobooks, em vez de podcasts; livros, em vez de postagens em blogs; e artigos perenes, em vez de notícias de última hora. O motivo é simples. Os livros são selecionados e editados de uma forma diferente de podcasts e postagens em blogs. Leva um ano para escrever um livro, mas apenas algumas horas para redigir uma postagem. Duas horas de uma conversa de podcast podem ter uma joia enterrada nela, mas duas horas de um audiobook podem mudar sua vida. Por várias razões, limito significativamente meu consumo de notícias. O modelo de negócios orientado por anúncios transformou as notícias em uma forma de entretenimento, em vez de um relato fiel de eventos globais. As notícias se tornaram uma forma de luta livre profissional para intelectuais: um teatro roteirizado se desenrola no ringue, e os leitores torcem por seus lutadores favoritos enquanto estes espancam uns aos outros com cadeiras dobráveis.

Além disso, as notícias reais não dão conta da enorme demanda por conteúdo, então as antigas são recicladas e a mesma notícia urgente é divulgada de uma dezena de maneiras diferentes. Nós as acessamos para nos manter informados, mas elas acabam nos tornando *menos* informados com narrativas e conflitos artificiais genéricos. A mídia pressiona repetidamente os mesmos botões em nossa amígdala cerebral, sacia nossa indignação e desencadeia nossa ansiedade.

As notícias também distorcem nossa percepção da realidade. Muito do que é importante não é considerado digno de virar reportagem. Hipnotizados pelas manchetes, assumimos que o mundo está cheio de cinismo e melancolia. Muitos problemas de saúde mental, segundo Robert Heinlein, "podem ser atribuídos ao hábito desnecessário e insalubre de chafurdar nas tribulações e nos pecados de cinco bilhões de estranhos".[13]

Em vez de ficar preso no frenesi e na especulação que caracterizam o ciclo de notícias de 24 horas, prefiro ler sobre o que aconteceu depois que a poeira abaixou — e depois que há um certo nível de esclarecimento sobre o assunto. Essa retrospectiva lúcida que procuro aparece em livros e artigos longos publicados depois que as notícias não são mais novidades.

Também uso as listas "ler mais tarde" e "assistir mais tarde". Se algo parece interessante, geralmente não leio ou assisto imediatamente. Em vez disso, com um clique, salvo na minha lista "ler mais tarde" ou "assistir mais tarde". Fico surpreso com o que acontece quando volto a essas listas. Com o benefício do tempo, o que parecia irresistível no momento acaba virando uma porcaria desinteressante. Eu elimino regularmente metade do que coloco nessas listas. O objetivo, como

Oliver Burkeman aconselha, é tratar essas listas "como um rio (uma corrente que passa por você e da qual extrai alguns itens de escolha, aqui e ali), em vez de um balde (que exige o esvaziamento)".[14]

Essas são as escolhas que fiz, mas podem não ser as certas para você. Seu cérebro-sótão é *o seu* espaço. Você decide o que entra e quem fica. Caso não esteja tomando essa decisão intencionalmente, outra pessoa está, e essa pessoa decidirá com base no melhor interesse dela — não no seu.

Uma ode a um pensamento

Olá, sou um pensamento.

Sou o resultado de um milhão de variáveis que se juntam para me fazer existir.

Estou esperando para ficar online em sua mente há muito tempo.

Decidi me revelar a você esta manhã quando estava no chuveiro, um momento em que o canal para seu subconsciente está aberto por um breve momento.

Aqui estou agora, aparecendo como um eco distante em sua mente. Ainda não estou forte. Sou apenas um lampejo. Um lento e fraco empurrão. Uma bolha de água delicada flutuando por suas profundezas e subindo lentamente por sua atmosfera.

Bato à porta de sua mente. Toc, toc! Cá estou! Consegue me ver? Venho trazendo presentes. Uma ideia que você ainda não percebeu. Um insight que resolverá o problema que o incomoda. Uma oportunidade que está perdendo.

Pena que ninguém responde. Sua mente é tão barulhenta que você nem sequer me ouve.

Você sai do chuveiro, se enxuga e pega o celular.

Minha bolha estoura e eu desapareço para sempre.

Um impulso resistível

Imagine duas caixas de cookies.

Em uma caixa, eles são embalados individualmente em papel-alumínio. Você deve desembrulhar cada um antes de comer. Na outra caixa, não estão embrulhados. Não há separação, então cada cookie pode ir diretamente para sua boca.

Em estudos, essa pequena distinção acaba produzindo uma grande diferença.[15] As pessoas levaram muito mais tempo para terminar uma caixa de cookies embrulhados individualmente. Quando foram submetidas a um experimento simulando um jogo de azar, também jogaram menos quando seus fundos estavam divididos em vários envelopes, em vez de depositados em apenas um.

Particionar — seja em papel-alumínio ou em um envelope — estimula as pessoas a serem mais conscientes de seu comportamento. Ser forçado a fazer uma pausa por um momento e refletir sobre o que está sendo feito leva a mais autocontrole. Transforma uma compulsão inconsciente em uma escolha consciente.

A mesma abordagem pode ajudar a gerenciar a desordem mental. Não é preciso embrulhar seu smartphone em papel-alumínio (embora isso provavelmente ajude). O objetivo é inserir uma lombada mental entre você e seus comportamentos mais impulsivos — colocar a vida em um movimento ligeiramente mais lento, apenas o suficiente para fazê-lo parar e considerar o que realmente quer fazer. *Eu quero continuar me entupindo de cookies? Quero continuar rolando o feed das redes sociais? Apertar este botão é a melhor coisa que eu poderia fazer agora?*

Esse remédio não requer abstenção. Não é necessário abandonar o smartphone ou sair das redes sociais. Para a maioria das pessoas, parar de uma vez só não é sustentável — nem desejável. Em geral, sou cético em relação às abordagens oito ou oitenta, que atacam o sintoma, deixando a causa por baixo dele intacta. Quando a dieta termina, as pessoas tendem a ter uma recaída.

Em vez disso, o objetivo é ser mais consciente e menos impulsivo. Quando se perceber buscando a fonte favorita de distração, faça uma pausa por um momento. Observe a coceira sem coçar. Pergunte a si mesmo: *Que necessidade estou tentando satisfazer? O que está impulsionando esse desejo?* Muitas vezes, buscamos nossas distrações para satisfazer uma necessidade não atendida de diversão, escape ou curiosidade.

Mas nossas distrações não atendem a essas necessidades de forma confiável. De vez em quando, elas podem nos dar uma sensação momentânea de diversão, mas esse sentimento desaparece rapidamente. E o que achamos que despertará alegria ou agregará sentido muitas vezes faz o oposto. Ficamos tão perdidos em nossas distrações que nem percebemos que nosso corpo está horrorizado.

Veja este pequeno exercício. Vá em frente, largue o livro e pegue seu celular. Passe pelo menos dez minutos em suas fontes favoritas de distração — rede social, e-mail, mercado de ações, o que quer que seja. Depois de sair da toca do coelho, volte para o livro.

Analise a si mesmo. Como está se sentindo? Satisfeito? Feliz? Ou há um mal-estar inexplicável? Uma agitaçãozinha de estresse logo abaixo da superfície? Uma fome de diversão ou curiosidade não saciada?

Vou contar o que acontece frequentemente comigo. O Twitter me deixa neurótico. O Facebook me faz sentir como se estivesse revivendo as piores partes do ensino médio. O Instagram me faz sentir inferior. As notícias me fazem sentir como se o mundo inteiro estivesse descendo a ladeira para o inferno.

Não foi a disciplina que me tornou mais resistente a abusar dessas distrações. É ter aprendido, depois de me observar repetidamente, que muitas vezes elas me fazem sentir pior.

Mesmo que essas coisas façam com que nos sintamos péssimos com frequência, esses serviços nos chamam de volta, explorando nossas fraquezas psicológicas por meio de várias recompensas. Em um ambiente de laboratório, os camundongos respondem mais fortemente ao reforço intermitente. Se eles acionarem uma alavanca e forem recompensados com uma guloseima todas as vezes, eventualmente perderão o interesse. Entretanto, se a recompensa é variável

— às vezes ganham uma guloseima, e às vezes, nada —, eles ficam viciados. Pesquisas mostram que a dopamina aumenta, não devido à recompensa em si, mas da expectativa por ela. E quando a recompensa é distribuída em um cronograma imprevisível — quando se introduz o "talvez" na equação —, o pico de dopamina resultante rivaliza com o impulso produzido pela cocaína.[16] Essa é uma das razões pelas quais as máquinas caça-níqueis são tão viciantes. Você puxa a alavanca repetidamente, mas é recompensado apenas intermitentemente.

Você pode até sentir pena do idoso que fica puxando uma alavanca de caça-níqueis por horas, como um autômato, mas faz a mesma coisa todos os dias no seu smartphone. Toda vez que abre sua caixa de entrada ou seu feed, está puxando uma alavanca. Nossos celulares ficam exibindo e balançando amor intermitente fora de nossas gaiolas como se fosse uma guloseima de rato. As mercadorias chegam, assim como as recompensas das máquinas caça-níqueis, em momentos imprevisíveis. Nós nos transformamos em vampiros digitais, nos banqueteando com nossos feeds, sempre buscando o jackpot de dopamina.

Como diz o ditado, há uma razão pela qual apenas traficantes de drogas e empresas do Vale do Silício chamam seus clientes de "usuários". Mas esse vício em específico é socialmente aceitável. Basta olhar ao redor do terminal de um aeroporto. Se todas as pessoas que estão ali chupando sua chupeta digital estivessem fumando um cigarro, anunciaríamos uma epidemia.

Ao contrário das recompensas online, o tempo se desenrola em um cronograma previsível, então nos acostumamos com ele. O tempo está sempre lá — até que não esteja.

Como você gostaria de passar seu tempo limitado aqui na Terra? Quer olhar para trás em sua vida e perceber que passou grandes pedaços dela acompanhando as Kardashians? Ou quer se concentrar no que importa e criar arte da qual se orgulha?

Lembre-se da sabedoria atemporal de Annie Dillard: "Como passamos nossos dias é, obviamente, como passamos nossa vida."

Você não consegue acompanhar

Eu me sinto culpado.

Sinto-me culpado pelos livros não lidos na minha estante.

Sinto-me culpado pelos podcasts não ouvidos que aguardam no meu aplicativo.

Sinto-me culpado pelas newsletters que não abri e pelos filmes clássicos aos quais não assisti.

Sinto-me culpado pelos e-mails não respondidos na minha caixa de entrada.

Sinto-me culpado por invejar um pouco as pessoas que viveram no século XVI e não tinham acesso à imprensa — muito menos à internet — e, portanto, não tinham a obrigação de "acompanhar" a montanha de informações disponível para seus descendentes do século XXI.

Eu me sinto culpado até perceber isso: não consigo acompanhar. Você não consegue acompanhar. *Ninguém* consegue acompanhar.

É impossível antecipar o derretimento do sorvete na casquinha.

Não estou dizendo que não alcançar tudo é uma *possibilidade*. Estou dizendo que isso *definitivamente não vai acontecer*. Nunca haverá um dia sequer — nem mesmo em um futuro distante — no qual você se sentirá "a par de tudo" com sua mente entupida de coisas.

Isso pode parecer lamentável, mas deve ser libertador. É só quando percebo que não consigo acompanhar que posso me concentrar no que realmente importa. Eu me torno mais seletivo sobre o que absorvo. Uso mais o botão de cancelar assinatura. A vida é muito curta para se forçar a marchar por um livro que você não está gostando por causa de uma ilusão de que haverá um insight incrível na página 183.

Todo mundo que eu conheço está preso em algum livro. Ainda estão agindo como estudantes do ensino médio forçados a terminar todos os livros que lhes foram atribuídos, não importa o quão difícil seja. Em vez de desistir, param de ler completamente porque se sentem culpados por ler qualquer outra coisa. (Se este livro ainda não despertou seu interesse, tem minha permissão para parar de ler.)

Então deixe um pouco do sorvete derreter e algumas coisas ruins acontecerem.

Esse "ruim" tem uma gradação. Nem todas as coisas ruins são iguais. Existem as grandes coisas ruins, que podem levar à catástrofe, e essas, é claro, devem ser evitadas. Mas há as coisinhas ruins que não terão consequências no longo prazo.

Muitas vezes, não distinguimos entre essas duas categorias, tratando todos os eventos ruins com o mesmo grau de gravidade. Para evitar essa armadilha, pergunte a si mesmo: *Isso é uma coisinha ou uma grande coisa ruim? E se eu me fizer de maluco e ignorar? O que vai/pode acontecer?*

Não estou sugerindo que você se torne descuidado, muito pelo contrário. O objetivo é ser cuidadoso e consciente, sabendo que o malabarismo precisa ser feito com os pinos que mais importam; deixe cair os demais.

O negócio é o seguinte: alguma coisa, em algum lugar, dá errado o tempo todo.

Então deixe alguns e-mails ficarem sem resposta, algumas pessoas reclamarem, algumas oportunidades passarem.

Apenas deixando as coisinhas ruins acontecerem é que se pode realizar as grandes coisas.

A maior coisa que te impede

"Hoje estou aqui para atravessar o pântano, não para lutar contra todos os jacarés."[17]

Esbarrei com essa citação de um funcionário anônimo da NASA no fantástico livro *A Arte da Possibilidade*. A citação foi memorável porque muitas vezes fazemos o oposto. Lutamos contra os jacarés, em vez de atravessar o pântano.

O pântano é um lugar assustador e incerto. Talvez nunca cheguemos ao outro lado. E se o cruzarmos, temos medo de quem podemos nos tornar.

Então, lutamos contra os jacarés para nos poupar do desconforto de atravessar o pântano. Passamos nosso tempo fazendo o que sabemos fazer melhor — lidar com nossos e-mails, participar de reuniões intermináveis —, em vez de terminar o projeto ou lançar o produto. Os jacarés são visíveis — estão bem na nossa frente —, mas a margem parece distante no tempo e no espaço. Em um dia qualquer, um e-mail aleatório que nos enviam tem prioridade sobre as coisas que realmente importam.

Não é como se lutar contra jacarés fosse completamente injustificado. Afinal, eles estão lá e *podem* ser um perigo. Como os jacarés são como sirenes de 100 decibéis para nossa atenção, somos impulsionados a combatê-los. Em vez de sermos proativos, passamos a maior parte de nossos dias — e de nossa vida — jogando na defensiva.

Toda essa agitação *parece* produtiva, mas não é. Estamos tirando as coisas do caminho, mas do caminho do que, exatamente? Estamos matando os jacarés, mas a margem não está mais perto. Mesmo vencendo cada batalha, estamos perdendo a guerra.

Como escreveu Tim Ferriss: "Fazer bem feito algo desimportante não torna essa coisa importante."[18] O que faz de você um investidor de capital de risco bem-sucedido é a qualidade dos negócios que fecha, não quantos seguidores tem no Twitter. O que faz de você um escritor renomado é a qualidade de seus livros, não a frequência com que zera a caixa de entrada. O que faz de você um excelente engenheiro de software é a qualidade de seu programa, não a quantidade de tempo gasto em reuniões. O que faz seu produto dar certo é o fato de ele ser incrível, não o ângulo de câmera que usa em seu comercial de TV. Enquanto estamos ocupados lidando com pequenas tarefas que nos convencemos de que *temos* de fazer, evitamos os projetos mais complicados que nos levarão ao próximo nível.

Pessoas extraordinárias ignoram os jacarés para se concentrarem em atravessar o pântano. Não passam seus dias obedientemente marcando itens de uma lista de tarefas. O trabalho delas é grande demais para ser reduzido a checklists.

Contraintuitivamente, uma lista de tarefas pode ser um poderoso impulsionador da procrastinação. Quando todas suas tarefas estão no mesmo lugar e o tratamento dispensado a elas é o mesmo, você inventa outro motivo para limpar sua mesa ou ligar para sua companhia de seguros, em vez de escrever sua proposta de livro.

Não é preciso abandonar sua lista de tarefas. Também não é necessário substituí-la por uma matriz de quatro partes, um aplicativo especial ou um diário estiloso. É simples. Decida o que é importante e priorize esse fator incansavelmente. Faça dele um de seus afazeres para determinar se as obrigações que você elencou são realmente prioridades. Identifique os jacarés em sua vida — as preocupações superficiais que não ajudam na travessia do pântano. Pergunte a si mesmo: *O que faço para simplesmente me* sentir *produtivo? Isso me ajuda a atravessar o pântano, ou é um jacaré me distraindo do que é importante?* Em seguida, comece a trabalhar para apagar esses jacarés de sua lista de tarefas. Pare de tentar fazer mais coisas e comece a fazer as que importam.

Em vez de perguntar *O que é mais urgente agora?*, pergunte *Qual é a coisa mais importante que eu poderia estar fazendo? E por que não estou fazendo?* A urgência, por excelência, é algo temporário. No entanto, o importante persiste.

Ao fim e ao cabo, temos uma escolha: podemos continuar lutando contra jacarés e esperar que um trampolim mágico apareça e nos catapulte para o outro lado (spoiler: não há trampolins mágicos), ou podemos ignorar os jacarés, focar o importante, em vez de o urgente, e atravessar o pântano, centímetro por centímetro.

Nunca pare de nunca parar

Por que você tem tanto medo do silêncio?
O silêncio é a raiz de tudo. Se você entrar em
espiral em seu vazio, uma centena de vozes
trovejará mensagens que deseja ouvir.

— RUMI

A natureza, de acordo com Aristóteles, abomina o vácuo. Ele argumentou que o vácuo, uma vez formado, será preenchido pelo material denso que o circunda.

Eu também costumava abominá-lo. Sempre que encontrava um em minha vida, o preenchia — não, entupia — com o material denso que o rodeava na tentativa de ser "produtivo".

A produtividade estava ligada à minha identidade. O medo de não fazer o bastante era o medo de não ser o bastante. Eu tive de me apressar, cortar carboidratos e polir continuamente minha rotina matinal para me sentir digno. Liguei meu senso de realização à rapidez com que poderia zerar minha lista de tarefas ou a caixa de entrada. Estava sempre à procura de um novo hack, um novo sistema ou um novo aplicativo que me permitisse extrair mais produtividade de meu dia para o benefício de outra pessoa.

Sempre senti a *necessidade* da próxima coisa. Quando eu era professor, escrevia vários artigos acadêmicos simultaneamente. Sempre que eu precisava de uma pausa de um, mudava para outro. Na semana seguinte à publicação de meu último livro, *Pense como um Cientista de Foguetes* [Editora Alta Books], comecei a redigir a proposta para este livro que você está lendo atualmente. Esse modo de agir me tornou prolífico, e ser prolífico deu sentido à minha vida.

Sei que não estou sozinho.

Congregamos no altar da produtividade. Idolatramos pessoas que não sucumbem a distrações como esgotamento, doença ou sono.

Quem seria contra fazer mais em menos tempo — mais palavras por minuto, mais milhas por galão, mais widgets por hora?

Nada ilustra melhor a cultura predominante de trabalho constante do que a salada picada; ela é otimizada para liberar os olhos e uma das mãos de um profissional intelectual da tarefa odiosa de comer a fim de que ele possa continuar trabalhando. Ela permite que seu consumidor, nas palavras de Jia Tolentino, "envie e-mails por dezesseis horas por dia com uma breve pausa para engolir uma tigela de nutrientes que afugentam a insalubridade da vida profissional urbana, porque ele precisa de tempo extra para continuar produzindo no emprego que lhe permite pagar uma salada comum de US\$12".[19]

Para mim, o estilo de vida da salada picada vem com um custo sério. Eu era tão produtivo dentro de meu estado atual que não conseguia enxergar fora dele, e perdi oportunidades que estavam a olhos vistos. Enquanto um pandemônio autoconstruído se alastrava ao meu redor, eu não tinha espaço ou tempo para pensar bem, e sem pensar bem, não conseguia tomar boas decisões. Assim, passei grande parte de meu tempo corrigindo os erros provenientes disso.

Estar ocupado é ser artificialmente significativo. É uma forma de preguiça, uma maneira de se mover rápido, mas sem direção. É um entorpecente que as pessoas usam para evitar olhar para dentro e entrar em pânico com a visão.

Se você está constantemente em um estado de lutar ou correr, esperando que um tigre-dentes-de-sabre salte dos arbustos, sentirá resistência em procurar respostas. Porque, se você olhar para dentro, não notará a ameaça exterior. Se está preocupado com a sobrevivência e constantemente reagindo a crises percebidas, está preso no último degrau da hierarquia de necessidades de Maslow. Não terá a capacidade de pensar por si mesmo e descobrir seus melhores insights.

Mas se você desacelerar, não ficará para trás. Usará menos energia, avançará mais rápido e chegará mais fundo. A mentalidade de pisar fundo é inimiga do pensamento original. A criatividade não é produzida — é descoberta. E isso acontece em momentos de folga, não durante o trabalho duro. Tirar o pé pode ser a melhor maneira de acelerar.

Esse sentimento é ilustrado por um slogan comumente atribuído aos Navy SEALs norte-americanos: "Lento é suave, suave é rápido." Estamos falando de pessoas que trabalham com rifles sniper e lançadores de granadas. Sua apresentação do PowerPoint é fichinha comparada a isso. Se os SEALs podem desacelerar, você também pode.

As ideias muitas vezes não chegam com um estrondo. Não há um desfile. A grande coisa nunca anuncia aos gritos que é uma grande coisa. Na verdade, à primeira vista, parece bem pequena. Se não houver um ponto vazio em sua vida — se ela estiver repleta de ruídos constantes —, você não será capaz de ouvir o sussurro sutil quando ele chegar.

Uma das maiores mentiras que nos contaram é que a produtividade é sobre o fazer. Mas seu melhor trabalho virá do *não* fazer — desacelerar e se dar tempo e espaço.

A Mãe Natureza é uma ótima professora. Ela obedece a uma fórmula antiga: fique quieto. Espere que as coisas venham. As árvores não tentam produzir frutos durante todo o ano em uma tentativa absurda de serem mais produtivas; permanecem dormentes durante o outono e o inverno, derramando suas folhas e conservando recursos. Não se pode fazer uma árvore crescer mais rápido puxando-a ou regando-a com mais água do que o solo pode absorver.

Os humanos também têm estações. Em algumas temporadas, é hora de agir. Em outros, é melhor relaxar, recuar e permitir espaço para a água ser drenada. A artista Corita Kent, durante um de seus períodos de dormência, ficava ociosa e observava uma árvore de bordo do lado de fora de sua janela. "Sinto que coisas novas e grandes estão acontecendo muito silenciosamente dentro de mim", disse ela. "E eu sei que essas coisas, como a árvore de bordo, têm uma maneira de vicejar."[20]

Ficar ocioso não é a mesma coisa que ser preguiçoso. Um vácuo não é algo a ser preenchido automaticamente. Como diz o ditado, é o silêncio entre as notas que faz a música. É apenas desapegando que se recebe e é tornando-se vazio que se é preenchido.

O vazio não pode ser reservado para suas férias duas vezes por ano ao sol. Desligue o barulho, mesmo que apenas por pouco tempo, ao longo do dia. Permita-se relaxar na cama depois de acordar. Coloque-se no modo avião. Sente-se e olhe para o teto. Passeie sem rumo por um parque sem ouvir um podcast ou audiobook.

Permita que o silêncio interior se oponha ao caos contemporâneo. Mergulhe no ritmo de não ter ritmo.

Porque tudo nasce do vazio que há no vazio.

Coisas novas e grandes estão acontecendo silenciosamente dentro de você.

Dê-lhes o tempo de que precisam para florescer em toda sua glória.

> Visite ozanvarol.com/genius [conteúdo em inglês] para encontrar planilhas, desafios e exercícios para ajudá-lo a implementar as estratégias discutidas nesta parte.

PARTE II

O Nascimento

A Parte II tem dois capítulos:

1. **Espetacularmente Você:** sobre tornar-se extraordinário ao ficar mais parecido consigo mesmo — e encontrar seus principais princípios e seus superpoderes.
2. **Descubra Sua Missão:** sobre encontrar e viver seu propósito.

No percurso, revelarei:

- Por que você está em uma cela criada por você mesmo (e como sair).
- A fascinante história do vendedor de eletrodomésticos que se tornou um dos músicos mais vendidos de todos os tempos.
- Por que a maioria das pessoas escolhe a carreira errada (e o que fazer a respeito).
- O e-mail que mudou minha vida.
- O problema de buscar a felicidade.
- Por que "seguir sua paixão" é um conselho ruim (e o que fazer em vez disso).
- Uma pergunta simples que você pode fazer para assumir o controle sobre sua vida.
- O segredo para parar de pensar demais e começar a agir.

4

Espetacularmente Você

Eles riem de mim porque sou diferente.
Eu rio deles porque são todos iguais.

— ATRIBUÍDA A KURT COBAIN

Abrace seu roxo

Pertencer.

Durante grande parte de minha vida, era isso que eu mais queria.

Eu era filho único e morava em Istambul, uma cidade extensa, com milhões de pessoas. Enquanto crescia, passei a maior parte do tempo escondido em meu quarto no pequeno apartamento em que morávamos.

Eu tinha gostos excêntricos que me faziam me sentir diferente. Desde muito novo, meu lugar favorito era dentro de minha própria cabeça. Eu me apaixonei por computadores e livros. Aprendi sozinho a programar e me perdi nos mundos de fantasia criados por Isaac Asimov e outros. Carl Sagan falou comigo por meio da série *Cosmos* original em fitas Betamax. Eu não falava inglês, então não tinha ideia do que ele estava dizendo. Mas escutei mesmo assim.

Minhas diferenças permaneceram praticamente inofensivas até eu chegar à quarta série. Como alunos do ensino fundamental, usáva-mos as mesmas roupas na escola — um uniforme azul brilhante com um colarinho branco impecável — e todos os meninos tinham o mesmo corte baixinho de cabelo.

Bem, todos, exceto eu.

Eu tinha uma coisa meio *laissez-faire* com cortes de cabelo, o que atraiu a ira do diretor da escola, um homem que parecia um armário, mais adequado para trabalhar como diretor de prisão, e que viu meu cabelo mais comprido do que o normal durante uma reunião escolar e começou a grunhir como um rinoceronte sem fôlego. Ele pegou um grampo de cabelo de uma garota e o enfiou em meu cabelo para me envergonhar publicamente — como retribuição pela não conformidade.

A vergonha, para os turcos, é pior do que a morte. Nunca mais deixei de cortar o cabelo.

Quando minhas excentricidades se transformaram em responsabilidades — quando comecei a ser empurrado, literal e figurativamente —, me transformei em um polvo, mudando de cor para combinar com as cores ao meu redor. Troquei até de cor favorita. Quando as pessoas perguntavam, em vez de revelar que minha cor favorita era o roxo, eu dizia azul, porque azul era do que garotos normais deveriam gostar, e eu queria *muito* ser normal.

Aprendi a ser um bom menino, a me encaixar no tetris do que o mundo esperava de mim. *Você deveria pensar assim. Tem de ter medo disto aqui. Deve passar seu tempo com esta pessoa aqui. Esta é a lista aprovada de jogos para você. Este é o futuro que você quer. Você tem três opções: médico, advogado ou engenheiro.* Minha nossa!

Quando comecei o ensino médio, meu sentimento de *des*pertencer veio com tudo. Não era só meu cabelo que era diferente. Ao contrário de minha escola primária pública, na qual convivi com alunos de origens econômicas igualmente humildes, minha escola secundária particular atendia em grande parte à elite rica de Istambul. Meus pais mal podiam pagar as mensalidades, mas encontraram uma maneira de fazer isso dar certo. Era a minha melhor opção para aprender inglês e ter uma chance de frequentar uma faculdade no exterior.

Passei grande parte do ensino médio presumindo que estava faltando algum chip de pertencimento que vinha pré-instalado em todos os outros. Eu podia falar por horas sobre livros de ficção científica ou programação em HTML, mas nunca tinha jogado tênis ou ouvido falar da Prada. O senso de moda — ou mesmo a coordenação básica de cores — não era algo inato para mim. Eu tinha um gosto reconhecidamente não culto para música e preferia o som contagiante do Ace of Base ao Nirvana, que era infinitamente mais popular.

Lembrei-me da lição que o diretor de minha escola me ensinou na quarta série. Comecei a tratar minhas interações com os outros como meus cortes de cabelo, observando obsessivamente o que era normal. Eu antecipava o que as outras pessoas pensavam e queriam e mudava minhas cores de acordo.

Funcionou maravilhosamente bem. Meu círculo social se expandiu e, com o tempo, me tornei um mestre em me encaixar.

Seja um terno, um vestido ou você mesmo, se encaixar funciona da mesma forma. Corte um pensamento aqui, altere uma preferência ali e ajuste um comportamento acolá — até caber no molde.

Entretanto, ao contrário das roupas, um eu alterado mal se assemelha ao original. Com certeza, vislumbres de meu eu real resplandeceriam com certas pessoas e em certos contextos, mas eu frequentemente desempenhava o papel que se esperava que eu desempenhasse — até que me tornei irreconhecível, até mesmo para mim.

Quando me mudei para os Estados Unidos para fazer faculdade, tive de começar tudo de novo. Troquei meu jeans skinny europeu por shorts cargo. Entrei para uma fraternidade e dominei a arte do *beer pong*. Meu sotaque era uma de minhas qualidades distintivas, mas no final do segundo ano, isso também havia desaparecido. ("Cara, tem algo acontecendo com seu sotaque!", meu colega de quarto Joe deixou escapar uma noite entre goles de Milwaukee's Best.) Eu era um garoto magricela com um nome engraçado de um país estrangeiro do outro lado do mundo, mas se eu *falasse* como eles, achava que poderia *ser* eles.

DESPERTE SUA GENIALIDADE

Eu era tão não muçulmano quanto alguém criado em um país de maioria muçulmana poderia ser. Se houvesse um inferno muçulmano, eu definitivamente iria para lá. Mas isso não importava em 11 de setembro. Quando as torres gêmeas caíram, o fato de eu ter crescido na Turquia ofuscou todo o resto. A islamofobia consumia até mesmo pessoas que eu considerava boas amigas, e me vi alvo de comentários intolerantes. Quando pensei que finalmente tinha me encaixado, fui mais uma vez exposto.

Mesmo quando funcionavam, minhas tentativas de me encaixar traziam apenas um sentimento superficial de pertencimento. Não era *eu* que pertencia àquele grupo. Era uma versão redesenhada de mim.

Esse processo começa devagar. Você começa a dizer coisas que contradizem aquilo em que realmente acredita. Acena com a cabeça como se fizesse sentido. Esquece seus próprios limites e convida os outros a romper sua alma. Com o tempo, você se torna um fugitivo em seu próprio santuário.

Tentar se encaixar dificulta o pertencimento. Como Brené Brown descreve: "Pertencer é ser aceito por você. Se encaixar é ser aceito por ser como todo o mundo. Se eu conseguir ser eu mesmo, pertenço. Se tenho que ser como você, eu me encaixo."[1]

Eu permaneço em constante evolução. Ainda luto contra a tendência de rastejar de volta à minha pele conformista e mudar quem sou em uma tentativa fútil de me encaixar. De muitas maneiras, minha escrita é de autoajuda — escrevo em parte para me ajudar, para me reconectar com quem realmente sou e para mostrar minhas verdadeiras cores ao mundo.

Também realizo pequenas ações todos os dias para abraçar minhas excentricidades. De vez em quando, curto um Ace of Base. Minhas playlists do Spotify são armagedons musicais, lugares onde a música boa vai para morrer. Eu as amo; me lembram de ser eu mesmo, em vez de um estranho.

Pouco depois de minha agora esposa, Kathy, e eu nos conhecermos, ela me perguntou: "Qual é sua cor favorita?"

Eu estava prestes a deixar escapar "azul", mas engoli a palavra.

"Roxo", falei. "Eu amo roxo."

Ela olhou para mim e deu um sorriso lindo e contagiante.

"Desde que eu era criança", disse ela, "eu queria me casar com um menino cuja cor favorita é o roxo".

E então eu soube que finalmente pertencia a esse lugar.

Como ser notável

Em 1954, Johnny Cash entrou na sala de audições da Sun Records.

Na época, ele não era ninguém; vendia eletrodomésticos de porta em porta e tocava músicas gospel à noite. Ele estava falido, e seu casamento estava em ruínas.

Cash decidiu cantar uma música gospel para sua audição. Era o que ele sabia melhor. Além do mais, gospel era a moda em 1954. Todos os outros estavam cantando.

A audição, como retratada no filme *Johnny & June*, não saiu como Cash planejou.[2] Quando ele começou a cantar uma triste música gospel, o dono da gravadora, Sam Phillips, fingiu interesse por todos os 30 segundos antes de interromper Cash.

"Já ouvimos essa", zombou Phillips. "Cem vezes. Assim mesmo. Assim como você cantou." E disse que essa era a "mesma música de Jimmy Davis que ouvimos no rádio o dia todo sobre sua paz interior, como ela é real e como você vai gritar". Ele pediu a Cash para cantar "algo diferente, algo real, algo que sentiu", porque esse é o tipo de música que realmente salva as pessoas.[3]

"Não tem nada a ver com acreditar em Deus, Sr. Cash", disse Phillips. "Tem a ver com acreditar em si mesmo."

Isso sacudiu Cash de sua atitude conformista, desse "vou cantar o bom e velho gospel"; trouxe à tona a parte dele que foi enterrada por um financiamento imobiliário esmagador, um casamento sem sentimento e muitos anos na Força Aérea.

Ele se recompôs, começou a dedilhar seu violão e cantar "Folsom Prison Blues".

Naquele momento, ele parou de tentar ser um cantor gospel.

E se tornou Johnny Cash.

Cash saiu da sala de audição com um contrato de gravação. Tudo porque rejeitou sua tendência natural de se conformar e abraçou tudo o que o diferenciava dos outros — seu comportamento sombrio, sua voz distinta e as roupas escuras que mais tarde lhe renderiam o apelido de "O Homem de Preto".

Presumimos que seguir o rebanho o torna seguro. Nós nos escondemos atrás do que é esperado e aceito. Preferimos estar errados coletivamente — falhar cantando a mesma música gospel que todos os outros estão cantando — a correr o risco de fracassar individualmente. Então, perseguimos tendências, adotamos a última moda e, como diria Cash, andamos na linha.

Pense nos e-mails que recebeu de dezenas de empresas no início da pandemia de Covid-19. Eles inevitavelmente incluíam alguma variação do mesmo título chato ("Mensagem Especial do nosso CEO sobre a Covid-19") e repetiam os mesmos clichês ("Caro e valioso cliente") e frases de efeito desgastadas ("em tempos de incerteza sem precedentes").

Nos negócios e na vida, a maioria das pessoas trabalha a partir do mesmo modelo sem inspiração. Estamos programados para imitar os outros, especialmente em tempos de incerteza sem precedentes (sacou a piadinha?). Copiamos e colamos de nossos colegas e concorrentes, supondo que eles saibam algo que nós não sabemos. Acreditamos que o único público que vale a pena alcançar é o maior, então aparamos as arestas, apagamos nossas impressões digitais e começamos a cantar gospel.

A resposta "ninguém faz isso dessa maneira" interrompe a discussão antes mesmo de ela começar. Se ninguém faz dessa maneira, não pode ser feito. Se ninguém fizer assim, não sabemos o que pode acontecer. Se ninguém faz assim, também não faremos.

Essa abordagem "macaco vê, macaco faz" cria uma corrida para o centro. Mas o centro está muito lotado, com outros cantores gospel competindo por fatias cada vez menores do bolo. As pessoas muitas vezes querem "mirar no alvo maior e mais óbvio e acertar", diz o músico Brian Eno. "É claro que com todos os outros mirando lá também, acertar é muito mais difícil." A alternativa é "disparar a flecha e depois pintar o alvo ao redor", explica Eno. "Faça os nichos em que você reside."[4]

Bruce Springsteen criou seu próprio nicho. Ele sabia que sua voz não era boa; sabia tocar guitarra, mas "o mundo estava cheio de bons guitarristas, muitos deles do meu nível ou melhor", segundo o próprio cantor.[5]

Em vez de mirar no mesmo alvo que os outros, Springsteen disparou sua flecha e depois pintou o alvo ao redor dela. Dobrou a aposta na qualidade que o tornava diferente de outros músicos: sua capacidade de compor. Springsteen se tornou uma sensação por compor canções que capturam o espírito do trabalhador ("No meu aniversário de 19 anos, recebi um cartão do sindicato e um casaco de casamento"), que mostram a distância entre o sonho e a realidade norte-americana ("Desperdice seu verão orando em vão para que um salvador se levante dessas ruas") e que permitem que seu público encontre pedaços de si mesmo em sua música ("Eu quero saber se o amor é real"). O mesmo homem inicialmente ignorado pelo público, por agentes, colegas de banda e quase todos os outros acabou se tornando uma sensação do rock'n'roll.

Oprah Winfrey tem uma história semelhante.[6] Ela foi demitida de seu primeiro emprego como repórter noturna. Qual o motivo disso? Ela não conseguia separar suas emoções das histórias. Em vez de tentar apagar suas emoções, Winfrey as abraçou. Essa qualidade distintiva acabou fazendo de Oprah a entrevistadora mais compassiva do mundo e a transformou em um nome lendário.

Tornar-se extraordinário requer tornar-se mais parecido consigo mesmo. Quando você faz isso, se torna um ímã que atrai algumas pessoas com a mesma força que repele outras. Não se pode ser apreciado por todos e odiado por ninguém. Visando esse objetivo inatingível, a força de seu ímã — que é a origem de sua força — diminuirá. A única maneira de atrair pessoas que gostam de roxo é mostrar seu roxo.

Abraçar seu roxo não dá certo se não for algo autêntico, se for um truque, se você está apenas tentando chamar a atenção ou zigueza-gueando simplesmente porque todo mundo faz a mesma coisa. Esse abraçar não é quebrar as regras pela quebra das regras — rebelar-se sem causa contra o sistema. Em vez disso, é uma dobra consciente das regras, impulsionada pelo desejo de viver de uma maneira alinha-da com quem se é.

A questão é a seguinte: notamos as coisas por causa do contraste. Algo se destaca porque é diferente do que o rodeia.

Se você se misturar ao fundo, não mostrar nenhuma idiossincrasia, nenhuma impressão digital, nenhum contraste, nenhuma anomalia, se tornará invisível.

Torna-se o pano de fundo.

Por outro lado, tornar-se notável apenas é possível abraçando suas idiossincrasias — as coisas que o tornam espetacularmente você.

Um diferente no meio dos iguais

Adoro entrar em uma livraria e descobrir novos livros.

Não os mais vendidos que repousam na estante de todos, mas as joias desconhecidas. Livros que ainda serão famosos. Livros que sa-íram do mainstream. Livros publicados por editoras menores sem grandes orçamentos de marketing.

Nos últimos anos, notei uma tendência decepcionante em algumas livrarias que costumava frequentar. Essa tendência traz lições impor-tantes, independentemente do que você faz para ganhar a vida.

Ao entrar, somos recebidos por uma enorme seção de best-sellers exibindo todos os livros habituais. Passamos por todos os novos bes-t-sellers, e os livros destacados nas outras prateleiras são os antigos

ESPETACULARMENTE VOCÊ 69

best-sellers. Pedimos recomendações a um membro da equipe e ele sugere três livros — isso mesmo — da seção de best-sellers.

Todos os livros em todas as prateleiras estão organizados em ordem alfabética pelo sobrenome do autor — um sistema projetado para a categoria cada vez menor de pessoas que entram em uma livraria sabendo exatamente qual livro querem comprar.

Não há personalidade nesse tipo de livraria. Sem peculiaridades. Sem charme. Nada que seja notável. Nada que melhore a experiência de varejo online. Então, por que os clientes em potencial devem se esforçar para visitá-la?

As livrarias não conseguem competir com os revendedores online em termos de preço e disponibilidade, contudo, podem fazer o que as lojas online não podem: dar às pessoas uma experiência personalizada.

E é isso que as melhores livrarias fazem; fornecem informações reais de seres humanos reais que vão além de anúncios, algoritmos e listas de best-sellers, organizam suas prateleiras de uma maneira deliciosa que ajuda os clientes a descobrir livros que vão adorar. Em vez de apenas colocar os livros em ordem alfabética, essas livrarias criaram categorias como "Viagem no tempo", "Livros para devorar em um fim de semana", "Livros obrigatórios dos quais você nunca ouviu falar" e "Livros young adults que adultos também vão adorar".

Falando de empresas em geral, vejamos a Virgin America. Em 2007, a companhia aérea filmou um vídeo hilário de segurança aérea que abandonou as instruções convencionais.[7] Minha frase favorita: "Para os 0,0001 por cento de vocês que nunca mexeram em um cinto de segurança antes, é assim que se faz." Essa frase criou um ponto de conexão — é algo que as pessoas pensam, mas não verbalizam. (*Por que eles ainda ensinam as pessoas a apertar o cinto de segurança?*) A companhia aérea, abraçando seu roxo, também adotou iluminação suave nesse tom para as cabines de passageiros, em vez da luz branca indutora de dor de cabeça que ilumina a maioria dos aviões. Esses recursos ajudaram a Virgin America a se destacar em um mercado lotado, repleto de companhias aéreas que oferecem produtos praticamente idênticos. Quando as outras companhias aéreas seguiram o exemplo, a Virgin America já havia se estabelecido como a mais divertida em viagens aéreas.

Quando se trata de diversão em matéria de sorvete, a Ben & Jerry's tradicionalmente liderava a lista com sabores cheios de trocadilhos, como Cherry Garcia e Karamel Sutra. Mas depois que foi adquirida em 2000 pela Unilever, uma grande empresa multinacional, a empresa perdeu parte de seu prestígio. Executivos recém-nomeados eliminaram empregos e fecharam fábricas, drenando o moral da empresa.[8]

As coisas melhoraram quando Jostein Solheim foi nomeado CEO em 2010. Seu compromisso com a cultura da empresa logo foi testado com a proposta de um novo sabor de sorvete. Chamava-se Schweddy Balls, um nome baseado em uma conhecida esquete do *Saturday Night Live*.[9]

Ele aprovaria o sabor? Seria uma jogada arriscada. Alguns grupos de pais ficariam indignados. Algumas lojas se recusariam a colocar o sorvete à venda. Mas havia algo mais importante em jogo: a alma distinta da Ben & Jerry's. Depois de uma década tumultuada, o pessoal de Solheim precisava saber que seu líder abraçaria o roxo da empresa. Ele aprovou o novo sabor.

A resposta de alguns varejistas foi hostil, como esperado. Durante uma reunião com executivos da Ben & Jerry's, o CEO do Walmart gritou a plenos pulmões: "Eu não vou vender Schweddy Balls!" Essa anedota por si só valia qualquer prejuízo que o novo sabor criasse para a empresa. Daí em diante, a Ben & Jerry's recuperou seu charme.[10]

Sim, o novo sabor de sorvete desafiava padrões. Mas quem desafia padrões se diferencia do resto. Isso se torna a razão pela qual as pessoas falam sobre você e o escolhem em detrimento dos outros. Se você se adequar e apagar suas idiossincrasias úteis, se transformará em um simples sorvete de baunilha, e sorvete de baunilha simples não é notável. O mesmo vale para uma livraria que organiza suas prateleiras da mesma forma que qualquer outra, uma companhia aérea que repete os mesmos avisos maçantes de segurança ou um cantor gospel que canta a mesma música da mesma maneira.

Dê um passo para trás e pergunte: *Qual padrão temos que desafiar? O que podemos oferecer aos nossos clientes que vai encantá-los (e a nós!)? Como podemos compartilhar nossa personalidade única de uma maneira que nos diferencie de todas as outras empresas que oferecem a mesma coisa?*[11]

Pode ter havido uma grande razão há vinte anos para organizar todas as suas prateleiras tradicionais em ordem alfabética pelo sobrenome do autor.

Entretanto, se você não reimaginar como as coisas estão funcionando hoje, outra pessoa o fará.

A forma mais perigosa de imitação

Quando as pessoas falam sobre imitação, muitas vezes se referem a copiar dos outros.

Mas há um tipo mais perigoso de imitação: a autoimitação. Quando você experimenta o sucesso pela primeira vez, há uma forte tentação de fazer a mesma coisa sempre — copiar e colar o que foi feito antes.

Eu vivenciei essa tentação ao escrever o livro que você está lendo agora. Quando escrevi meu último livro, *Pense Como um Cientista de Foguetes*, não havia escrito nada que valesse a pena imitar. Não tinha ideia do rumo que o livro tomaria, eu estava livre para explorar, brincar e moldar meu barro da maneira que quisesse.

Com este livro, meu registro não está mais em branco. Agora preciso estar à altura de algo — este livro aqui tem um comparativo anterior. Então, inicialmente copiei a mesma fórmula de redação que tornou o *Pense Como um Cientista de Foguetes* um sucesso — a mesma estrutura, o mesmo formato, o mesmo tudo.

Todavia, não estava dando certo. As palavras pararam de fluir. Quanto mais eu seguia a fórmula anterior, mais difícil ficava escrever. Então deixei para lá. Em vez de me forçar a me ater ao que não estava mais funcionando, fiquei curioso sobre o que estava por vir durante o processo — as ideias, os tópicos e temas que se apresentavam a cada momento — e me inclinei para a incerteza de tudo isso.

A cópia dilui as qualidades que fizeram o original cantar. É por isso que sequências e remakes raramente capturam a magia do original. Assim que abandonei a fórmula, as palavras começaram a vir. Meus dedos pareciam mais livres no teclado e, mais tarde, começaram a dançar. Escrevi um número recorde de palavras em um mês.

"Você tem duas opções", disse Joni Mitchell. "Pode permanecer o mesmo e proteger a fórmula que lhe deu seu sucesso inicial. Vão te crucificar por ficar na mesma. Se mudar, vão crucificá-lo por isso."[12]

Prefiro ser crucificado por mudar. Não quero estar de frente para a roda de cerâmica com o objetivo de recriar a melhor coisa dos últimos tempos.

O notável acontece quando você para de copiar os outros — especialmente seu eu passado — e começa a fazer a arte que só seu eu atual pode fazer.

Domine o princípio por trás da tática

Lembro-me vagamente da primeira vez que vi um pop-up em um site. Estava empolgado! *Olha, uma caixinha minúscula! Sem precedentes. É como se alguém soubesse que estou aqui.* Não consegui digitar meu endereço de e-mail rápido o suficiente para aceitar aquele cupom de 10% de desconto que eu nem queria.

Em questão de semanas, os pop-ups começaram a aparecer em todos os sites. Esse sentimento inicial de euforia rapidamente se transformou em angústia. Quando a tática se tornou popular, as pessoas começaram a ignorá-la. Os pop-ups se tornaram como o anúncio do cinto de segurança em um avião: repetidos tantas vezes que se misturaram ao pano de fundo.

Na culinária, se você usar a receita de outra pessoa e manjar de cozinha, basicamente poderá obter o mesmo jantar instagramável. Mas

ESPETACULARMENTE VOCÊ 73

a vida não funciona assim. Sua beleza é que os mesmos ingredientes e a mesma receita podem produzir resultados muito diferentes para pessoas diferentes.

No entanto, ainda parece mais confortável copiar as receitas de outras pessoas. Se der errado — se a mesma tática não produzir o mesmo resultado para você —, é possível culpar o livro de receitas.

Mas quando você segue cegamente outras receitas, se torna dependente delas. Não consegue entender a lógica por trás da receita ou dominar os fundamentos da culinária, apenas repete os movimentos — adicione uma colher de chá de sal aqui e meia xícara de azeite ali — sem saber o que esses ingredientes fazem. Como resultado, não será capaz de solucionar problemas quando algo der errado ou alterar a receita para torná-la sua.

Julia Child não era uma cozinheira nata. Ela se atrapalhava com receitas sozinha e não conseguia dominar a arte de cozinhar — até frequentar a escola de culinária Le Cordon Bleu aos 37 anos. De acordo com Laura Shapiro: "Aprender a cozinhar no Cordon Bleu significava dividir cada prato em seus menores passos individuais e fazer à mão cada procedimento trabalhoso e exaustivo." Esse processo permitiu que Child entendesse "pela primeira vez os princípios que regem como e por que uma receita dava certo".[13]

Tendo dominado os fundamentos da culinária, Child poderia ensiná-los ao público na televisão. E isso fazia parte de seu charme: ela não se escondia atrás de uma receita. Ela revelava como cada passo funcionava e por que fazia daquele jeito. A chef conduzia os espectadores através do misterioso processo de cozinhar — e lhes dava as mesmas fundações que lhe permitiram alcançar seus próprios resultados. Munido dessas fundações, um cozinheiro novato poderia assumir o controle da cozinha.

Controle é a palavra-chave aqui. A maioria de nós desistiu de controlar as receitas que outras pessoas usam e as receitas que usamos no passado. Processo, por definição, é olhar para trás. Foi desenvolvido em resposta ao problema de ontem. Se você continuar fazendo o que está fazendo — se continuar fincando o para-raios onde o relâmpago caiu por último —, em algum momento deixará de ser notável e perderá o que o torna grande. Recuperar o controle requer ter consciência sobre o que se faz, em vez de copiar cegamente o que os outros estão fazendo ou repetir o que fez no passado sem pensar.

E ter consciência requer saber *por que* você está fazendo o que faz.

Aquela reunião semanal de relatório serve a um propósito claro, ou você apenas a realiza porque é mais fácil continuar fazendo o que sempre fez e evitar ter uma conversa difícil com uma pessoa que gosta dessas reuniões?

Sua sessão de brainstorming é apenas um espaço para as pessoas parecerem inteligentes, ou está realmente produzindo ideias valiosas e decisões tangíveis?

Para que serve esse pop-up em seu site? Ele está produzindo os resultados que você almeja, ou está lá simplesmente porque alguém lhe disse que seria uma boa ideia?

Em vez de copiar ferramentas, táticas e receitas, domine o princípio por trás delas.

Depois de saber qual é o princípio — uma vez que você sabe o *porquê* por trás da tática —, é possível criar seu próprio *modo* extraordinário.

Seus princípios primários

Se você já leu um livro de negócios, provavelmente conhece a história da queda da Kodak. Em 1975, um jovem engenheiro da Kodak desenvolveu a primeira câmera digital. Porém, em vez de comercializar a tecnologia, a administração decidiu suprimi-la porque competiria com o negócio tradicional de fotografia analógica da Kodak.

A Kodak fracassou por causa da mesma tecnologia que primeiro desenvolveu internamente e depois arquivou. Embora a empresa tenha entrado mais tarde no mercado digital, seus esforços foram poucos e tardios — o equivalente a reorganizar cadeiras de convés em um *Titanic* afundando.[14] A Kodak faliu em 2012.[15]

Mas atravessando o Pacífico, há outra história, muito mais importante, que não foi repetida e recontada. A história da Fujifilm.

Com o surgimento das câmeras digitais, a Fuji, principal rival da Kodak no ramo da fotografia analógica, enfrentou um problema semelhante. Seu principal mercado de filmes fotográficos estava encolhendo drasticamente. Entretanto, ao contrário da Kodak, a administração da Fujifilm estava disposta a abandonar sua bagagem histórica e superar a mentalidade teimosa de "isso é quem somos e o que fazemos".[16]

Para reimaginar o futuro, os líderes da Fujifilm perguntaram: "Quais são nossos princípios primários — as principais capacidades de nossa empresa que podem ser reaproveitadas de novas maneiras? Que outras indústrias poderiam se beneficiar do que fazemos excepcionalmente bem?"

A resposta? Cosméticos.

Sim, é isso mesmo que você leu. Em 2007, a Fujifilm lançou a Astalift, que vende produtos de pele de alta qualidade para "beleza fotogênica".

Fotografia e cuidados com a pele podem parecer não ter nada em comum, mas as aparências enganam.

Acontece que os mesmos antioxidantes que protegem a película fotográfica dos raios UV prejudiciais podem fazer o mesmo com a pele humana. Além disso, o colágeno, que compõe cerca de metade dos materiais do filme, também é a proteína mais abundante na pele e um ingrediente comum em produtos de beleza.

Assim, a empresa aplicou sua experiência histórica com colágeno e antioxidantes para fabricar uma fórmula para cuidados com a pele. Os departamentos da Fuji que trabalhavam com fotografia analógica por décadas foram realocados para desenvolver produtos cosméticos.

Em 2012, quando a Kodak, sua concorrente, declarou falência, as receitas anuais diversificadas da Fuji ultrapassaram US$20 bilhões. A empresa continua a redistribuir seus ativos para explorar novas fronteiras, incluindo cuidados de saúde, produtos farmacêuticos e ciências da vida. Muitos desses empreendimentos spin-offs deram errado. No entanto, os poucos grandes sucessos de Fuji compensaram bem as ideias que não decolaram.

A Fuji nunca desistiu completamente do filme. Para proteger sua história e cultura — sua própria versão de sabores de sorvete com trocadilhos —, ainda produz filmes, embora representem apenas uma pequena fração de seus lucros. Essa participação, no entanto, está crescendo à medida que a nostalgia por imagens analógicas e mídia física aumenta a popularidade dos produtos tradicionais do ramo.

Esse é o poder da mentalidade dos princípios primários — destilar um sistema em seus ingredientes principais e reconstruí-lo de maneira diferente.

Como estes, abundam outros exemplos. O YouTube começou como um site de namoro por vídeo. Em 14 de fevereiro de 2005 — antes que deslizar a tela fosse moda —, os três fundadores do YouTube lançaram um site para permitir que uma única pessoa criasse vídeos para se apresentar a potenciais parceiros românticos.[17] "Apenas três caras no Dia dos Namorados que não tinham nada para fazer", como explicou Steve Chen, cofundador da empresa. A tentativa de bancar o Cupido não funcionou. Então, eles aproveitaram a tecnologia basal da empresa e criaram um serviço que permite que as pessoas carreguem com facilidade vídeos de todos os tipos.

Antes de se tornar uma enorme empresa de US$16 bilhões, a Slack costumava ser uma desenvolvedora de jogos chamada Tiny Speck.[18] No início de 2010, a empresa criou um jogo de RPG online multiplayer chamado *Glitch*. O game tinha uma ferramenta de chat interno que permitia que os usuários se comunicassem uns com os outros. Quando o *Glitch* não conseguiu encontrar um público sustentável para seu jogo, os fundadores aproveitaram essa ferramenta e a tornaram um produto independente.

O poder da mentalidade dos princípios primários pode ser usado muito além do mundo dos negócios. Também se pode utilizá-la para encontrar as matérias-primas dentro de você e construir os novos vocês. Reserve um momento para desvendar seus próprios blocos de construção básicos; os blocos de Lego de seus talentos, seus interesses e suas preferências.

Vejamos alguns: o que faz de você *você*? Quais são alguns dos temas consistentes em toda sua vida? O que é lazer para você, mas trabalho para os outros? Existe algo que você nem considera uma habilidade, mas outras pessoas sim? Se perguntasse ao seu melhor amigo ou parceiro, qual superpoder — a coisa que você pode fazer melhor do que a pessoa comum — eles diriam que você tem?

Tendemos a desconfiar de nossos superpoderes, o que é relativamente fácil para nós. Valorizamos o que é difícil e desvalorizamos o que é fácil. Estamos convencidos de que, se não estamos sofrendo, se não estamos constantemente batalhando, nos apressando e nos esforçando, não estamos fazendo direito. Mas na vida, é possível criar diamantes sem calor e pressão imensos.

Reflita sobre as habilidades por trás de cada atividade em que você se destaca. Por exemplo, se é ótimo em organizar eventos, isso não significa apenas que é um bom organizador de eventos; significa que consegue se comunicar bem, juntar pessoas e criar experiências memoráveis. Essas habilidades podem ser adequadas para uma gama de atividades muito maior do que você imagina.

Um dos temas recorrentes em minha própria vida tem sido contar histórias. Quando criança, a partir do momento em que aprendi a digitar na máquina de escrever Underwood de meu avô, escrevi histórias. Passei grande parte de meu tempo na escola primária escrevendo — roteiros, contos e artigos para uma revista que fundei (meus pais eram os únicos leitores). Mais tarde, na vida adulta, usei a narrativa como advogado para contar histórias persuasivas em nome de meus clientes. Então, como professor, contei histórias para cativar e inspirar meus alunos. Agora, como autor, conto histórias para transmitir ideias de maneira memorável. A receita muda, mas o ingrediente principal permanece.

Seus princípios primários como pessoa são, muitas vezes, as qualidades que você mais suprime, porque elas o tornam diferente dos outros.

Brincar é uma dessas qualidades para mim. Eu me destacava por ser brincalhão quando criança, e quando essa qualidade começou a atrapalhar a felicidade, eu a suprimi com disciplina. Ainda estou me familiarizando com meu lado lúdico, e minha melhor escrita acontece quando minha criança interior sai para brincar.

Sua criança interior muitas vezes detém a chave para desbloquear seus princípios primários. A originalidade consiste em retornar à origem, como teria dito o arquiteto catalão Antoni Gaudí. Então, reconecte-se com sua própria origem. O que você adorava fazer quando criança — antes que o mundo o enchesse de fatos e memorandos, antes que sua educação roubasse a alegria do que você gosta e antes que a palavra *ditasse* como gasta seu tempo?

Aquilo que fez de você esquisito ou diferente quando criança pode torná-lo extraordinário quando adulto. Aproveite essas memórias fracas e use-as como inspiração para seu fazer atual.

Depois de desconstruir seus principais componentes, construa a si mesmo novamente a partir do zero. Mas não copie apenas o que estava lá antes; reimagine à medida que avança. Recombine seus primeiros princípios de novas maneiras para buscar novos futuros em potencial. Aplique-se a uma nova carreira ou a um novo ramo, como a Fujifilm e o Slack fizeram. Dê uma guinada para atingir diferentes públicos, como o YouTube fez.

Quando você descobrir seus princípios primários, começará a entrar em toda sua riqueza e complexidade surpreendentes.

Diversifique-se

Sou grande, contenho multidões.

— WALT WHITMAN, "SONG OF MYSELF"

Imagine comer a mesma coisa todos os dias, café da manhã, almoço e jantar.

Isso é o que milhões de pessoas na Irlanda faziam no início de 1800.[19] Elas comiam quase exclusivamente batatas da variedade Lumper; o trabalhador médio consumia cerca de 6 quilos de batatas todos os dias.

Esse sistema de monocultura manteve a população alimentada — até que navios a vapor vindos das Américas trouxessem consigo um visitante indesejado para a costa irlandesa.

O visitante era um patógeno chamado *Phytophthora infestans*. O nome é de origem grega: significa destruidor de plantas. O patógeno destruiu rapidamente as plantações de batata irlandesas, transformando esses tubérculos essenciais em lodo não comestível.

A Grande Fome que se seguiu durou sete anos. Em 1852, um milhão de pessoas havia morrido, e uma década após a fome, mais de dois milhões haviam deixado o país para sempre, fazendo com que a população despencasse quase 25%. Vários fatores contribuíram para a tragédia, incluindo a ineficácia do governo britânico e a crueldade dos proprietários britânicos que despejaram seus inquilinos agricultores.

Outro grande fator que contribuiu para a fome foi a falta de diversidade genética nas batatas irlandesas.[20] Grande parte dos mais pobres do país dependia da variedade Lumper, que se mostrou particularmente vulnerável ao destruidor de plantas. Como resultado, o patógeno dizimou as culturas e as pessoas que dependiam delas para sobreviver.

A falta de diversidade em qualquer sistema — seja na agricultura, nos negócios ou em um ser humano — o torna vulnerável. As empresas se tornam obsoletas depois de investirem demais nas mesmas variedades de batata ano após ano. Se você se definiu apenas como um vendedor de filmes físicos, então, como a Kodak, ignorará a revolução digital. Caso tenha se definido como um fabricante de unidades GPS embutidas no painel, cometerá o erro que a Garmin cometeu e ignorará a revolução dos smartphones. Se colocou a si mesmo como uma loja física de aluguel de vídeos, ignorará a revolução do streaming e seguirá o caminho da Blockbuster. Em cada um desses casos, a falta de diversidade minou a evolução e abriu caminho para a extinção de uma empresa.

Veja o exemplo da RIM, que desenvolveu a marca de smartphones BlackBerry. "Sou um garoto-propaganda do fato de não fazer nada além do que fazemos", disse Jim Balsillie, ex-presidente e coCEO da empresa, durante uma entrevista. O entrevistador perguntou a Balsillie se ele estava pensando em diversificar a RIM além do BlackBerry. A resposta dele: "Não", seguida de risadas. "Somos um portfólio muito pouco diversificado. Ou vai para a Lua ou cai na Terra", disse Balsillie, rindo novamente. "Mas a jornada para a Lua vai muito bem", acrescentou ele, com um sorriso.[21] E assim foi, até que acertou um asteroide chamado iPhone. Em apenas cinco anos, de 2009 a 2014, a participação de mercado de smartphones da RIM nos Estados Unidos despencou de quase 50% para menos de 1%.[22]

PARC, o lendário laboratório de pesquisa da Xerox, inventou o primeiro computador pessoal como o conhecemos, incluindo inovações fundamentais, como o mouse, a rede Ethernet, a impressão a laser e a interface gráfica do usuário. E depois, eles não fizeram nada com isso, afinal, a Xerox era uma fabricante de copiadoras de escritório, não de computadores. Em vez disso, a empresa deu um *tour* oficial (que incluía uma mostra do computador pessoal que havia desenvolvido) pelo PARC para um homem chamado Steve Jobs. Jobs tomou notas meticulosas, contratou os melhores talentos do PARC e, inspirado pelo que tinha visto, criou o Lisa, precursor do Mac.[23]

Se essas organizações não tivessem vinculado suas identidades ao seu produto de maior sucesso, a batata Lumper, poderiam ter aproveitado as novas oportunidades que surgiram.

Agarrar-se obstinadamente a uma única identidade também afeta as pessoas. Somos ensinados a mostrar apenas uma parte de nós mesmos — uma dimensão, uma personalidade e uma profissão. Daí as perguntas clichês: "O que você será quando crescer?" ou "O que você faz da vida?" A implicação por trás disso é clara: você é definido pelo que faz — é médico, advogado ou engenheiro —, e o que faz é uma coisa única e estática.

Se sua identidade está ligada à sua profissão, o que acontece se perder seu emprego ou decidir que não quer mais fazer o que faz? O que acontece quando essa especialidade que passou a vida aperfeiçoando se torna obsoleta?

A única fuga, o único caminho para a resiliência genuína, é por meio da diversidade. Trate a si mesmo como trata seus investimentos financeiros e proteja suas apostas. Depois de descobrir seus princípios primários, misture-os e remixe-os. Busque múltiplos interesses. Diversifique-se. Caso tenha uma diversidade de características e habilidades que pode recombinar e reaproveitar, desfrutará de uma vantagem extraordinária para evoluir com o futuro.

Diversificar não é mudar de cor como um polvo — mudar quem é para se misturar ao seu ambiente; é entrar totalmente na plenitude de seu ser. É entender que é um ser humano inacabado e inacabável. Pensar que você é apenas uma coisa, que existe um único e estático *você*, é inconsistente com a própria natureza de uma vida, em que se aprende com cada experiência e se evolui.

A diversificação não garante apenas sua resiliência. Também se torna uma fonte de nova força. "Criar", como disse François Jacob, "é se recombinar".[24] Criadores de sucesso tendem a seguir sua curiosidade e se ramificar: rappers escrevem romances. Atores pintam. Empreendedores fazem filmes. Os cientistas vencedores do Prêmio Nobel são cerca de três vezes mais propensos a buscar hobbies artísticos do que o cientista médio.[25] Intuitivamente, eles entendem que cada meio de expressão informa os outros, que o tempo gasto em um projeto secundário acrescenta riqueza e profundidade ao seu trabalho principal e que buscar vários caminhos fornece uma sensação libertadora de segurança. Todos nós precisamos de nossos próprios departamentos pessoais de P&D, nos quais podemos testar novas dimensões.

Diversificar-se também torna mais fácil assumir riscos potencialmente valiosos. Se você der um tiro para a Lua em um aspecto de sua vida e errar feio, ainda pousará em terra firme.

Amelia Boone é advogada da Apple e também atleta de resistência. Quando começou a treinar, não conseguia fazer uma única flexão. Desde então, ganhou o World's Toughest Mudder três vezes. A corrida, que dura 24 horas ininterruptas, faz uma maratona parecer um passeio casual.

Quando Boone quebrou o fêmur, não podia mais correr. Mas a lesão não a atingiu com tanta força porque ela usou o tempo de recuperação para se reconectar ao que amava em ser advogada. Ainda tinha uma perna ativa.[26]

Ao diversificar, quanto mais incomum a combinação, maior o valor potencial. Certamente é útil para um cantor aprender a dançar, mas não há nada distinto ou incomum nessa mistura. Combinações mais raras, no entanto, levam a benefícios inesperados. Um médico que sabe escrever código computacional. Um empreiteiro com talento para falar em público. Um engenheiro que conhece a lei. Um jogador de futebol que faz balé, como Herschel Walker, vencedor do Heisman Trophy.[27] Quando as pessoas te chamarem de contraditório — muito complexo para ser classificado —, você saberá que está no caminho certo.

Quando se vive uma vida hifenizada, se comparar com os outros também se torna fútil. Não há um manual padrão para um cientista de foguetes turco-americano que virou advogado, professor e autor. Ao me recusar a seguir um caminho fixo, consegui escrever minha própria história. E tem sido um conto divertido até agora, com muitas reviravoltas emocionantes ao longo do caminho. Para quem vê de fora, toda essa mudança pode parecer vertiginosa, mas graças a uma identidade diversificada, a vida se tornou um jogo muito gratificante para mim, e nele escolho minha própria aventura.

O futuro pertence àqueles que transcendem uma única história ou identidade.

Essas pessoas não se definem pelo que fazem ou por aquilo em que acreditam. Elas podem praticar advocacia, mas não são advogados. Podem atuar, mas não são atores. Podem apoiar um candidato democrata, mas não são democratas.

Elas não podem ser capturadas por uma única história.

Elas plantam as sementes para várias culturas.

Elas são grandes.

Elas contêm multidões.

5

Descubra Sua Missão

As pessoas de realização raramente se sentaram e deixaram as coisas acontecerem com elas. Elas se jogaram no mundo e mudaram as coisas.

— ELINOR SMITH, AVIADORA NORTE-AMERICANA

O roteiro de sua vida

O ator de 29 anos olhou para o extrato da conta bancária.[1]

Ele tinha apenas US$106.

Sua carreira não estava indo a lugar nenhum. Ele não podia pagar o aluguel de seu apartamento barato em Hollywood. Até tentou vender seu cachorro porque não tinha dinheiro suficiente para comprar comida para o animal.

Para espairecer a mente, decidiu assistir à luta pelo título mundial dos pesos pesados. O então campeão Muhammad Ali estava enfrentando Chuck Wepner, um pugilista local relativamente desconhecido. Deveria ser uma vitória fácil para Ali. Mas, desafiando todas as probabilidades, Wepner lutou por quinze rounds antes de ser nocauteado.

Contra um dos maiores pugilistas de todos os tempos, supunha-se que ninguém se sustentaria. Inspirado por esse triunfo do espírito humano, o ator resolveu escrever um roteiro. Como ele não conseguia trabalhos de atuação nos filmes de outras pessoas, criou um personagem principal para si mesmo interpretar. Pegou uma caneta Bic, folhas de papel pautado e começou a escrever.

Terminou o roteiro em apenas três dias e meio.

Um dia, saindo pela porta após outra audição fracassada, deu meia volta e, do nada, falou de seu roteiro aos produtores da sala. Intrigados com a premissa, os produtores leram, adoraram e ofereceram US$25 mil para comprar os direitos. No entanto, eles tinham uma condição: queriam um ator de grande nome que chamasse muita bilheteria para interpretar o papel principal.

O ator recusou.

Havia escrito o roteiro para que *ele* pudesse interpretar o papel principal. "Prefiro enterrar [o roteiro] no quintal e deixar as lagartas fazerem [o papel principal]", disse ele à esposa. "Eu teria me odiado se me vendesse."

Os produtores confundiram a recusa do ator com uma tática de negociação, então continuaram aumentando a oferta. US$100 mil. Depois US$175 mil. Depois US$250 mil. Finalmente, US$360 mil.

Ele se recusou a ceder.

Os produtores continuaram insistindo que precisavam de uma grande estrela para interpretar o papel principal, mas o ator queria viver de acordo com a moral da história que contou no roteiro — a importância de ir atrás de seus sonhos e ter fé em si mesmo.

Os produtores finalmente cederam e aprovaram o filme na condição de que o orçamento ficasse baixo. A película foi rodada em apenas 28 dias. Para baixar o valor, o ator escalou vários membros da família na equipe, incluindo seu pai, irmão e esposa — e até mesmo seu cachorro, Butkus.

O filme superou todas as expectativas. Arrecadou US$225 milhões em bilheteria global e ganhou três Oscars em 1977, incluindo Melhor Filme.

O filme era *Rocky*, e o ator era um jovem Sylvester Stallone.

A maioria das pessoas na posição de Stallone teria dado o papel principal para outro ator e simplesmente vendido o roteiro. Mas Stallone queria ser ator. Com seu princípio orientador de longo prazo claro, a decisão foi simples. Ele não desperdiçaria a oportunidade de estrelar um potencial blockbuster interpretando um papel criado especificamente para ele, mesmo que isso significasse desistir de um acordo lucrativo sem a menor contrapartida.

Se você colocar uma semente de cabeça para baixo no chão, a planta nascerá na direção certa. As raízes sabem para qual direção devem crescer e se posicionarão para isso.[2] Todavia, ao contrário das plantas, a maioria das pessoas que sabe que está apontada para o caminho errado ainda continuará crescendo nessa direção simplesmente porque é isso que sempre fizeram. Como resultado, acabam vivendo uma vida desalinhada com quem são.

Pergunte a si mesmo: *O que eu quero de minha vida? O que eu quero de verdade?*

Decidir o que se quer pode ser incrivelmente difícil, especialmente quando se passa a vida — como a maioria de nós — indo junto com o que os outros querem para você ou perseguindo o que lhe disseram que você *deveria* querer.

Aqui estão algumas maneiras de começar.

Não fique nessa de seguir sua paixão, é muito difícil descobri-la. Em vez disso, siga sua curiosidade. O que *você* acha interessante? Diga sim às pequenas pistas internas que o estimulam para aprender mais sobre botânica, fazer aulas de soldagem ou retomar o hobby de costura que você abandonou. As coisas que despertam sua curiosidade não são fugazes, vão apontar para onde você precisa ir. Ao contrário de seu apetite, satisfazer sua curiosidade aumentará sua curiosidade. Quanto mais você segue as migalhas de pão, mais elas tendem a aparecer.

Pergunte a si mesmo: *O que eu faria se ninguém pudesse saber sobre isso — se eu não pudesse contar aos meus amigos sobre ou postar isso nas redes sociais?* O princípio por trás dessa pergunta é simples: não importa se essa coisa é incrível ou prestigiosa. Tentar impressionar um júri visível muitas vezes o forçará a se conformar e o impedirá de tomar ações ousadas que o alinhem consigo mesmo. Qualquer escolha é má se não lhe trouxer vida.

"Não pergunte do que o mundo precisa", afirma Howard Thurman. "Pergunte a si mesmo o que te faz sentir vivo, e faça isso, porque o mundo precisa de mais pessoas vivas."[3] Eu costumava pensar que fazer coisas que me traziam à vida era algo autoindulgente. É exatamente o contrário. Ir atrás do que se quer não é um fardo para o mundo. É como um farol. Quando fazemos isso, estabelecemos uma nova maneira de existir, que outros podem seguir. Quando você brilha, ajuda os outros a brilhar, parafraseando Lizzo.[4] Quando deixa a luz atingir seu prisma, lança um arco-íris que se estende muito além de si.

Para descobrir o que o torna vivo e o que o deixa esgotado, faça um diário de energia. Monitore quando se sente envolvido e entusiasmado e quando se sente entediado e inquieto. Siga os sinais sutis de seu corpo — quando ele relaxa e se expande, quando se aperta e se contrai. Quanto mais específicas forem suas observações, melhor ("Quando eu estava respondendo a e-mails esta tarde, notei que estava comprimindo meu instinto"). Às vezes, você não consegue explicar por que ama algo, mas sabe que essa coisa te aquece e te encanta. Como passamos a vida inteira ignorando esses sinais internos, é fácil perder esse algo de vista, a menos que estejamos prestando muita atenção. Aprenda os sinais que seu corpo envia quando você ganha vida e comece a seguir esses sinais.

Tenha cuidado ao perseguir momentos que fazem você se sentir *feliz*. Nos momentos mais importantes de minha vida, eu não me sentia feliz, me sentia ansioso sobre o caminho a seguir. Não me sentia bem o suficiente. Não me sentia pronto o suficiente. Sentia-me *pesado* — intimidado por uma carga que eu tinha certeza de que não poderia carregar.

Mesmo assim, continuava batendo nessa tecla. A felicidade só veio depois que uma onda de outras emoções me invadiu (e me derrubou).

Se você buscar apenas a felicidade, nunca sairá da sua zona de conforto, porque sair da sua zona de conforto é, por definição, desconfortável.

Também se pergunte: *Na minha vida ideal, como é uma terça-feira?* Essa é uma pergunta que aprendi com o professor de atuação Jamie Carroll. É fácil sonhar com os momentos da noite de sábado: ser promovido, reservar um papel de atuação incrível ou conseguir um contrato de livro. Mas esses momentos são poucos e fugazes. O resto do tempo, são terças-feiras — o dia a dia.

Você pode estar pensando: *Não posso fazer o que quiser!* Talvez você presuma que, se tivesse a liberdade de fazer o que quisesse, sua vida seria apenas cigarros, bebidas e videogames sem sentido por dias a fio. Com liberdade, é claro, é possível fazer essas atividades por um tempo, mas você acabaria ficando entediado, descobriria que são substitutos muito ruins para desejos que permaneceram não atendidos — sentimentos de aventura, fluxo e engajamento — que podem ser realizados de maneiras muito mais construtivas e duradouras. É apenas dando a si mesmo permissão para fazer o que acha que quer que se descobre o que se quer de verdade (e o que não se quer).

Finalmente, reflita sobre o propósito de sua vida. Qual é o seu por quê? Por que você está aqui? Se estivesse escrevendo seu próprio obituário descrevendo sua vida, o que ele diria? Se estivesse deitado em seu leito de morte, do que se arrependeria de não ter feito? O propósito de sua vida geralmente está conectado aos seus primeiros princípios. Revise-os novamente e pense em como pode usar seus princípios primários para se expressar.

A Estrela do Norte, Polaris, é conhecida por ser fixa, mas não é. Como todos os outros objetos no céu, ela se move tanto que, em cerca de 2 mil anos, não será mais a Estrela do Norte.[5] O que você quer de sua vida também pode mudar à medida que o mundo muda ao seu redor e à medida que muda como pessoa. Na verdade, perseguir sua curiosidade inevitavelmente o mudará, tirando você do caminho que seguiu no passado e apresentando novas maneiras de estar no mundo. Não há nada de errado em mudar de direção, contanto que essa mudança seja intencional.

Depois de saber o que quer, diga não a coisas que não importam e opte por não participar de corridas sem sentido que não o aproximam disso. Se você não decidir seus princípios orientadores previamente — fora do calor do momento —, deixará o que é aparentemente urgente ocupar o lugar do que é importante de fato.

Jim Carrey diz que seu pai, Percy, poderia ter sido um comediante incrível. Mas Percy presumiu que era tolice tentar ganhar a vida com comédia, então fez uma escolha segura e aceitou um emprego como contador. Posteriormente, foi demitido desse emprego, e a família de Carrey perdeu a casa. Analisando a vida de seu pai, Carrey afirmou: "Você pode fracassar em coisas que não quer fazer, então é melhor se arriscar fazendo o que ama."[6]

Ao encontrar nossa missão de vida, muitas vezes fugimos do que não queremos, em vez de correr em direção ao que *queremos*. Fazemos nossas escolhas com base no "medo disfarçado de praticidade", como pontua Carrey. Pode ser assustador ir atrás do que se quer, porque você pode não conseguir isso.

Carl Sagan dedicou sua vida a procurar evidências de vida extraterrestre. Falhou, nunca encontrou. Mas deixou milhões de pessoas — incluindo eu — empolgadas com as estrelas. Ele fez inúmeras contribuições para a humanidade que transcenderam sua própria vida e nos ajudaram a entender o cosmos em que temos a sorte de viver.

Contanto que você goste da jornada — e contanto que crie arte da qual se orgulhe —, quem se importa se você não chegar ao seu destino?

Você já venceu.

Sonhadores e concretizadores

Descobrir sua missão de vida requer ação. Você deve puxar os fios, apertar os botões e tentar coisas para descobrir seus próximos passos.

A maioria das pessoas não tenta. Algumas não agem e ficam estagnadas. Essas são os aventureiros de poltrona — pessoas que pensam demais em tudo, se encontram em uma toca de coelho de prós e contras e não tomam nenhuma ação porque têm medo de fazer o movimento errado. E há pessoas que saltam prematuramente da ideia para a execução. Elas pulam a parte da tentativa porque acreditam que a realidade só confirmará suas teorias mal elaboradas.

Se há alguma fórmula que segui na minha vida, é esta: parar de pensar demais e começar a tentar, aprender e melhorar.

Tentar é melhor que debater. A ação é o melhor professor. Você pode fazer todas as listas de prós e contras que quiser, mas é difícil saber o que dará certo e o que não dará a menos que tente.

Na minha vida anterior como professor de direito, ensinei inúmeros alunos que vieram para a faculdade de direito por todas as razões erradas. Alguém lhes disse que eram "bons em debate", ou o tio era um advogado bem-sucedido, ou cresceram adorando assistir à *Lei e Ordem*, então sempre quiseram ser promotores.

Em todos os casos, a realidade não correspondia às suas expectativas altíssimas. Essa incompatibilidade resultava de uma falha em tentar coisas para determinar por si mesmos se uma carreira em direito era a melhor opção. A maioria das pessoas não se preocupa em descobrir como é *de fato* ser advogado, ou neurocirurgião, ou um podcaster.

Quer fazer direito? Pare de assistir à *Lei e Ordem*. Não aceite conselhos questionáveis de seu tio. Em vez disso, vá assistir a uma aula de direito, ou faça um estágio em um escritório de advocacia local.

Pensando em neurocirurgia? Converse com neurocirurgiões e conheça sua realidade cotidiana. Como é a terça-feira deles? Colete várias perspectivas. Siga de perto um neurocirurgião por um dia. Converse com neurocirurgiões que gostam do que fazem e, mais importante, converse com neurocirurgiões que não gostaram do trabalho e deixaram o campo.

Quer ser um podcaster? Lance um podcast experimental, comprometa-se a gravar dez episódios e veja se você gosta.

Tentar é ser humilde — reconhecer que não tem certeza de como sua ideia vai dar certo. As experiências também reduzem seu apego a uma ideia específica. Não é como se comprometer a mudar para

Singapura, é apenas uma visita de duas semanas para ver se gosta. Certifique-se de variar suas experiências para que possa comparar as opções e ver qual funciona melhor para você. Não visite apenas Singapura. Visite também Istambul, Hong Kong ou Sydney.

O objetivo não é ser "correto". É descobrir. À medida que você caminha por caminhos diferentes, às vezes chega a um beco sem saída. Ou descobre que um caminho que foi tentado não era o adequado. Sim, seu verão como estagiário de escritório de advocacia pode ter sido horrível, mas pelo menos você não desperdiçou três anos de sua vida e incorreu em dívidas desnecessárias em uma faculdade de direito. Aprendeu que a prática da advocacia não é para você e se abriu para outras possibilidades.

Os rastreadores de leões chamam isso de "a trilha do 'não aqui'". Nas palavras do rastreador de leões Boyd Varty: "Seguir um caminho e não encontrar uma trilha faz parte de encontrar a trilha. Nenhuma ação é considerada um desperdício, e a chave é continuar se movendo, reajustando, recebendo feedback. A 'trilha do não aqui' faz parte da 'trilha do aqui'."[7] O pior erro, seja na trilha ou na vida, é ficar paralisado pelas opções e não tentar nenhuma delas.

Aqui estão três perguntas que faço quando tento coisas.

1. *O que estou testando?* Tentar é fazer um experimento, então é preciso saber o que se está testando. Gostarei de podcasting? Eu quero morar em Singapura?

2. *Como é o fracasso? Como se define sucesso?* Defina seus critérios de fracasso e sucesso desde o início, quando você está relativamente lúcido — antes que seus investimentos emocionais e custos irrecuperáveis obscureçam seu julgamento.

3. *Quando a tentativa terminará?* "Algum dia" não é uma boa resposta. Escolha uma data concreta em que você avaliará se a tentativa está dando certo e marque-a em seu calendário. É muito mais fácil começar do que terminar as coisas, por isso é importante ter um plano de fuga.

As melhores tentativas têm um quê de "Eu me pergunto o que vai acontecer". É essa incerteza que abre a porta para a possibilidade. Tentativas que produzem resultados inesperados tendem a ser muito mais valiosas do que as que confirmam o que você já pensa.

Com essa mentalidade, a vida se transforma em um experimento eterno em seu próprio laboratório. Em vez de se fixar em um eu estático, você testa possíveis "eus". Em vez de fazer planos firmes, tenta diferentes futuros — e permite que seu caminho surja à medida que descobre o que funciona e o que não funciona para você.

O problema de perseguir medalhas de ouro

Jason Alexander, famoso por interpretar George Costanza em *Seinfeld*, foi indicado oito vezes a um Emmy.

Nunca ganhou.

Glenn Close foi indicada oito vezes ao Oscar.

Nunca ganhou.

Carl Sagan foi indicado como membro da Academia Nacional de Ciências, uma das maiores honrarias da ciência.

Foi rejeitado. A maior parte do *establishment* acadêmico desdenhou Sagan por popularizar a ciência e votou contra sua adesão.

Isaac Asimov não chegou à lista de best-sellers do *New York Times* até seu 262º livro.[8] Isso *não* é um erro de digitação. São 43 anos escrevendo 261 não best-sellers consecutivos.

Isso significa que Close e Alexander são maus atores? Que Sagan era um péssimo astrônomo? Ou que os primeiros 261 livros de Asimov são uma droga?

É claro que não!

Contudo, em nossa própria vida, muitas vezes definimos nosso valor nos referindo ao número de medalhas que coletamos ao longo do caminho. Queremos ser escolhidos pelas pessoas que foram escolhidas antes de nós. Queremos a validação externa, o tapinha nas costas — a medalha de ouro. Deixamos outra pessoa determinar se somos bons o suficiente. Uma vez que obtemos aprovação, a vida se torna uma corda bamba para não perdê-la.

"Eu fiz a descoberta mais maravilhosa", teria dito Napoleão. "Os homens arriscarão a vida, até mesmo morrerão, por condecorações!" Nós nos concentramos em coletar condecorações — seguidores nas redes sociais e cargos com títulos impressionantes —, nos esquecendo de que as métricas de vaidade raramente têm efeito sobre o que importa. Buscamos aplausos, em vez de melhorias, objetivos que não estão alinhados com nós mesmos, jogamos jogos sem sentido e ganhamos prêmios sem sentido.

Quanto mais valorizamos as métricas de vaidade, mais tememos o fracasso. Quanto mais tememos o fracasso, mais nos esforçamos para garantir o sucesso. E quanto mais nos esforçamos para garantir o sucesso, mais colorimos dentro das linhas e menos notáveis nos tornamos.

Se você basear sua bússola interna em métricas externas, ela nunca será estável. A agulha da bússola sempre vacilará porque a aprovação é inconstante. A estabilidade requer uma bússola baseada em seus próprios valores, não nos valores dos outros.

Alexander, Close e Sagan não podiam controlar como os membros da academia votaram. Asimov não conseguia controlar quantas pessoas compravam seus livros. Você não pode controlar se seu chefe lhe dá uma promoção ou se consegue o emprego que deseja.

Se estivéssemos avaliando as pessoas com base em resultados além de seu controle, teríamos de presumir que todo ganhador de loteria deve ser um gênio.

Uma pergunta simples para você: *isso está sob meu controle?*

Não entregue o controle de sua vida a nenhum outro piloto. Você tem seu próprio senso de direção e equilíbrio. Concentre-se no que é seu para moldar e ignore o resto.

Você está satisfeito?

Sim. Mais do que satisfeitos.

Minha esposa, Kathy, e eu estávamos voltando de um de nossos restaurantes tradicionais em Portland. Durante a viagem para casa, estávamos conversando sobre o quão empanturrados nós dois estávamos. Kathy se virou para mim e disse: "É estranho. Quando se trata de comer, sabemos quando estamos satisfeitos. Mas não fazemos isso em outros aspectos da vida."

Ela estava certa.

Tentamos forçar mais uma hora de trabalho — mesmo que tenhamos trabalhado o suficiente.

Tentamos ganhar mais dinheiro — mesmo que ganhemos o suficiente.

Queremos mais atenção e mais elogios — mesmo que nada disso nos faça felizes no longo prazo.

Nosso corpo é sábio. Quando nos empanturramos, isso nos diz em voz alta para parar de comer.

Entretanto, nosso ego é tolo. Está cronicamente insatisfeito. Ele anseia por mais dinheiro, mais atenção — mais tudo —, mesmo que tenhamos mais do que o suficiente.

Se você quer ser um milionário, quando sua conta bancária atingir sete dígitos, você começará a mirar oito. Você quer mil seguidores? Depois de chegar lá, vai querer 10 mil, e depois, 100 mil. Quer impressionar os vizinhos ricos? Depois, vai querer acompanhar os outros mais abastados, que têm casas mais belas e carros mais sofisticados. Se não definir o que é "suficiente" para você, a resposta padrão será sempre "mais".

Como diz o ditado, o crescimento em prol do crescimento é a ideologia da célula cancerígena. O monstro do "mais-mais" nunca será saciado. Nenhuma quantidade de dinheiro bastará para evitar todas as dificuldades, a estabilidade para afastar todas as incertezas não será suficiente, e não haverá força que baste para superar todos os desafios.

Então, pergunte a si mesmo: *Qual é "o bastante" para mim? Como saberei que estou satisfeito?* A beleza do "bastante" é que defini-lo depende de você. Uma vez que "você decide que tem o bastante, então você tem", de acordo com Seth Godin. "E com essa escolha, vem um tipo notável de liberdade; a liberdade de ficar quieto, de tomar consciência e de parar de esconder dos vivos que ainda há o que ser feito."[9]

Vou deixá-lo com uma história famosa que Kurt Vonnegut conta sobre uma conversa que teve com Joseph Heller, autor do romance *Ardil-22*.[10] Os dois estavam em uma festa organizada por um bilionário. Vonnegut virou-se para Heller e disse: "Como se sente ao saber que nosso anfitrião só ontem ganhou mais dinheiro do que seu romance *Ardil-22* ganhou em toda sua história?"

"Eu tenho algo que ele nunca poderá ter", respondeu Heller.

"O que diabos poderia ser isso, Joe?", Vonnegut perguntou.

"Saber que tenho o bastante."

Tenha cuidado com o que você mede

Quando me tornei professor, fiquei surpreso com o quanto os rankings da *US News & World Report* influenciam as decisões dos alunos e do corpo docente.

A *Report* classifica faculdades e outros programas de graduação nos Estados Unidos. Os rankings dependem de uma fórmula para determinar quais instituições de ensino são melhores do que outras.

Se a coisa mais importante sobre uma universidade é a qualidade educacional, então a *Report* é profundamente falha. As instituições são classificadas com base em fatores — como taxa de aceitação, remuneração do corpo docente e taxa média de doação de ex-alunos — que têm pouco a ver com a qualidade educacional. Os rankings não medem se os alunos estão aprendendo alguma coisa ou se estão satisfeitos com sua experiência educacional.

Para os alunos, os rankings fornecem uma maneira fácil de terceirizar seu pensamento. Muitos deles fazem um dos investimentos mais caros de sua vida com base em classificações que lhes dizem muito pouco. Em vez de pensar em qual programa é o mais adequado para eles, deixam os rankings decidirem. O preço que pagam pelo prestígio exterior é a angústia interior quando frequentam uma faculdade que acabam odiando.

Além disso, as instituições de ensino jogam com o sistema para obter um lugar mais alto. Elas fazem engenharia reversa das fórmulas e tentam mudar as métricas que impulsionam sua classificação, em vez de concentrar sua energia no que é importante para a qualidade educacional,[11] adicionam membros do corpo docente de que não precisam, reduzem os padrões de admissão para inscrições de transferência que não contam para os rankings, despejam uma tonelada de dinheiro no recrutamento de admissões para aumentar os números de candidaturas apenas para que possam rejeitar mais alunos e diminuir sua taxa de aceitação.

Quem não pode jogar com o sistema tenta enganá-lo. Numerosas instituições — incluindo universidades conceituadas, como George Washington e Emory — foram pegas relatando dados incorretos na tentativa de chegar ao topo.

Há um famoso ditado atribuído a Peter Drucker: "O que é medido é gerenciado." O princípio faz sentido a princípio: é somente quando se quantifica os resultados que se vê se suas ações se orientam para esses resultados.

Mas o que é medido não é apenas gerenciado. O que é medido também chama nossa atenção e altera nosso comportamento.[12] E se você não tiver cuidado, os números podem substituir o pensamento. Eles podem se tornar *a coisa*.

Os líderes empresariais muitas vezes tiram as mãos do volante e entregam o controle a um conjunto de números. E mesmo quando saem da estrada — mesmo quando os números os desviam —, continuam na mesma rota porque são treinados para medir com miopia os quilômetros por hora, não para levantar o olhar para ver se o carro os está levando para onde querem ir.

O Wells Fargo caiu nessa armadilha. O banco colocou seus funcionários sob imensa pressão para vender produtos financeiros adicionais aos clientes existentes. A única maneira de cumprir cotas impossíveis era fraudar o sistema e falsificar novas contas. Os funcionários do Wells Fargo "abriram mais de 1,5 milhão de contas de depósito e mais de 565 mil contas de cartão de crédito que podem não ter sido autorizadas".[13] A empresa teve que pagar US$480 milhões para resolver uma ação coletiva por fraude de valores mobiliários.[14]

Quando estamos muito focados nas coisas que medimos, podemos perder de vista todo o resto — incluindo o senso comum.

A medição tem outra desvantagem; nos leva a nos concentrarmos em resultados fáceis de medir. Os advogados contam as horas faturáveis em incrementos de seis minutos. Programadores de computador contam linhas de código. Os influenciadores de mídia social contam curtidas e retuítes como evidências de conquistas tangíveis. Muitas pessoas monitoram o número de zeros no final do saldo da conta bancária ou o número de e-mails que ainda estão na caixa de entrada. Rastreamos o que é fácil de rastrear — não o que é importante — e presumimos falsamente que, se atingirmos certas métricas, realizamos algo valioso.

Veja o exemplo da escrita. A criatividade requer conectar os pontos, e conectar os pontos requer dar tempo para meu subconsciente consolidar minhas ideias e fazer associações. De vez em quando, preciso apenas olhar pela janela e não fazer nada.

Isso não *parece* produtivo, mesmo que seja. Porém, quando meço minha produção pelo número de palavras do texto, sinto que realizei nada, e o resultado disso é me sentir péssimo.

A produção de um profissional intelectual moderno é, muitas vezes, difícil de medir. Esse grupo toma decisões, vende influência, faz a mudança acontecer. Além disso, muitas vezes, há um longo atraso entre o trabalho de um profissional intelectual e o resultado. Eles podem trabalhar por dias, semanas, meses, até anos sem ver nada que possa ser quantificado.

Na verdade, as qualidades mais valiosas da vida muitas vezes não vêm com unidades mensuráveis. Valores como honestidade, humildade, beleza e diversão são mais disformes, por isso são ignorados. É difícil medir se você é um pai melhor ou um colega melhor agora do que no ano passado. Como resultado, essas qualidades imensuráveis se transformam em pensamentos posteriores.

Portanto, tenha cuidado com o que se mede. Pergunte a si mesmo regularmente: *Para que serve esta métrica? Estou medindo a coisa certa? Esta métrica está me servindo ou estou servindo a métrica?*

Porque a métrica não é um fim em si. É um meio para um fim.

E se não está mais servindo a esse fim, é hora de se livrar dela.

Isto não dá certo para mim

Esse é o pensamento que ficava girando na minha cabeça enquanto eu folheava o catálogo de cursos de Cornell.

Isto não dá certo para mim.

Eu era um calouro da faculdade planejando meus próximos quatro anos. Mas havia um problema: nenhum dos cursos disponíveis me atraía. Havia alguns que chegaram perto, mas nenhum deles capturou o que eu queria estudar.

Então, perguntei a mim mesmo: *E se eu criasse meu próprio curso?* Em vez de ajustar minhas preferências para se adequar à ementa curricular predeterminada, me perguntei se a própria ementa poderia ser alterada.

Fui até o escritório do coordenador de curso e perguntei se poderia projetar meu próprio caminho de estudo. A resposta, chocantemente, foi sim. Havia um programa pouco conhecido que dava liberdade para que um pequeno grupo de calouros montasse a própria grade.

Eu me inscrevi e fui aceito. Consegui projetar minha própria aventura de quatro anos, escolhendo exatamente as aulas que eu queria fazer — não o que outra pessoa achava que seria bom para mim.

A maioria das pessoas passa a vida andando pela porta mais conveniente. Seguimos o caminho de menor resistência e somos puxados por cordas que não prendemos em nós. Dizemos a nós mesmos: *Claro, eu poderia fazer esse trabalho. Claro, eu poderia me formar nesse programa. Claro, eu poderia me contorcer para passar por aquela porta minúscula que outra pessoa criou.*

Mas essas portas podem não ser as melhores para você. Há um imenso poder em criar e abrir intencionalmente as portas que o acomodam, em vez de se encolher para se espremer através das que já estão lá.

Depois de decidir o que você quer da vida, saia do resumo.

Peça pelo que você quer. Crie isso.

Porque as melhores coisas da vida não estão no resumo.

Você está em uma cela de prisão de sua própria criação

Pássaros nascidos em uma gaiola pensam que voar é uma doença.

— ATRIBUÍDA A ALEJANDRO JODOROWSKY

Imagine que você está em uma cela de prisão.

Você está segurando as barras. Grita e esperneia. Xinga os guardas para que o libertem.

Mas ninguém vem ajudar, porque a cela foi projetada por você. Você é o mestre arquiteto de sua própria prisão, as barras de ferro que restringem seu pensamento e as correntes que o prendem.

Você é o carcereiro. E o prisioneiro.

A vida vem com limitações reais — seu local de nascimento, sua classe social e discriminação estrutural, para citar alguns. Mas depois, há as limitações autoimpostas, em que você fica em seu próprio sol e bloqueia sua própria sabedoria. Fecham-se as portas antes que o universo tenha a oportunidade de abri-las. Você faz *gaslighting* consigo mesmo — manipula, engana e faz questionar sua própria realidade.

Muitas vezes, pioramos as coisas defendendo nossas celas e limitações autoimpostas. Não lançamos um novo negócio porque achamos que não temos o que é preciso. Hesitamos em solicitar uma promoção supondo que alguém muito mais competente a receba.

Nossas expectativas mudam nossa realidade e se tornam autorrealizáveis. Como diz o ditado, defenda suas limitações, e elas se concretizarão.

Não é a escuridão dentro da cela que nos assusta. É a luz do lado de fora. Nós nos queixamos de estar na cadeia, mas, no fundo, achamos nossa cela segura e confortável. Afinal, nós a construímos. O mundo lá fora é um lugar assustador — uma vez que nos aventuramos, não sabemos o que encontraremos.

Quanto mais velha a cela e mais enferrujadas as barras, mais difícil se torna escapar. Muitas vezes, nem percebemos que estamos vivendo em uma prisão. Com o tempo, à medida que nossas ideias desatualizadas do que é possível continuam a nos impedir, as barras de ferro se tornam invisíveis para nós. Continuamos andando pelo mesmo espaço confinado sem saber que há uma saída.

Sabe aquele desconforto que você tem sentido por estar em um determinado ponto em sua vida? Pode ser um sinal de que você se confinou involuntariamente em uma cela — e que há uma vida diferente à espera, que é maior do que você pode imaginar.

Pergunte a si mesmo: *Quais são as celas que construí para mim? Como sou cúmplice na criação das condições que me impedem? Onde posso ir mais longe do que antes? Em que aspectos acredito que não sou bom, inteligente, digno ou conclusivo o suficiente?*

Para expor suas limitações autoimpostas, tome medidas extremas. Dê um tiro na Lua que você não acha que vai acertar. Peça um aumento que não acha que merece. Candidate-se a um emprego que não acha que conseguirá.

Nem sempre se pode obter o que deseja, como os Rolling Stones nos lembram, mas expandindo sua visão, você expandirá os limites da possibilidade. O que supôs serem barras imóveis muitas vezes se revelarão como ilusões.

No final, a porta da sua cela está destrancada.

Pare de bater nas barras e xingar os guardas.

Pare de se conter.

Abra a porta e saia.

Os três estágios da mudança

1. Você acha que não pode fazer algo.

2. Você é forçado a fazer (ou é corajoso o suficiente para tentar).

3. Você descobre que pode fazer.

Pare de dever deveres

Há uma palavra que decidi tirar de meu vocabulário.

É a palavra dever. Vem da palavra *debere*, que em latim significava "estar sob uma obrigação" ou "em débito". Dever, muitas vezes, representa algo que eu me obriguei a fazer, mesmo sem perceber.

Os deveres são os sistemas de crenças que adotei involuntariamente. São as expectativas de outras pessoas sobre como estou preparado para viver minha vida. Os deveres são minha própria prisão, as barras de ferro que restringem meu pensamento e as correntes que me prendem.

Alguns desses "deveres" soam familiares:

- Você deve começar a meditar.
- Você deve ser mais ativo nas redes sociais.
- Você deve se casar e ter filhos antes que seja tarde demais.
- Você deve falar apenas quando falarem com você.

É fácil nos perdermos na maré dos deveres. Quando me vejo usando a palavra dever, o que estou prestes a fazer geralmente não está alinhado comigo. Estou sendo guiado pelas expectativas de outra pessoa, em vez de olhar para minha bússola interna em busca de orientação.

Reserve um momento e anote os deveres de sua vida. Examine cada barra de sua cela de prisão. Para cada uma delas, pergunte a si mesmo:

De onde veio esse senso de obrigação? Quem o pôs ali? Pertence a mim? É isso que eu quero? Ou é o que eu acho que deveria querer?

Se um de seus deveres realmente pertence a você — se estiver alinhado com quem você é —, mude seu vocabulário para refletir essa mudança, então é menos uma obrigação e mais um desejo. Em vez de dizer: "Eu deveria…", diga: "Eu vou…" ou "Eu quero…" ou "Eu tenho o privilégio de…".

Mas se ele não pertence a você — se está restringindo seu pensamento, limitando seu potencial ou impedindo você de viver a vida que deseja —, desapegue.

Pare de dever deveres. Viva de acordo com suas próprias expectativas, em vez de ser preso pelas de outra pessoa.

O e-mail que mudou minha vida

Enviar ou não enviar?

Essa foi a pergunta que passou pela minha mente enquanto eu me sentava na frente de meu computador quando tinha 17 anos e estava no último ano do ensino médio em Istambul.

O cursor estava piscando no final de um e-mail que eu acabara de digitar para um professor da Cornell, onde eu havia sido admitido recentemente.

Descobri que o professor era o principal pesquisador de uma missão planejada para Marte. Além do mais, antigamente, ele havia trabalhado como estudante de pós-graduação para Carl Sagan, um herói de infância meu. Era bom demais para ser verdade.

O e-mail que eu acabara de escrever compartilhava meu currículo e expressava meu desejo ardente de trabalhar para ele na missão. Mas quando pensei em clicar em Enviar, um coro de vozes encheu minha cabeça, lembrando-me dos limites de minha cela.

Não há anúncio de vagas. Por que você se candidataria a um emprego que não existe?

Você contribuiria com o quê?

Se você enviar este e-mail, fará papel de bobo.

Eu tinha crescido em uma sociedade que reforçava esses limites. Quando eu disse aos meus amigos que queria trabalhar em uma missão espacial da NASA um dia, muitos deles disseram: "Você não pode fazer isso. Nasceu em circunstâncias modestas em um país em desenvolvimento. Pessoas como você não trabalham em missões espaciais. Talvez em outra vida."

Mas eu não estava disposto a adiar meus sonhos para outra vida.

Quando outras pessoas dizem que você não pode fazer algo, muitas vezes, estão revelando o que não se permitiram alcançar. O conselho delas é uma projeção. Ver você sair de sua cela faz com que se lembrem da deles. *Estou preso nesta cela, e você está lá fora? Fazendo coisas? Como ousa!*

Eles podem saber que as chances são baixas. Mas não o conhecem.

E uma porta fechada não é necessariamente uma porta trancada. Às vezes, só é preciso empurrar.

Eu decidi empurrar. Respirei fundo e enviei o e-mail. Menos de uma semana depois, recebi uma resposta. O professor me convidou para uma entrevista quando cheguei à Cornell. Graças em parte às habilidades de escrever códigos que adquiri no ensino médio, consegui um emprego na equipe de operações da missão Mars Exploration Rovers de 2003.

Pouco sabia na época, mas esse e-mail catalisou uma série de eventos nas duas décadas seguintes que levaram à publicação de meu livro *Pense Como um Cientista de Foguetes* e ao lançamento de minha carreira como autor. Se eu não tivesse enviado esse e-mail, você provavelmente não estaria lendo este livro.

Ainda luto de vez em quando para sair de minha cela. Quando me vejo com medo de fazer um movimento — quando esse coro de vozes vem rugindo me dizendo que não posso fazer algo —, penso no e-mail que mudou minha vida.

E eu clico em Enviar.

Você não pode fazer isso

"Ela está agindo de forma estranha. O que deu nela?", dirão.

"Nada", você responderá. "As coisas finalmente começaram a sair. É apenas o começo."

"Ela é tão cheia de si", dirão.

"Do que mais posso estar cheia, senão de mim mesma?", você responderá.

"Ela mudou", dirão. "Não é quem costumava ser."

"Bom", você responderá. "Estou crescendo e evoluindo."

"Ela está passando por uma crise de meia-idade", dirão.

"Não é uma crise de meia-idade", você responderá. "É uma meia-idade florescendo."

"Você não pode fazer isso", dirão.

"Então veja só", você responderá.

> Visite ozanvarol.com/genius (conteúdo em inglês) para encontrar planilhas, desafios e exercícios para ajudá-lo a implementar as estratégias discutidas nesta parte.

PARTE III
A Jornada Interior

A Parte III tem três capítulos:

1. **Destrave a Sabedoria Interior:** sobre acender a criatividade acessando sua sabedoria interior.
2. **Liberte o Poder da Diversão:** sobre usá-la para gerar insights originais.
3. **Ouse Criar:** sobre criar arte que importa, para você e para o mundo.

No percurso, revelarei:

- Uma prática simples usada pelos melhores pensadores para gerar insights originais.
- A fascinante história de como brincar com pratos em uma cafeteria acabou em um Prêmio Nobel.
- Por que desligar sua mente é a chave para pensar melhor.
- O que você pode aprender com o maior erro da Netflix.
- Por que você deve parar de chamar seu escritório de escritório.
- O poder da procrastinação estratégica.
- A falta de noção da "autopromoção sem vergonha".
- A estratégia surpreendente que os roteiristas de *The Office* usaram para aumentar sua criatividade.

6

Destrave a
Sabedoria Interior

A poderosa peça teatral continua,
e você pode contribuir com um verso.

— WALT WHITMAN, "O ME! O LIFE!"

Como pensar por si mesmo

Há uma cena no filme *Gênio Indomável* em que Will e seus amigos entram em um bar da Harvard Square. Eles não são alunos de Harvard — e isso fica claro pelas roupas que estão vestindo e pela maneira como falam. No bar, Chuckie, amigo de Will, começa a conversar com uma estudante de Harvard chamada Skylar.

Então, outro estudante de Harvard chamado Clark aparece e começa a zombar do intelecto de Chuckie. Ele pede a Chuckie algumas informações sobre a "evolução da economia de mercado nas colônias do sul". E prossegue:

CLARK: Eu diria que, antes da Guerra da Independência, o modelo econômico — especialmente nas colônias do sul — poderia muito bem ser caracterizado como agrário, pré-capitalista [...]

Em um dos melhores momentos da história do cinema, Will entra:

DESPERTE SUA GENIALIDADE

WILL: É claro que você diria isso. É seu 1º ano de pós-graduação. Deve ter lido um marxista em algum compêndio sobre história, como Pete Garrison[...] Isso vai durar até o segundo ano, você estará aqui regurgitando Gordon Wood, falando sobre, sabe, a utopia pré-revolucionária e o capital na mobilização militar.

CLARK: Bem, na verdade, não, porque Wood subestima drasticamente o impacto de...

WILL: "Wood subestima drasticamente o impacto das distinções sociais baseadas na riqueza, sobretudo a herdada..." Você pegou isso de Vickers, Work in Essex, *página 98, correto? Vai plagiar o texto todo ou tem ideias próprias sobre o assunto?*

Essa cena é um microcosmo de nossa realidade atual. O mundo está cheio de Clarks sem um Will para chamar-lhes a atenção.

Podemos não ter a atitude pretensiosa de Clark, mas nos encontramos em sua posição com muito mais frequência do que imaginamos. "Gostamos do conforto da opinião sem o desconforto do pensamento", como afirmou John F. Kennedy.[1] Regurgitamos o que ouvimos de fontes que aparecem em nossos feeds manipulados por algoritmos. Retuitamos o que os Gordon Woods do mundo dizem sem parar e refletir. Nós fazemos a infusão de tanto lixo externo em nosso mundo interno que se torna difícil saber onde os pensamentos de outras pessoas terminam e os nossos começam.

Não pensamos com papel e caneta, "pensamos" com o Google. É melhor começar de um lugar conhecido e aproveitar as ideias de outra pessoa do que olhar para uma página em branco e formar a nossa. Nem precisamos concluir a consulta de pesquisa por conta própria.

A função de preenchimento automático do Google tira esse fardo importante de nossos ombros, dizendo-nos o que *devemos* procurar e o que *devemos* pensar. Em seguida, analisamos os resultados em SEO para encontrar a resposta para a vida, o universo e tudo mais. Esse processo nos dá a ilusão de pensar, mas, na realidade, acabamos de entregar o controle de nossas preciosas sinapses a algoritmos manipuladores.

DESTRAVE A SABEDORIA INTERIOR 111

Glennon Doyle, autora best-seller de *Indomável*, uma vez se viu nessa posição.[2] Sentada na cama às 3 da manhã, ela digitou a seguinte pergunta na barra de pesquisa do Google: "O que devo fazer se meu marido for um traidor, mas também um pai incrível?" Em um momento de clareza que escapa a muitas pessoas, ela olhou para essa pergunta e pensou: "Acabei de pedir à internet que tome a decisão mais importante e pessoal de minha vida. Por que confio em todos os outros na Terra mais do que em mim mesmo? ONDE DIABOS ESTÁ MEU EU?"

Estive na posição de Doyle mais vezes do que gostaria de me lembrar. Na verdade, quando estava escrevendo o capítulo que você está lendo agora, me peguei pesquisando no Google: *Por que meu livro é tão difícil de escrever?* — como se uma multidão sem rosto de estranhos e *bots* que nunca conheci pudesse encontrar uma solução para o meu bloqueio de escritor.

Perdemos contato com uma das experiências humanas mais básicas — o pensamento. Imploramos respostas de outros, como o famoso mendigo de Tolstói implorando por centavos dos transeuntes sem saber que está sentado em um pote feito de ouro. Em vez de cavar fundo em nosso âmago para encontrar clareza, terceirizamos as perguntas mais importantes da vida para os outros e extinguimos o fogo de nossos próprios pensamentos. Esses pensamentos reprimidos então voltam para nos assombrar: em obras que admiramos, vemos ideias que esmagamos porque eram nossas.

Como Bob Dylan nos lembra em "Subterranean Homesick Blues", "Você não precisa de um meteorologista para saber para que lado o vento sopra." Quando procuramos o meteorologista para descobrir as respostas que podemos encontrar, perdemos a capacidade de pensar por nós mesmos.

Pensar por si mesmo não é apenas reduzir as entradas externas, das maneiras que descrevi no capítulo *Desintoxique*. Trata-se de fazer do pensamento uma prática deliberada — e pensar sobre um problema *antes* de pesquisá-lo. Trata-se de desaprender o hábito — programado em nós na escola — de olhar imediatamente para os outros em busca de respostas e, em vez disso, ficar curioso sobre nossos próprios pensamentos.

Digamos que você esteja curioso sobre de onde vêm as boas ideias. Em vez de ir direto no Google, ou mesmo de ler livros relevantes, pense na questão primeiro por conta própria. Pesquise dentro de sua própria mente, explore ideias relevantes e as anote. Se você inverter a ordem — se pensar *depois* de ler —, as opiniões de outras pessoas terão força gravitacional sobre as suas. Capturado por elas, você não será capaz de atingir a velocidade de escape. Suas próprias ideias acabarão se desviando apenas marginalmente, senão completamente, do que você leu.

Quando você começa a explorar suas profundezas, os pensamentos iniciais que encontra, muitas vezes, não são os melhores. Essas serão as histórias que você contou a si mesmo ou a sabedoria convencional sobre o assunto. Portanto, resista à tendência de se contentar com a primeira resposta e siga em frente. Pensamento focado requer tempo. É apenas se concentrando no problema ou na pergunta por tempo suficiente que você conseguirá mergulhar mais fundo e localizar insights melhores.

A maioria de nós resiste a reservar tempo para o pensamento focado porque ele não produz resultados tangíveis imediatos. A cada e-mail que responde, você progride visivelmente em direção à caixa de entrada zero. A cada minuto que pensa, nada parece acontecer — pelo menos não na superfície. Como resultado, a maioria das pessoas não sustenta seus pensamentos por tempo suficiente antes de alcançar a distração disponível mais próxima.

"Eu não tenho tempo para pensar", na verdade, significa "Pensar não é uma prioridade para mim". Um compromisso com o pensamento focado é chocantemente raro, mesmo em profissões nas quais o valor das ideias originais é claro. Mas o pensamento superficial produz ideias superficiais, juntamente com decisões ruins e oportunidades perdidas. Avanços não acontecem em rajadas de pensamento de sessenta segundos entre reuniões e notificações.

A cultura pop exacerba o pensamento superficial. Quando se trata de explicar como avanços acontecem, os contadores de histórias se concentram no momento "eureca", quando um insight totalmente formado aparentemente surge em um lampejo, sem esforço. Uma cena de alguém pensando por muito tempo não é atrativa na televisão. Não é emocionante ler: "E então ela pensou um pouco mais."

Mas as epifanias são o produto de uma queima longa e lenta. As ideias, nas palavras do cineasta David Lynch, são como peixes: "Se quiser pescar peixinhos, pode ficar na água rasa. Mas se quiser pegar o peixe grande, precisa ir mais fundo."[3]

Mergulhar mais fundo requer foco contínuo em uma ideia, uma pergunta ou um problema. Isso é chamado de "*top of mind*" [primeira coisa que vem à mente, em tradução livre] por uma razão: essa pergunta deve estar onde sua mente divaga quando se permite. Se você entulhar seu cérebro com lixo, ideias importantes perderão espaço para todo o resto e não terão o espaço de que precisam para se expandir.

Depois de se aprofundar em uma pergunta pensando nela, passe a ler o que os outros escreveram a respeito, mas não interrompa seu próprio pensamento. Quando lemos, muitas vezes não nos envolvemos com o conteúdo. Vemos através dos olhos do autor, em vez dos nossos. Absorvemos passivamente suas opiniões sem pensar por nós mesmos. Como resultado, a leitura se torna uma forma de fugir da responsabilidade.

Sublinhar ou destacar passagens do que lê não é suficiente. Também não basta perguntar: *O que o autor acha?* Também é preciso perguntar: *O que eu acho? Concordo e discordo de que pontos?* Um texto não é correto só porque Gordon Wood escreveu — e a perspectiva dele certamente não é a única. Além de ler as entrelinhas, também escreva entre elas — rabisque as margens e mantenha diálogos imaginários com o autor.

O objetivo da leitura não é apenas entender. É tratar o que se lê como uma ferramenta — uma chave para desbloquear o que está dentro de você. Algumas das melhores ideias que surgem quando estou lendo um livro não são do livro. Uma ideia que leio muitas vezes desaloja um pensamento relacionado em mim que antes estava oculto. O texto funcionará como um espelho, me ajudando a ver a mim mesmo e aos meus pensamentos com mais clareza.

Suas próprias profundezas não são um lugar para escapar da realidade; são um lugar para desvendá-la.

Avanços não residem na absorção de toda a sabedoria fora de você, mas em descobrir a sabedoria que vem de dentro.

A magia de falar sozinho

Abracadabra.

Significado: *Eu crio enquanto falo.*[4]

É a chave, não apenas para a magia, mas para criar qualquer coisa que não existia antes.

Com criar enquanto se fala, não me refiro a falar com outras pessoas, mas a falar sozinho. O diálogo interno é considerado tabu na sociedade. Apenas crianças e personagens de um soneto shakespeariano devem falar sozinhos. Se você pesquisar *Falar consigo mesmo é um sinal de...* no Google, uma das principais previsões de preenchimento automático é "colapso mental iminente".

É exatamente o contrário. O diálogo interno é fundamental para extrair insights mais profundos. "Não é o pensamento que produz a fala, mas, em vez disso, a fala é um processo criativo que, por sua vez, gera pensamento", segundo a estudiosa literária Nana Ariel.[5] O diálogo interno nos ajuda a descobrir o que pensamos. Permite-nos localizar e recuperar ideias preexistentes, dando forma tangível aos nossos pensamentos intangíveis.

Para muitos pensadores, o diálogo interno assume a forma de escrita livre — escrever o que se pensa sem publicar. Andamos por aí com inúmeros pensamentos não organizados em nossa cabeça. Alguns são incompletos, outros são contraditórios, e muitos deles estão completamente errados. Eles ficam assim, misturados, porque não tomamos tempo para resolvê-los.

Algo mágico acontece quando um pensamento toma forma em palavras. A escrita livre conecta você à sua intuição e abre um canal entre o subconsciente e o consciente, liga as profundezas de sua mente diretamente aos seus dedos. Sem ter para onde ir — enfrentando apenas seus pensamentos e uma página em branco — um processo de autorrealização começa a ocorrer. Você começa a descobrir quem é, o que sabe e o que pensa. É a coisa mais próxima de abrir a cabeça e observar suas próprias ideias a distância.

Ao se permitir escrever livremente, você também se permite pensar livremente. Os grandes peixes reprimidos em seu subconsciente saem de suas redes e começam a nadar em seu oceano cerebral. Quanto mais se libera esses pensamentos — quanto mais abre seu fluxo de consciência —, mais eles vêm.

Nos círculos dos escritores, essa prática de escrita livre é chamada de "páginas matinais", um termo cunhado por Julia Cameron em seu livro *O Caminho do Artista*.[6] Há valor em fazer da escrita livre uma prática matinal — antes de pegar o celular e começar a poluir sua mente. Mas as páginas matinais podem ser páginas a qualquer hora do dia. Fazer é mais importante do que quando fazer.

Tenho um documento aberto durante todo o dia em meu computador, no qual anoto os pensamentos à medida que surgem. Uma ideia para um livro? Anoto lá. O que me manteve acordado na noite anterior? Escrevo sobre. A natureza inacabada desse documento mantém meus pensamentos fluindo. Nada é definitivo e nada é perfeito. Qualquer coisa serve.

Comece a escrever o que surgir. Em alguns dias, nada de interessante aparecerá, ou o que sair não fará sentido. Porém, em outros, insights inesperados aparecerão do nada. Lembre-se: você não está escrevendo para publicar ou obter crédito pelo que escreve, mas para descobrir o que pensa.

Se a ideia de um *dump* de pensamentos de fluxo livre for muito intimidante, tente adicionar alguma estrutura a essa prática. Você pode conectar sua escrita livre, pelo menos vagamente, a um objetivo específico. Pergunte a si mesmo: *Qual deve ser o título de meu livro? Como introduzimos a satisfação plena em nosso processo de atendimento ao cliente? Qual deve ser minha próxima carreira?*

Para que seus pensamentos fluam sem impedimentos, duas coisas precisam acontecer.

Primeiro, suas palavras devem ser privadas. Se você teme que seus pensamentos possam ser descobertos por outra pessoa, não terá um terreno seguro e terá dificuldade em diminuir suas inibições e desligar seus sistemas de autocensura. O processo de criação é embaraçoso. Ideias são frágeis em seus estágios iniciais. Se você expô-las às pessoas muito cedo — antes que comecem a florescer —, pode esmagar insights não convencionais ou incompletos. Depois, é bom compartilhar suas ideias com um grupo de confiança (veremos mais sobre isso posteriormente). Mas, por enquanto, trate esses pensamentos como o Clube da Luta e não fale sobre eles.

Segundo, você deve ser honesto consigo mesmo. Isso é muito mais difícil do que parece. Quando comecei a escrever livremente, me vi mentindo para mim mesmo. Eu criava uma narrativa polida para justificar um passo em falso ou escrevia um relato curado do que aconteceu, em vez de revelar a verdade.

Para que suas criações sejam verdadeiras consigo mesmo, você deve se tornar verdadeiro. Seu caderno não é o Instagram. Apresente-se em toda a sua glória imperfeita. Se tiver dúvidas, não as enterre. Reconheça-as. Mantenha seus pensamentos à luz e os examine. Ao transmitir esses pensamentos para o exterior, você também garante que eles não o devorarão internamente.

Quando se escreve livremente, também é gerado um registro histórico de seus pensamentos. Com o tempo, os pontos se ligam e as tendências começam a surgir. Um pensamento negativo repetitivo, uma lição que continua se apresentando, uma ideia para um livro que continua incomodando (nesse momento você está lendo o que me incomodou). Se esses pensamentos permanecessem não registrados e isolados, poderiam ser ignorados, mas com a repetição, eles formam um padrão que se torna difícil de deixar passar.

As ideias podem não vir durante a sessão de escrita livre em si. Todavia, uma vez que você configura sua antena e começa a considerar uma pergunta por meio da conversa interna, epifanias enterradas em seu subconsciente começarão a aparecer em momentos aleatórios como mágica.

O poder da procrastinação

Tenho uma confissão: sou um mestre procrastinador.

Não me refiro àquela procrastinação em que limpo repetidamente minha mesa, em vez de escrever este livro (embora tenha feito muito isso quando era mais jovem e mais vulnerável).

É um tipo estratégico de procrastinação que uso para gerar avanços, independentemente de em que estou trabalhando.[7]

Veja como isso funciona. Quando estou trabalhando em um novo projeto, começo o mais rápido possível. Para um livro, anoto ideias e exemplos — qualquer coisa que já esteja em minha mente que possa ser relevante. Depois de plantar essas sementes, me retiro e espero para ver o que floresce. Eu resisto a planejar tudo com muita antecedência para evitar a rigidez de meu pensamento e o fechamento de possibilidades criativas.

Essa espera pode parecer passiva, mas não é. Quando começo um projeto e paro deliberadamente após um período inicial de foco, aciono a fábrica de pensamentos em meu cérebro. Mesmo enquanto espero, o projeto está ativo em meu subconsciente, que está agitando os bastidores e preparando insights. Durante esse processo, as ideias amadurecem, enriquecem e adquirem novas associações, como o envelhecimento do vinho em um barril. Saio das águas rasas e vou para as profundezas onde os grandes peixes de David Lynch nadam.

Se você ficar focado por muito tempo, seu pensamento ficará estagnado. Portanto, desfoque após um período de foco. Deixe sua mente vagar. Não recorra às redes sociais ou ao e-mail, o que não lhe dará a folga de que precisa. Em vez disso, olhe pela janela, tome um banho, ouça música ou medite.

Meu treinador de futebol do ensino médio tinha um ditado que eu amo: *Se você não tem a posse de bola, se posicione.* Se não tem a bola, vá para um lugar diferente no campo onde estará aberto para recebê-la. O mesmo princípio se aplica às ideias. Se não estiver em posse delas, locomova-se para um lugar diferente que incentive o fluxo mental. Acho útil sair da sala onde normalmente escrevo — que está associada aos mesmos velhos padrões de pensamento — para diferentes partes de minha casa. A mudança de localidade traz uma mudança de perspectiva e cria um espaço em branco no qual posso projetar novas ideias.

Caminhar também ajuda. Pesquisas mostram que o movimento e a cognição são ativados na mesma região do cérebro e que caminhar melhora a criatividade.[8] Em um estudo — habilmente intitulado "Give Your Ideas Some Legs" [Dê Pernas às Suas Ideias, em tradução livre] os pesquisadores de Stanford dividiram os participantes em dois grupos e lhes deram um teste de criatividade divergente. Um grupo ficou sentado por uma hora antes do teste, e o outro grupo andou em uma esteira. Em média, caminhar aumentou as pontuações de criatividade em 60%.[9]

A prática de procrastinação de Quentin Tarantino envolve boiar em uma piscina. Quando ele está trabalhando em um roteiro de filme, ele escreve por algumas horas durante o dia e depois entra em sua piscina aquecida. "[Eu] meio que fico boiando na água morna e penso em tudo o que acabei de escrever, como posso melhorar e o que mais pode acontecer antes que a cena acabe", relata Tarantino.[10] Ele então sai da piscina e anota os insights que surgiram enquanto ele estava boiando. Esses insights se tornam seu trabalho para o próximo dia de escrita.

No meu próprio processo de procrastinação estratégica, mantenho o circuito aberto, retornando regularmente ao projeto e revisitando os principais temas e ideias. Conscientemente, também minero meus pensamentos em busca de novos insights de ouro e os escrevo assim que eles surgem. Como as anotações de Tarantino, esses insights proporcionam uma pilha de compostagem criativa para minha próxima sessão de escrita. Não estou mais olhando para uma página em branco sem saber por onde começar. A piscina não está mais fria. Tem sido aquecida com ideias que me convidam a mergulhar.

Acontece outra coisa quando inicio um projeto e depois me afasto dele. Eu me transformo em um bastão magnetizado que atrai ideias. Começo a notar insights relevantes em tudo o que leio, vejo e observo. Eventos aparentemente aleatórios, histórias e até letras de músicas se transformam em ideias que posso usar. Mas se eu não tivesse iniciado o projeto, a relevância dessas pepitas teria sido perdida para mim.

Esse é um tipo de procrastinação intencional, não impulsiva. É uma maneira de se afastar do projeto para ampliá-lo — não para evitá-lo. O que significa que você precisará retornar à sua mesa para concluí-lo.

Esse ritmo — focar e desfocar, boiar e escrever — agrega ao longo do tempo algo que pode ter parecido inviável de se fazer no início.

Uma coisa pequena, repetida, se torna algo grande.

Perca a cabeça!

Carl Sagan era a voz da razão científica.

Seu processo criativo, no entanto, era tudo, menos razoável.

Ele tinha o costume de deixar seus pensamentos correrem soltos à noite, muitas vezes com a ajuda da maconha.[11] Ele fumava um baseado, começava a falar sozinho e registrava seus pensamentos em um gravador para não se esquecer do que disse. De manhã, ouvia a fita e examinava suas ideias malucas por uma perspectiva mais cética.

Havia uma coisa meio *O Médico e o Monstro* na prática de Sagan. Seu eu desconexo da "noite" tinha que convencer seu eu desconfiado da "manhã" de que ele não estava louco. Então, à noite, Sagan gravava mensagens para o Sagan da manhã especificamente para dissipar seu ceticismo. Por exemplo, recitava fatos difíceis de lembrar para demonstrar feitos de memória associados apenas à alta inteligência. Esses fatos geralmente se mostravam precisos.

Quando essa abordagem falhava, Sagan recorria à intimidação. Em uma fita particularmente memorável, o Sagan noturno repreendeu o da manhã por ser muito crítico sobre suas ideias. "Ouça com atenção, seu filho da puta matinal!", gritou ele para seu futuro eu no gravador. "Esse negócio é real!"

Você não precisa de substâncias controladas para imitar a abordagem de Sagan à criatividade. A chave é separar a fase de geração de ideias da fase de avaliação de ideias — seu eu noturno do seu eu matinal.

Durante a geração de ideias, você deve proteger seus pensamentos de, bem, você mesmo.

Ideias que causam um grande impacto inicialmente parecem irracionais. Se fossem racionais, outra pessoa já teria pensado nelas. Irracional muitas vezes se trata do razoável ainda não realizado. Muitas vezes, significa inexperiente ou desconhecido. Sugere que uma ideia se desvia de seu padrão preconcebido do que é razoável. No entanto, em muitos casos, não é sua ideia que é equivocada, mas sua referência.

Seu crítico interno, se irrestrito, apagará todos os insights aparentemente irracionais e esmagará ideias valiosas enquanto ainda estão incubando. E gerar uma nova ideia é muito mais difícil do que atenuar uma ideia irracional.

Essa abordagem tem respaldo em pesquisas. Em um estudo, os pesquisadores usaram ressonância magnética funcional (fMRI) para rastrear a atividade cerebral de seis músicos enquanto tocavam jazz.[12] Eles descobriram que, durante a improvisação — quando os músicos geram música nova, em vez de tocar música antiga —, a atividade nas regiões do cérebro ligadas à avaliação e à autocensura diminuiu. "A capacidade de suprimir seu próprio cérebro pode ser uma das verdadeiras marcas do que torna alguém grande", segundo Charles Limb, um dos pesquisadores e músico de jazz experiente.[13] A afirmação de Limb já havia sido proferida décadas antes por Walt Whitman, que

DESTRAVE A SABEDORIA INTERIOR 121

atribuiu seu melhor trabalho criativo à sua capacidade de "parar de pensar à vontade e tornar seu cérebro 'negativo'".[14]

Então, quando estiver gerando ideias, peça ao seu crítico interior para se retirar e, em vez disso, convide sua criança interior para brincar. Não censure, avalie ou critique. Dentro de sua própria mente, todas as ideias — por mais tolas ou ultrajantes que sejam — são bem-vindas. O objetivo é deixá-las sem julgamento no gabinete de curiosidade, onde podem germinar à medida que sua criança interior imaginativa as revira.

A maioria das pessoas interrompe prematuramente a geração de ideias ao julgar imediatamente se uma ideia pertence ao gabinete — avaliando o que é razoável, o que é provável ou o que é factível.

É como dirigir um carro enquanto pressiona simultaneamente os pedais do acelerador e do freio. Não é à toa que você não consegue sair do lugar. Não é à toa que fica travado. Assim que começa a acelerar, seu crítico interno pisa no freio dizendo que *essa é uma ideia terrível* ou *aquela frase que você acabou de escrever não é boa*. Uma ideia terrível muitas vezes é "prima de uma boa ideia, e uma ótima ideia é vizinha dela", de acordo com Astro Teller.

O crítico interior — como o Sagan matinal — desempenha uma função crítica. E seus serviços serão necessários quando você passar da geração para a avaliação de ideias. Mas quando ainda estiver brincando com os pensamentos, coloque o crítico interno no banco de trás, onde não poderá alcançar o pedal do freio.

No fim das contas, a criatividade não se trata de forçar a vinda de ideias.

Quer você perceba ou não, os peixes grandes já estão nadando nas profundezas de seu subconsciente.

Você só precisa destravar os obstáculos que impedem seu fluxo natural.

Siga seu corpo

É pela lógica que provamos, mas pela
intuição que descobrimos.

— HENRI POINCARÉ, *SCIENCE AND METHOD*

Fuuush! BANG! Erro.

O mesmo ciclo continuava se repetindo.

Na época, eu estava em Dublin para dar uma palestra. Havia tiro ao alvo em uma fazenda próxima, e eu nunca havia feito isso antes, então decidi tentar. O alvo de argila era lançado com um *fuuush*, eu calculava mentalmente a velocidade e a distância e, então, puxava o gatilho quando pensava ser o momento perfeito.

E eu errava... Todas. As. Vezes.

Depois de cerca de dez erros seguidos, o instrutor teve pena de mim e se aproximou. Ele se inclinou e me deu alguns conselhos que venho repassando em minha mente desde então.

"Você está pensando demais", disse ele.

"Não sei pensar de outra forma", respondi.

"Siga seu corpo", rebateu ele. "Sua mente está atrapalhando."

"Entendo", eu disse, sem compreender.

"Seu corpo sabe o que fazer", reiterou ele. "Puxe o gatilho quando *sentir* que é o momento certo, não quando *achar* que é."

Decidi seguir o conselho dele e tentar. Desliguei a tagarelice incessante de minha mente calculista. Quando o alvo de argila foi lançado, afundei no meu âmago e puxei o gatilho quando meu corpo sinalizou que era o momento certo.

E eu acertei na mosca.

Essa maneira de agir foi uma coisa nova para mim. Durante décadas, me orgulhava da minha perspicácia mental. Meu cérebro era, de longe, meu órgão mais importante. Meu corpo não tinha outro propósito além de transportar minha cabeça e criar combustível para minha mente fazer o que faz de melhor — pensar.

O conselho do instrutor me tirou desse modo convencional de agir. Depois que saí da fazenda naquele dia, pensei em quantas vezes em minha vida meu corpo soube a coisa certa a fazer, mas minha mente ficou no caminho e me desviou.

Lembrei-me daquela vez em que minha intuição gritou: *Há algo suspeito nesse cara — não faça negócios com ele!* E eu o substituí com cálculos pró e contra. Acabou sendo um negócio terrível.

Lembrei-me daquela época em que sabia que, no fundo, o candidato não era a pessoa certa para eu contratar, mas o contratei de qualquer maneira porque parecia ótimo no papel. Acabou sendo um relacionamento terrível.

Lembrei-me daquela época em que sabia que deveria terminar com uma namorada, mas continuei o relacionamento achando que poderia consertar as coisas. Prolonguei o que deveria ter acabado.

Você provavelmente já teve experiências semelhantes; sabia, *em seu interior*, que algo estava certo. Ou reconheceu, *no fundo*, que algo estava errado, mas não conseguia explicar racionalmente o quê. Os pilotos de aviões chamam isso de "*leemers*", o "sentimento vago de que algo não está certo, mesmo que não esteja claro o porquê".[15] Eles são treinados para prestar atenção aos *leemers*, em vez de dispensá-los.

Aqui está um fato sobre seu corpo: ele é antigo. De uma perspectiva evolutiva, ele remonta a centenas de milhões de anos. Seu cérebro é muito mais jovem.[16] É uma máquina magnífica, mas sua experiência é mais limitada. Seu corpo abriga toda essa sabedoria antiga que está esperando para ser descoberta.

Contudo, obscurecemos essa sabedoria direcionando constantemente nossa atenção para longe de nosso corpo — para nossas planilhas, notificações e e-mails. Estamos tão desconectados de nosso corpo que não ouvimos seus sinais, mesmo quando ele está gritando. Agora existe uma condição chamada "apneia do e-mail" — o hábito cada vez mais comum de prender a respiração enquanto envia e-mails ou mensagens de texto.

Prestar atenção ao seu corpo não significa ignorar sua mente. Significa tratar o pensamento como uma atividade de corpo inteiro, não apenas algo estritamente limitado ao seu cérebro. Significa prestar mais atenção aos sinais de seu corpo — os sentimentos, as sensações e instintos que vêm de um lugar mais profundo dentro de você.

Se você continuar perdendo os alvos proverbiais em sua vida, sua mente pode estar atrapalhando. Alinhe sua mente com seu corpo e veja a magia do próximo nível acontecer.

Grandes mentes não pensam sozinhas

Quando a peste bubônica atingiu a Inglaterra em 1665, entre os que se retiraram para o campo estava um jovem estudioso chamado Isaac Newton. Durante sua quarentena, Newton inventaria o cálculo, teorizaria a gravidade e descobriria as leis do movimento. (Em uma proeza menos glamourosa, também enfiaria uma agulha em seu próprio olho para entender como as lentes funcionam.)[17]

Essa história se tornou viral durante a pandemia de Covid-19 como um testemunho do poder do isolamento. A mensagem era clara: se Newton pôde mudar o mundo durante a peste, você poderia pelo menos *pensar* em tirar o pijama e fazer algo além de rolar a tela?

A verdade acaba sendo mais complicada do que a história viral. Sim, Newton teorizou a gravidade quando estava isolado. Mas sem acesso a uma biblioteca, ele errou uma das constantes da equação, concluiu que a teoria não funcionava e enfiou as anotações em uma gaveta. Anos depois, as desenterrou e as mostrou a um amigo, que percebeu o erro. Trabalhando juntos, e com acesso à biblioteca, eles consertaram a matemática e finalizaram a teoria. Dois olhares produziram uma imagem mais precisa do mundo.

Nossa sociedade fetichiza o gênio solitário e celebra a jornada do herói. Alexander Hamilton. Isaac Newton. Steve Jobs. Elon Musk. Na cultura popular, um superstar — geralmente um homem — é destacado. Somos levados a acreditar que eles resolvem tudo sozinhos e dão respostas brilhantes para um mundo, em grande parte, ingrato. Suas conquistas, então, ficam como ingressos para *Hamilton* na Broadway: fora do alcance da maioria das pessoas. A história — na verdade, o mito — do gênio solitário não deixa espaço para as constelações desconhecidas de pessoas que colaboraram com essa pessoa para tornar suas conquistas possíveis.

A criatividade ideal não acontece completamente isolada. A única coisa que não se pode fazer, mesmo que seja tão brilhante quanto Newton, é ver o que não se pode ver — o que está em seu ponto cego. Muitas vezes, é preciso que outras pessoas com diferentes experiências de vida e pontos de vista vejam as possibilidades que você perdeu e apontem os erros que cometeu em suas constantes. Da Itália renascentista ao Xerox PARC e à X, a moonshot factory da Alphabet, diversas personalidades e talentos em um só lugar criam faíscas que queimam ideias obsoletas e geram avanços.

As pessoas que não vivem em nossas celas autoconstruídas podem ver as barras de ferro que restringem nosso pensamento. Sem as distorções de nossos próprios preconceitos e suposições — nossas próprias casas dos espelhos —, podemos ver a nós mesmos com mais clareza e revelar a sabedoria interior.

Organize sua própria comunidade de pensadores diversos. Encontre pessoas de coração semelhante que compartilhem seus valores, mas não seus pensamentos. Aqui estão algumas perguntas que faço ao decidir quem permitir entrar no meu círculo íntimo: *Essa pessoa é transparente? Gosta de mergulhar fundo para pegar os peixes maiores, em vez de permanecer em águas rasas com conversa fiada? Ouvirá o que eu digo sem me julgar ou me envergonhar? Compartilhará feedback honesto destinado a melhorar meu trabalho?*

Sua comunidade será um espelho para você. Alguns de seus melhores insights surgirão durante a solução de problemas para outras pessoas do grupo. As ideias que você gera para os outros destravarão ideias internas suas. O conselho que dá aos outros muitas vezes será o conselho que precisa seguir. Esse efeito de espelhamento é uma das razões pelas quais o Alcoólicos Anônimos atribui padrinhos a novos membros — o sistema ajuda tanto o novo membro quanto o antigo.

Além de acessar sua comunidade para ter mais clareza, é possível tentar alguns desses experimentos mentais. Imagine uma cadeira vazia à sua frente e convide seu eu de 90 anos para se sentar nela. Imagine-se em detalhes — os cabelos grisalhos, as mãos enrugadas, as décadas de sabedoria a mais. Pergunte ao seu eu idoso: *Que conselho você tem para mim? O que faria em determinada situação?*

Alternativamente, imagine que seu melhor amigo está tendo o mesmo problema que você. Pergunte a si mesmo: *Que conselho eu daria ao meu melhor amigo?* Então siga seu próprio conselho.

Esses experimentos mentais podem ajudá-lo a superar seus próprios preconceitos, mas não são capazes de substituir as interações reais por pessoas reais. Há uma razão pela qual os melhores artistas do Renascimento foram para Florença. E há uma razão pela qual Newton precisava da contribuição de seu amigo para finalizar sua teoria. "Se eu vi mais longe", escreveu Newton, "foi por estar sobre os ombros de gigantes".[18]

Encontre ou crie sua própria Florença — sua própria comunidade de pessoas que *não* pensam como você, que podem ajudá-lo a identificar os grandes peixes nadando em suas profundezas.

Grandes mentes pensam parecido

Imagine um tribunal.[19] Há um promotor, um júri e um juiz.

O promotor apresenta provas convincentes e usa argumentos polidos para mostrar, além de qualquer dúvida razoável, que um crime foi cometido.

O réu não tem advogado, nem permissão para apresentar argumentos. Ele se senta em silêncio enquanto a promotoria pinta uma imagem clara de culpado. O júri, movido pelo argumento da acusação, vota pela condenação por unanimidade.

Esse cenário seria inconstitucional na maioria dos sistemas democráticos. Um réu normalmente tem o direito de apresentar defesa.

No entanto, esse cenário acontece com frequência em organizações em todo o mundo.

Quando as ideias são lançadas na maioria das instituições, há apenas uma equipe defendendo apenas um lado do caso: "Devemos seguir esta estratégia de marketing. Devemos lançar este novo serviço. Devemos adquirir essa startup promissora."

A equipe fez sua pesquisa e tem dados aparentemente convincentes e slides de PowerPoint extravagantes em que a Decisão A invariavelmente leva ao Resultado B. Ninguém mais está presente para oferecer outras perspectivas ou turvar as águas com nuances e incertezas. Mesmo que haja advogados de defesa na equipe, eles, muitas vezes, foram forçados a escolher entre honestidade e lealdade e se disfarçam colocando um chapéu de promotor e dizendo o que os outros querem ouvir.

O viés de confirmação geralmente se parece com a coleta de dados científicos. Entretanto, em vez de procurar dados que refutem nossa hipótese, buscamos apoio. Coletamos dados que suportam apenas o nosso lado. Alteramos os fatos e manipulamos o julgamento para que possamos vencer — muitas vezes sem perceber.

Paradoxalmente, quanto mais inteligente se é, pior essa tendência pode ser. Você será melhor em encontrar evidências e argumentos para apoiar sua posição. "O primeiro princípio é o de que você não deve se enganar e você é a pessoa mais fácil de enganar", como Richard Feynman nos lembra.

A Netflix se viu nessa posição quando decidiu lançar o malfadado serviço Qwikster em 2011. Esse, afirma o CEO da Netflix, Reed Hastings, foi "o maior erro da história da Netflix".[20] Antes do anúncio, a Netflix oferecia um único serviço que combinava streaming e envio de DVDs. Hastings anteviu o problema — os DVDs logo se tornariam obsoletos — e decidiu transformar o negócio de DVD da Netflix em uma empresa separada chamada Qwikster. Esse plano teria permitido que a Netflix se concentrasse em construir seu futuro no streaming sem se sobrecarregar com seu passado.

O anúncio provocou uma das maiores reações negativas dos consumidores na história corporativa. "Não só nosso novo modelo era muito mais caro", relata Hastings, "mas também significava que os clientes tinham de gerenciar dois sites e duas assinaturas, em vez de uma". Como resultado, a Netflix perdeu milhões de assinantes e suas ações caíram mais de 75%. Hastings foi humilhado. Ele descreve sua decisão de lançar o Qwikster como "o ponto mais baixo de minha carreira".[21] Até o *Saturday Night Live* zombou dele em uma sátira.

A humilhação se deveu, em parte, porque — apesar de toda a conversa interna da Netflix sobre a importância da transparência — a discordância nem sempre era bem-vinda. Os advogados de defesa estavam notavelmente ausentes do lançamento de Qwikster. Eles ficaram quietos, embora tivessem sérias dúvidas sobre a ideia. Um vice-presidente da Netflix disse a Hastings: "Você é tão intenso quando acredita em algo [...] que senti que não me ouviria. Eu deveria ter entrado na frente do carro gritando que achava que você falharia, mas não fiz isso."[22]

Após o fracasso, a Netflix decidiu adotar uma cultura de cultivar ativamente a discordância. Agora, vários sistemas estão em vigor em toda a organização para garantir que a discordância seja revelada e manifestada antes que se tome uma decisão importante. Por exemplo, um funcionário da Netflix com uma proposta geralmente distribui uma planilha pedindo aos colegas que avaliem a ideia de −10 a +10 e façam comentários. Não é uma votação democrática, é uma maneira de facilitar a coleta de feedback, avaliar a intensidade da discordância e iniciar uma conversa franca. "Discordar silenciosamente é desleal", como admite hoje um renovado Hastings.[23]

Mike Nichols, diretor de cinema, adotou uma abordagem semelhante. Meryl Streep, que trabalhou com ele em vários filmes, diz que Nichols aceitava ideias de qualquer pessoa no set. "Ele não era ameaçado por outras pessoas, e muitos, muitos diretores são — quando você diz algo, você pode apenas vê-los se preparando. Nichols procurava ativamente revelar a discordância perguntando: "'Cadê a baleia morta?' Ou seja, a coisa sob essa cena que está empesteando toda a sala e sobre a qual ninguém está falando?"[24]

Sons idênticos criam uma câmara de eco. Não há nada a aprender com alguém que pensa exatamente como você. No entanto, nos cercamos de nossos clones intelectuais. Fazemos amizade com pessoas que pensam como nós. Contratamos pessoas que seguiram o mesmo caminho que seguimos. É como colocar dois espelhos juntos que se refletem no infinito.

O atrito intelectual não deve ser evitado. Quando oferecida de boa-fé para melhorar os resultados, a discordância deve ser abraçada. Se as pessoas são livres para pensar por si mesmas — e para apontar as baleias mortas na sala —, é muito menos provável que se produza uma câmara de eco. Uma visão oposta, mesmo que seja errada, pode reduzir o excesso de confiança e inserir nuances em uma conversa unilateral.

Antes de tomar qualquer decisão importante, pergunte a si mesmo: *Existe um advogado do outro lado?* Em caso afirmativo, corteje a discordância dele. Se não, procure ativamente por um (*Quem discorda de mim?*). Se está cercado por pessoas que sempre concordam com você, considere isso um sinal de alerta. Isso significa que elas não estão sendo honestas com você ou não estão pensando criticamente.

Acima de tudo, pare de pescar apoio e começar a cultivar a discordância.

7

Liberte o Poder da Diversão

Não paramos de brincar porque envelhecemos;
envelhecemos porque paramos de brincar.

— AUTOR DESCONHECIDO

O problema da prática deliberada

Peter estava cansado de tocar guitarra elétrica.[1]

Sua banda estava em turnê havia dez anos. Era uma boa banda indie de uma pequena cidade universitária no sul, mas nunca tiveram um hit mainstream. Os integrantes seguiam uma rotina — incluindo Peter. Ele tocava as mesmas melodias no mesmo instrumento oito horas por dia.

Por impulso, ele trocou sua guitarra elétrica por um bandolim acústico, um instrumento que nunca havia tocado. Tocar bandolim o forçou a fazer mudanças de acordes que não faria no violão. O músico fez um playground musical, experimentando novas escalas, testando novos acordes e criando novos riffs — tudo com a mentalidade brincalhona de uma criança curiosa.

Outros membros da banda se juntaram a ele no playground. O baixista mudou para os teclados e o baterista pegou o baixo. O vocalista, que normalmente escrevia letras com temas políticos, começou a se divertir com outros temas.

DESPERTE SUA GENIALIDADE

Um dos riffs do bandolim pegou Peter em cheio, que o tocou durante um ensaio da banda, e o restante do grupo adorou. O baterista e o baixista entraram na brincadeira e adicionaram mais força à melodia acústica do bandolim.

O último jogador a entrar em campo foi o vocalista, Michael. Enquanto a banda tocava a nova melodia, ele pegou seu ditafone e começou a andar pela sala em um estado meditativo. A letra foi saindo dele lentamente.

> *Oh life, is bigger.*
>
> *It's bigger than you.*
>
> *And you are not me.***

Enquanto improvisava a letra, Michael não tinha nenhum resultado predeterminado em mente; não entrou no ensaio pensando: *Esta é a música que vou escrever hoje.* Para ele, isso era um bom sinal. A letra "meio que voou para fora de mim", contou Michael mais tarde.[2]

Esse ambiente lúdico criou uma música que se tornou um enorme hit. O álbum que apresentou a música liderou as paradas, vendendo mais de 18 milhões de cópias e dando três Grammys para a banda.

A música, como você já deve ter adivinhado, era "Losing My Religion", do R.E.M.

O segredo dessa história de criação foi a capacidade da banda de misturar brincadeira à música em seus ensaios.

Talvez você conheça o termo prática deliberada. O objetivo é treinar uma habilidade de maneira deliberada, obter feedback imediato, corrigir o que não deu certo e iterar e melhorar ao longo do tempo.

A prática deliberada é ótima para aprimorar uma habilidade específica que pode ser executada da mesma maneira. É assim que você ajusta seu swing de golfe, acerta as notas certas em seu violão ou faz uma excelente abertura em uma partida de xadrez. Você acerta a mesma tacada de golfe, toca a mesma melodia e treina a mesma abertura até acertar.

** "Ah, a vida, é maior, maior do que você, e você não sou eu."

Como diz o ditado, a prática leva à perfeição. E isso é parte do problema.

Com a prática repetida, aperfeiçoamos uma maneira de fazer as coisas. Tocamos os mesmos tipos de músicas na guitarra elétrica e lançamos os mesmos tipos de campanhas de marketing. Exploramos apenas caminhos bem trilhados e evitamos jogos que não sabemos jogar. Como resultado, ficamos estagnados. Não podemos nos adaptar às bolas curvas que o universo nos lança ou identificar novas oportunidades.

Em um estudo, os pesquisadores analisaram todos os estudos anteriores que abordavam a relação entre a prática deliberada e o desempenho humano.[3] A prática deliberada explicou 21% do desempenho na música e 18% nos esportes. Mas essa taxa caiu para menos de 1% em profissões como vendas e programação de computadores.

Essas profissões, como muitas outras, envolvem jogos em constante mudança. Quando pensamos que dominamos o jogo — quando pensamos que descobrimos tudo —, as regras, o tabuleiro e as peças mudam repentinamente. No entanto, continuamos presos ao jogo do passado com as regras de ontem, mesmo quando o mundo ao nosso redor muda e mesmo quando *mudamos*.

Com a prática, há dois resultados: acerto ou erro.

Todavia, na diversão, não há certo ou errado. O processo é muito mais importante do que o resultado. Não esquiamos para descer a encosta o mais rápido possível, mas por esquiar. Não pegamos o bandolim para compor o próximo sucesso, mas para tocá-lo. Não brincamos de pegar a bolinha com nosso cachorro para ganhar o jogo de pegar a bolinha, mas por brincar. A diversão é sua própria recompensa.

Praticar aprimora uma habilidade, mas a diversão dá habilidades variadas. Ao contrário de uma jornada, que tem um destino definido, o jogo é uma odisseia ao desconhecido. Não há roteiros ou manuais. Você vai para onde seu vento interno o direciona, de maneira solta e livre.

Se prática é performance, diversão é improvisação. Quando você faz uma atividade divertida, deixa seu subconsciente assumir o controle. Explora caminhos que seu eu prudente normalmente evitaria. Temporariamente, deixa de lado restrições diárias e regras que o aprisionam. Eleva-se acima de seus caminhos neurais desgastados apenas o suficiente para criar conexões que não existiam antes.

Interromper seus padrões por meio da diversão os torna visíveis. No momento em que você deixa de lado seu violão e pega o bandolim, introduz uma variação em seu padrão, cria uma falha na matrix que a expõe e que te joga para fora de sua forma fixa de ser.

A diversão também permite que deixe de lado seu juiz interior e seja você mesmo. É por isso que, durante as férias, os membros mais velhos e quietos da família, de repente, se tornam extrovertidos quando você puxa o Cranium do nada. É permitido cantar, dançar, cantarolar, improvisar, desenhar — comportamentos que seu eu normal pode achar completamente irracionais ou embaraçosos.

Destravar todo seu potencial, muitas vezes, exige dobrar práticas fixas, não reforçá-las.

Requer cultivar a abertura, não apenas o foco.

Requer diversificar o que se faz, o que se lê e com quem se fala.

Requer diversão, não apenas atividades mecânicas.

Só trabalho, sem diversão

"Quando estamos no trabalho, devemos estar no trabalho", escreveu Henry Ford em sua autobiografia. Quando o trabalho está concluído, então a diversão está liberada, mas não antes.[4] A Ford Motor Company viveu por esse princípio. Nas décadas de 1930 e 1940, rir no trabalho era considerado insubordinação e um ato sujeito a sanções.[5]

Não era só a Ford. Essa era a ideologia dominante da Era Industrial. A separação entre trabalho e diversão resultava da ideia de que se divertir era antiético nos negócios, ficava no caminho da produtividade, distraía os trabalhadores da linha de montagem, desacelerava as coisas.

Hoje não punimos as pessoas por fazer uma piada durante as reuniões. Mas ainda há um enorme estigma associado à diversão no trabalho. Se algo não tem um propósito óbvio — se não está em um manual em algum lugar —, assumimos que não pertence a um dia de trabalho, que nunca é desperdiçado. A mentalidade *"work hard, play hard"* reforça a mesma ideia da época de Ford de que o trabalho e a diversão ocorrem em momentos diferentes.

Divertir-se não é uma fuga do trabalho ou uma recompensa por fazê-lo. É uma maneira melhor de trabalhar. "Um mestre na arte de viver não faz distinção nítida entre seu trabalho e sua diversão, seu labor e seu lazer, sua mente e seu corpo, sua educação e sua recreação", segundo o autor L. P. Jacks. "Ele mal sabe qual é qual. Simplesmente persegue sua visão de excelência por meio do que quer que esteja fazendo e deixa que os outros decidam se ele está trabalhando ou se divertindo. Para si mesmo, ele sempre parece estar fazendo as duas coisas."[6]

No livro *Checklist*, o cirurgião Atul Gawande escreveu sobre a importância de usar checklists que orientem os especialistas nas diferentes etapas envolvidas em um procedimento complicado.[7] As checklists podem garantir que as cirurgias sejam realizadas corretamente, que os aviões estejam prontos para o voo e que os arranha-céus sejam construídos com segurança.

Checklists são essenciais quando as pessoas precisam replicar sempre o mesmo conjunto de ações de forma estruturada e sequencial. Uma checklist garante que não percam uma etapa ou cometam um erro na pressão do momento.

Mas e se seu objetivo não for a execução de ideias, mas a geração de ideias? E se, em vez de tentar repetir o que fez no passado, você estiver tentando imaginar o futuro? Nesse caso, uma checklist retrospectiva que descreve como as coisas *devem* ser feitas não será útil. Em vez disso, será preciso uma lista de reprodução voltada para o futuro que abra possibilidades de como as coisas *podem* ser.

Trabalhadores privados de diversão são não originais. A imaginação não é uma peça de carro. Não há "sete etapas" que se possam seguir para projetar a criatividade. Não se pode gerar novas ideias estando no modo piloto automático, limitado por regras e limites inventados. Não se pode ver as possibilidades ao seu redor estando com os olhos fixos na pedra de moagem e executando repetidamente as mesmas tarefas de rotina. Não se pode alcançar os níveis mais altos de sua profissão não gostando do que se faz.

Só trabalho sem diversão realmente faz de Jack um bobão.

Pesquisas mostram que se divertir é um catalisador para a criatividade.[8] Depois de assistir a um filme engraçado de cinco minutos, as pessoas geram associações de palavras mais originais e integram conceitos aparentemente não relacionados.[9] Em um estudo diferente, assistir ao mesmo filme engraçado melhorou a capacidade dos participantes de resolver problemas.[10]

Nas palavras dos pesquisadores, "pequenos eventos cotidianos" podem gerar esses benefícios. Apenas um pouco de diversão no dia de trabalho pode fazer toda a diferença. Um curta engraçado para começar uma reunião. Um jogo rápido para iniciar uma sessão de *brainstorming* e colocar as pessoas em uma mentalidade lúdica. O uso positivo do humor para aliviar a tensão no local de trabalho.

Quando paro de escrever, pulo em um trampolim em nosso quintal. Brinco de cabo de guerra com nossos cães. Minha criança interior me ama por isso. Quanto mais me alinho com ela, mais criativo se torna meu trabalho.

Quando estou travado, pego um livro ou um artigo de um escritor que sei que escreve de forma divertida. Vê-los se divertir me dá permissão para isso também. Ao ver sua contraparte em outra, minha criança interior ganha vida.

Símbolos também importam. Assim como uma caixa de lenços de papel na mesa de centro do consultório de um terapeuta permite que o cliente desabafe por completo, os símbolos podem lembrar as pessoas de saírem para se divertir. Os animadores da Pixar trabalham em cabanas de madeira.[11] Robert Langdon, o protagonista dos romances de Dan Brown, usa um relógio do Mickey Mouse. Embora o objeto infantil muitas vezes atraia olhares estranhos das pessoas, o relógio serve como lembrete de Langdon para permanecer brincalhão. Tenho bonecos de *De Volta para o Futuro*, um de meus filmes favoritos de todos os tempos, na minha mesa. Marty, Doc e Einstein servem como pequenos lembretes para eu me divertir com meu próprio trabalho.

Você pode estar pensando: meu trabalho é muito complexo, muito sério, muito padronizado para ser divertido.

Repense.

O setor aeroespacial é um dos negócios mais sérios que existe. Um passo errado, um erro de cálculo, e espere o pior. É por isso que os astronautas se divertem mais do que qualquer outro profissional. Quando uma astronauta está em um foguete, ela passou por anos de treinamento e se divertiu com milhares de cenários de falha em um simulador.

Essas simulações não são apenas práticas deliberadas — treinar os astronautas a seguirem o mesmo processo para enfrentar os mesmos problemas que encontrarão no espaço. O espaço é um ambiente profundamente incerto. Em muitos casos, o universo jogará bolas curvas que eles nunca viram antes.

O objetivo do treinamento é fazer com que os astronautas se divirtam nesse estado de incerteza. Como explica a astronauta Megan McArthur, o objetivo é "prepará-lo" e provar a "si mesmo que tem a capacidade de trabalhar quando há possibilidade de acontecerem algumas coisas muito terríveis".[12] É tornar os astronautas mais resilientes e fornecer as habilidades e a flexibilidade necessárias para enfrentar qualquer problema que possa surgir no ambiente implacável do espaço.

Portanto, não é que você possa se divertir quando o risco é baixo. Quando o risco é alto, você *deve* se divertir.

Não é que se deva criar um *free-for-all* corporativo ou se divertir à custa do trabalho. O objetivo é ser consciente sobre quando fazer a transição para o jogo e quando sair dele. Divertir-se é mais útil quando estamos gerando novas ideias e explorando opções diferentes. Mas na hora de executar, faz sentido ter mais seriedade.

Foi o que o R.E.M. fez com "Losing My Religion". Cada membro da banda se divertia com novos instrumentos para gerar as melodias e letras da música. Mas quando chegou a hora da execução — gravar a música —, eles voltaram para seus instrumentos habituais.[13]

Voltando a você: quando começa a dedilhar as cordas de sua própria vida, como se pode incorporar mais diversão em seu trabalho? Quais jogos poderiam entrar na sua playlist para gerar novos insights? Nas próximas seções, darei algumas ideias para começar.

Siga a trilha da curiosidade

Depois que sua esposa morreu, o físico Richard Feynman entrou em uma depressão profunda e se viu incapaz de trabalhar em problemas de pesquisa. Então, disse a si mesmo que, em vez disso, *brincaria* com a física — não para obter resultados práticos imediatos, mas com o fim último de se divertir.[14]

Um dia, ele estava comendo em um refeitório da Universidade de Cornell, onde lecionava à época. O físico notou alguém "brincando" e jogando um prato no ar. "Quando o prato subiu, eu o vi balançar e notei o medalhão vermelho de Cornell no prato girando", explicou ele. "Ficou bastante óbvio para mim que o medalhão se movia mais rápido do que a oscilação do objeto."

Apenas por diversão, ele decidiu calcular o movimento do prato girando. Ele compartilhou sua descoberta com Hans Bethe, seu colega vencedor do Prêmio Nobel e físico nuclear.

Bethe disse: "Feynman, isso é muito interessante, mas qual é a importância? Por que está fazendo isso?"

"Rá!", Feynman respondeu. "Não tem importância nenhuma. Só estou fazendo isso por diversão."

Ignorando a reação de Bethe, Feynman passou a trabalhar as equações das oscilações no prato.

Isso, por sua vez, o fez pensar em como os elétrons orbitam oscilando na relatividade.

Isso, por sua vez, o levou a prosseguir seu trabalho em eletrodinâmica quântica.

E isso, por sua vez, lhe rendeu o Prêmio Nobel de Física em 1965.

"O Prêmio Nobel", explica Feynman, "veio daquela brincadeira com o prato oscilante".

Poderia não ter havido Prêmio Nobel para Feynman se ele tivesse abandonado a brincadeira com o prato oscilante para ser mais "produtivo".

Pensadores extraordinários buscam conhecimento sem utilidade óbvia. Exploram por explorar. Calculam a taxa de rotação das placas oscilantes sem saber que isso pode levar a um Prêmio Nobel um dia. Leem livros didáticos sobre economia e geologia sem saber que seus insights podem ajudá-los a formular a teoria da evolução, como aconteceu com Charles Darwin.[15] Seguem seu interesse pela exploração botânica sem saber que ela produzirá um best-seller do *New York Times*, como aconteceu com Elizabeth Gilbert.[16]

Abra espaço em sua vida para fazer *algumas* coisas apenas por fazer. Se você ama como o francês soa, aprenda francês. Se gosta de trabalhos manuais, coloque seu macacão *à la* Demi Moore e pegue a roda de cerâmica. Se está curioso sobre física, passe o domingo assistindo às palestras de Feynman.

Se continuar fazendo o que é "produtivo", se aterá ao que é familiar.

Para encontrar insights desconhecidos, siga a trilha da curiosidade para lugares desconhecidos.

Resolva o problema de outra pessoa

The Office é uma de minhas séries de comédia favoritas de todos os tempos. Teve mais de duzentos episódios. Não é fácil para os roteiristas de uma série manterem o ímpeto e terem boas ideias por tanto tempo. Quando inevitavelmente se encontravam em uma rotina, faziam algo altamente incomum.[17]

Paravam de trabalhar em *The Office* e começavam a se divertir com as séries de outros roteiristas.

Em vez de tentar escrever outro episódio de *The Office*, começavam a fazer o plot de um episódio futuro de *Entourage*, uma série de comédia sobre a estrela de cinema Vincent Chase e seu grupo próximo de amigos. Havia apenas um requisito: cada episódio tinha de terminar com Chase ganhando o Oscar de Melhor Ator.

Com essa restrição leve, os roteiristas de *The Office* começavam a se divertir. Essa era a maneira deles de largar a guitarra elétrica e pegar o bandolim.

Entourage não era o filho deles, e esse é precisamente o ponto. Eles não tinham interesse no resultado, então podiam lançar ideias aparentemente ridículas. Não importava se a estrutura estava certa ou se as cenas eram engraçadas. Era possível baixar a guarda e se divertir.

Isso pode parecer uma enorme perda de tempo; por que gastar seu precioso tempo escrevendo um episódio da série de outra pessoa e que nunca irá ao ar?

Mas há genialidade nesse trabalho, ou melhor, nessa diversão.

Gerar ideias para o *Entourage* em um ambiente de baixo risco despertou a criatividade dos escritores e os colocou em uma mentalidade lúdica. Essa mentalidade foi transferida para o trabalho deles em *The Office*. Assim que voltavam à sua série, eles conseguiam olhar para ela com energia e perspectiva renovadas. Peças do quebra-cabeça de repente se encaixavam.

Divertir-se aumenta a criatividade em parte porque reduz nosso medo do fracasso. Mesmo se você falhar — mesmo que o episódio de *Entourage* que você escreveu seja ruim —, nada de mau vai acontecer. Esse sentimento de segurança pode desligar o crítico interno que, muitas vezes, atrapalha a imaginação.

Em sua próxima reunião de marketing, tente começar gastando quinze minutos na criação de uma campanha para o produto de um concorrente. Se escreve não ficção, elabore um esboço para um romance. Projete do zero a carreira de seu melhor amigo.

Pense nesses experimentos mentais como aquecimentos antes do exercício. Se você pular o aquecimento e ir direto para uma corrida veloz ou para a musculação, seu corpo não terá o melhor desempenho. A mesma ideia se aplica à criatividade. Isso ajuda a aquecê-lo antes com um jogo de apostas baixas antes de se voltar para o que importa.

Também é possível tentar a abordagem que Andy Grove, ex-presidente da Intel, seguiu quando assumiu a empresa.[18] Na época, a organização estava presa em uma rotina; se tornou um gigante com base no sucesso de seus chips de memória. No início dos anos 1980, no entanto, a posição dominante da Intel nesse mercado estava sendo desafiada pelos concorrentes japoneses que fabricavam chips melhores. Entre 1978 e 1988, os concorrentes japoneses dobraram sua participação de mercado em chips de memória de 30% para 60%.

Como presidente, Grove teve de decidir: a Intel deveria dobrar os chips de memória, construindo fábricas maiores para superar a concorrência no fluxo industrial, ou a empresa deveria matar os chips de memória e passar a fabricar microprocessadores — uma linha de produtos promissora na qual a empresa entrou? Os chips de memória trouxeram a Intel para onde estava, então o peso da história e a identidade da empresa estavam ligados a eles.

Um dia, em 1985, Grove estava discutindo esse dilema com Gordon Moore, CEO da Intel. Em vez de pensar nos prós e contras ou puxar o quadro branco, Grove decidiu brincar — perguntou a Moore: "Se fôssemos expulsos e o conselho nomeasse um novo CEO, o que você acha que ele faria?"

Os dois então saíram pela porta e voltaram como os substitutos. Seu próprio problema se tornou o problema de outra pessoa. Esse momento de brincadeira de faz de conta afrouxou o domínio do ego e da prática histórica sobre suas crenças. Isso proporcionou a eles um afastamento, e essa distância, por sua vez, lhes deu clareza.

Eles decidiram sair do negócio de chips de memória e orientar a Intel para a fabricação de microprocessadores. A empresa acabou se tornando a dominante nesse mercado.

A lição é simples: às vezes, a melhor maneira de encontrar uma solução para seu problema é resolver o de outra pessoa — largar o *The Office* e pegar o *Entourage* ou largar o violão e pegar o bandolim.

Pare de chamar seu escritório de escritório

Há um cômodo em nossa casa que chamo de "*home office*" desde que nos mudamos. Não havia uma razão plausível para esse nome — além de que "escritório" é como chamam um espaço onde o trabalho deve ser feito.

Mas, na minha opinião, um escritório é onde as boas ideias morrem. Um escritório evoca imagens de cubículos, conversas sem propósito, ataques pessoais, xícaras meio vazias com café horrível e luzes fluorescentes indutoras de dor de cabeça.

A criatividade, em outras palavras, odeia escritórios.

Então, em vez de chamar meu cômodo de escritório, comecei a chamá-lo de laboratório de ideias. Um laboratório de ideias é onde nascem as ideias inovadoras. Nele, há experimentação. É onde se sonha acordado. Adoro meu laboratório de ideias (e odiava meu escritório).

Você pode estar se perguntando: qual a importância de um nome? Quem se importa com como chamamos um cômodo?

Os nomes são importantes, muito mais do que você imagina. Isso é chamado de *priming* (ou pré-ativação).[19] A mera exposição a uma palavra ou imagem pode ter uma influência poderosa em seu pensamento. E a importância de nomear se estende muito além de seu escritório.

Não chame de reunião de atualização. Chame de algo que inspire os participantes a aparecer de uma maneira que aumente os estímulos — um laboratório de visão, uma caverna de colaboração ou uma incubadora de ideias.

Não chame o cargo de diretor sênior de operações. Chame de diretor que prepara os moonshots para o mundo real (que era o verdadeiro título de minha amiga Obi Felten quando ela trabalhava na X, a moonshot factory da Alphabet).

Não chame de lista de tarefas. Quando ouço "lista de tarefas", quero correr para o mais longe e rápido possível. Chame de playlist ou lista de projetos — um título que vai encantá-lo e atraí-lo.

Não chame os membros de sua equipe de empregados. A palavra empregado reforça a noção de um sistema burocrático *top-down*, no qual o empregador diz aos empregados — as engrenagens da máquina — o que fazer. Em vez disso, siga o exemplo da Brasilata, uma empresa de fabricação de latas que está na vanguarda da inovação no Brasil.[20] Não há empregados na Brasilata; existem apenas inventores, o título dado a todos eles. Quando se juntam à empresa, os inventores assinam um "contrato de inovação". A Brasilata então reforça esses nomes incentivando ativamente seus empregados — desculpe, inventores — a se apropriar de seu trabalho e enviar ideias originais.

Se você quiser resultados não convencionais, escolha um nome não convencional. Encontre suas próprias palavras que estimulem sua imaginação e o preparem para o que está tentando alcançar.

Porque aquele ali no canto é você.

E aquele no centro das atenções é você.

Jogando este jogo da vida.

8

Ouse Criar

Daniel: Como eu vou saber se a
minha imaginação está certa?

Sr. Miyagi: Se vem de dentro de você,
é sempre certo.

— KARATÊ KID

Escreva o seu

O sucesso de Stephen King tem dois segredos: sarampo e histórias em quadrinhos.[1]

Quando tinha 6 anos, Stephen passou nove meses acamado em casa, em vez de frequentar a primeira série. Seus problemas começaram com o sarampo e progrediram para problemas repetidos de ouvido e garganta.

Para se divertir, ele lia histórias em quadrinhos — toneladas delas. Às vezes, copiava os livros que lia painel por painel. Mas não fazia apenas isso; ele fazia adições dele à história. Enquanto copiava, ele as modificava e apresentava suas próprias ideias, reviravoltas e enredos.

O jovem Stephen uma vez mostrou um desses livros híbridos copiados para sua mãe, que ficou impressionada. Ela perguntou se ele mesmo havia escrito a história. Stephen disse que não — havia copiado a maior parte de outro livro.

"Escreva o seu, Stevie", disse ela. "Aposto que você poderia fazer melhor. Escreva o seu."

"Lembro-me de um imenso sentimento de possibilidade com essa ideia", lembra King, "como se eu tivesse sido conduzido a um vasto prédio cheio de portas fechadas e tivesse permissão para abrir a que quisesse". Ele seguiu o conselho da mãe e escreveu o seu. Depois escreveu outro. E outro. E outro.

O escritor publicou mais de 50 livros que venderam mais de 350 milhões de cópias.[2]

O que iniciou a carreira de escritor de King foi uma visão aparentemente simples de sua mãe: criar é mais valioso do que consumir.

Falamos de informação como se fosse comida. Nós nos concentramos em como podemos *consumir* mais e como podemos *processar* mais rapidamente. Enquanto estamos ocupados nos enchendo com pedaços de informações do lado de fora, perdemos de vista o alimento que já entrou. As pepitas internas de sabedoria são esmagadas pelas vozes de altos decibéis que ressoam em nossos tímpanos. Aprender se torna uma desculpa para não criar.

Isso era um problema muito antes de a internet aparecer. "Assim como uma mola contraída finalmente perde sua elasticidade por meio da pressão vinda de um corpo estranho, a mente perde sua elasticidade por meio da força constante dos pensamentos de outras pessoas", escreveu Arthur Schopenhauer, filósofo alemão do século XIX. Esse foi "o caso de muitos estudiosos", de acordo com o pensador. "Eles viram a si mesmo como estúpidos."[3]

Não quer dizer que se tenha que pular *toda* a leitura e seguir completamente os insights das pessoas que vieram antes de você, mas, sim, ficar confortável com informações imperfeitas, com não ver claramente o caminho antes de começar a trilhá-lo. Sempre haverá mais um livro que se pode ler, mais um podcast que se pode ouvir, mais uma credencial que se pode adquirir e mais um curso que se pode fazer. Ter certa consciência — não muita, não pouca — pode ser uma coisa boa.

Isso também implica encontrar um equilíbrio entre consumo e criação — entre ler os pensamentos de outras pessoas e gerar os seus. Se você é como a maioria das pessoas, essa proporção é fortemente distorcida para o lado do consumo (mesmo que você chame responder a e-mails de rotina de "criativo", o que não é).

Trabalhe para equilibrar essa proporção. Você pode começar como Stephen King, melhorando o que os outros criaram. Pegue uma página de *O Grande Gatsby* e a melhore. Em vez de reclamar sobre o final de *Família Soprano* ou *Lost* ou sua série favorita, escreva um final melhor. Pegue um diálogo de *The West Wing* e o torne mais ácido do que Aaron Sorkin faria.

Não pare por aí. Siga em frente, como Stephen King, para criar coisas bonitas que são inconfundivelmente suas — seja seu próprio negócio, sua própria organização sem fins lucrativos ou uma nova estratégia no trabalho que reimagina o status quo.

Há uma cena no filme *Rocketman* em que um jovem Elton John toca piano para uma banda norte-americana. Após o show, Elton pergunta ao vocalista: "Como posso ser um compositor?" O vocalista responde: "Escreva algumas músicas."[4]

Esse conselho enganosamente simples também é profundo. O autor Austin Kleon chama isso de "fazer o verbo". Muitas vezes, queremos ser o substantivo (um compositor) sem fazer o verbo (escrever músicas). Dizemos a nós mesmos que seremos empreendedores, mas não fundamos nada. Dizemos a nós mesmos que seremos romancistas, mas não escrevemos um romance.

A chave é esquecer o substantivo e fazer o verbo.

Se quer ser um blogueiro, comece a blogar toda semana.

Se quer ser um comediante de stand-up, comece a se apresentar em noites de microfone aberto.

Se quer ser um podcaster, comece a fazer podcasts.

Uma nota final: crítica não é criação. É fácil apontar o dedo. É fácil reclamar e depois se perguntar por que as coisas não melhoram magicamente. É fácil entrar no Twitter para discutir com pessoas que você não conhece e dizer-lhes para "fazer melhor" (enquanto secretamente diz a si mesmo para fazer exatamente isso).

A crítica, em outras palavras, é barata. A criação é que tem valor.

Gente que levanta a mão e lidera o caminho.

Gente que diz "Bora lá" e abre uma trilha para o desconhecido.

Gente que escreve o seu.

Uma única pessoa pode mesmo fazer a diferença?

Na década de 1940, um menino de 14 anos morava em uma pequena vila na Turquia. Ele cresceu na pobreza e ajudou a sustentar sua família como pastor, cuidando de ovelhas.

O menino ouviu que uma escola havia sido aberta em um vilarejo próximo para treinar futuros professores do ensino fundamental. Ele se candidatou e foi aceito. Caminhou 50 quilômetros de sua vila até a escola para se matricular — um trajeto que teria de ser feito na ida e na volta, regularmente.

Na primeira semana, a enfermeira da escola notou que os sapatos do menino estavam caindo aos pedaços. Os alunos (e professores) eram obrigados a fazer trabalho manual ao redor do *campus*, construindo salas de aula e dormitórios. Eles também trabalhavam nos campos que forneciam comida para a escola, e o trabalho de campo deixava seus pés encharcados e seus sapatos cheios de lama.

A enfermeira comprou um novo par de botas de solas tachadas para o menino. Essas botas transformaram sua vida: sem esse presente, ele provavelmente teria abandonado a escola.

O menino se formou, voltou para sua vila e se tornou professor do ensino fundamental. Durante as décadas seguintes, ele deu aulas para milhares de alunos, tornando-se um líder inspirador em sua comunidade.

E também me deu aulas.

Aquele menino era meu avô — e meu primeiro professor. Ele abriu meus olhos para a magia da leitura e da escrita e encorajou meu senso de admiração pelo mundo.

Se aquela enfermeira não tivesse lhe dado aquelas botas, meu avô poderia ter abandonado a escola. E eu teria crescido sem a influência dele, e foi isso que me colocou no caminho em que estou hoje.

Em outras palavras, uma borboleta bateu as asas em uma vila na Turquia e criou um efeito cascata que, nas décadas seguintes, irradiou.

Muitas vezes, acreditamos que devemos "fazer algo grande" para fazer uma diferença. Achamos que nossas ações individuais não são suficientes. Se não tivermos um "grande número de seguidores" ou a capacidade de criar mudanças em escala, nem nos mexemos.

Uma grande onda — um grande best-seller ou um sucesso incrível — é o visível, e achamos que o importante é o visível.

Porém, uma gotinha pode criar ondulações que se estendem muito além do que é visível. Muitas vezes, não vemos essas ondulações, então assumimos que não existem. A enfermeira que presenteou meu avô com aquele par de botas não sabe sobre o impacto que teve na minha vida e na vida dos milhares de alunos para os quais ele lecionou mais tarde. E o efeito se espalhou de lá para todas as pessoas que os alunos de meu avô conseguiram impactar por causa de sua orientação — tudo irradiando de um único ato de generosidade.

"Como faço para mudar os outros?" Muitas vezes recebo uma versão dessa pergunta quando faço palestras. Minha resposta é: incorpore a mudança que quer ver. Pare de esperar que os outros ajam. A enfermeira não esperou que "as autoridades" ajudassem meu avô. Em vez disso, fez o que achava ser a coisa certa a se fazer.

"O arco do universo moral é longo", como bem nos lembra Martin Luther King Jr., "mas se inclina para a justiça".

Contudo, não automaticamente.

Não se você esperar que outra pessoa apareça e aja.

Ele se inclina para a justiça quando as pessoas fazem contribuições individuais que se acumulam ao longo do tempo para que se atinja algo extraordinário.

O que você não sabe pode ser útil

Antes de fundar a Spanx, Sara Blakely ganhava a vida vendendo aparelhos de fax de porta em porta.[5]

Ela morava na Flórida. Estava muito quente. As meias-calças que era forçada a usar eram antiquadas e desconfortáveis — especialmente porque o pé costurado aparecia em seus sapatos peep toe de biqueira aberta.

Frustrada, ela pegou suas economias, US$5 mil, mudou-se para Atlanta e começou a desenvolver planos para produzir meias-calças sem pés.

Ela nunca tinha feito uma aula de negócios sequer. Não tinha experiência em moda e varejo. Quando visitou fábricas de meias para lançar seu produto, foi alvo de risadas. Implacável, ela usou esses US$5 mil para lançar a Spanx e os transformou em um bilhão.

As pessoas costumam perguntar a ela: "Como você fez isso, Sara? Qual foi seu plano de negócios?"

A resposta dela: "Eu nunca tive um plano de negócios."

Ela não tinha ideia de como os negócios deveriam funcionar, então fez o feijão com arroz. "Concentrei-me em três coisas: fazer, vender e conscientizar", explica ela. "Criei o produto, vendi para o máximo de lojas que pude e passei o resto de meu tempo criando entusiasmo e conscientização. Então repetia o ciclo."[6]

Isso é tudo.

Blakely sabia que gastar toda sua energia desenvolvendo a "marca certa" ou um plano de negócios bem elaborado poderia se tornar uma desculpa elaborada para não fazer o essencial. Ela explica: "Vejo muitos empreendedores com ótimas ideias ficarem travados por causa de sua 'falta de experiência' ou conhecimento. Mas o que você 'não' sabe pode ser exatamente o que o diferencia de todo o resto."

Deixe-me repetir: o que você não sabe pode diferenciá-lo dos outros.

Iniciantes não têm memória muscular. Muito conhecimento pode atrapalhar sua imaginação, concentrando sua atenção em como as coisas *são*, em vez de como *poderiam* ser. Como afirma Kevin Kelly, editor-executivo fundador da *Wired*, a imaginação é "a única habilidade na vida que cresce quando se ignora o que todo mundo sabe".[7]

Philip Glass, um dos compositores mais influentes do século XX, concordaria. "Se você não sabe o que fazer", disse ele, "há uma chance real de fazer algo novo. Enquanto souber o que fazer, nada de muito interessante vai acontecer."[8]

Os melhores jogadores de beisebol do mundo mantêm os olhos incansavelmente focados na bola que precisam acertar. Eles não se distraem com a multidão ao seu redor ou com o que os outros jogadores estão fazendo. E o mesmo se aplica a você. Se você não está focado no que está à sua frente — se está distraído com o que seus colegas estão fazendo, ou se está muito ocupado olhando para trás, para o que fez no passado —, pode facilmente perder de vista o que importa.

Essa mentalidade não requer recuar para um mosteiro isolado. Porém, requer abordar o conhecimento com cautela. O conhecimento deve informar, não restringir. Deve esclarecer, não obscurecer.

Não se pode rebater um *home run* a menos que se possa ver a bola.

O artigo que mudou minha vida

Essa coisa toda é muito óbvia.

Eu estava balançando a cabeça negativamente em aversão ao que acabara de escrever. Era um artigo sobre por que os fatos não mudam a mente das pessoas. Os insights eram óbvios para mim. Como ex-cientista de foguetes, passei grande parte de minha vida tentando convencer as pessoas usando dados objetivos e irrefutáveis.

152 DESPERTE SUA GENIALIDADE

Acabei descobrindo um problema significativo com essa abordagem: não funciona. Se alguém já se decidiu, os fatos muitas vezes não serão suficientes para mudar de ideia.

Fiquei tentado a largar o artigo inteiro. Mas minha *newsletter* tinha de sair na manhã seguinte, e eu não tinha mais nada em andamento. Dei folga ao meu crítico interior e, relutante, cliquei em Publicar.

Isso foi em 2017. Naquele momento, eu estava escrevendo online havia menos de um ano. Eu tinha apenas cerca de mil inscritos na minha lista de e-mails, e a palavra viral não aparecia em nenhum lugar de meu vocabulário.

Depois que publiquei o artigo, uma série de eventos estranhos ocorreu em rápida sucessão.

As pessoas começaram a compartilhá-lo nas redes sociais. Não eram apenas amigos ou leitores regulares. Eram completos estranhos que, de alguma forma, se depararam com ele e gostaram a ponto de compartilhar.

Em seguida, um editor do site Heleo — o antecessor do Next Big Idea Club — perguntou se eles poderiam postá-lo em seu site.

"Muito interessante e bem escrito", disse o editor.

"Entendo", respondi, sem entender nada.

Alguns dias depois, recebi uma mensagem de minha desenvolvedora web. "Algo estranho está acontecendo", disse ela. "Dê uma olhada nas estatísticas do seu site."

Você conhece a cena em *Matrix* em que Keanu Reeves diz "Uau"? Essa foi a minha reação enquanto olhava, de queixo caído e cabeça inclinada, para o gráfico em forma de taco de hóquei representando o aumento exponencial no tráfego de meu site — a maior parte vindo do artigo publicado no Heleo.

Meu artigo viralizou. Rapidamente se tornou o mais popular já publicado no Heleo, atraindo centenas de milhares de pessoas para meu site. Todos esses novos leitores acabaram desempenhando um papel fundamental no sucesso de meu último livro, *Pense Como Um Cientista de Foguetes*.

A moral da história? Você é um péssimo juiz de suas próprias ideias. Está muito perto delas para avaliá-los objetivamente.

Isso acontece comigo com frequência. Eu publico um artigo que acho brilhante, e ele é criticado. Publico um artigo que acho que só fala o óbvio, e viraliza.

William Goldman, roteirista vencedor do Oscar, estava certo: "Ninguém sabe de nada."[9] Na indústria cinematográfica, como na vida, ninguém sabe o que será um sucesso e o que será um fracasso.

Isto é, até você tentar. Posso passar dias refletindo sobre os prós e contras de uma ideia — o que minha mente excessivamente pensante é propensa a fazer — ou posso apenas tentar.

Então, se você tem uma ideia, não a deixe guardada. Levante a mão e fale, mesmo que ache que é "óbvia". Basta lembrar o quão perto cheguei de *não* compartilhar o artigo que mudou minha vida.

O óbvio para você pode ser inovador para outra pessoa.

Ainda assim, se move

Mães e seus recém-nascidos estavam morrendo a uma velocidade terrível.

Essa foi a tragédia ocorrida no local que chamarei de Clínica nº 1, uma das duas maternidades do Hospital Geral de Viena na década de 1840.

A situação na Clínica nº 2 foi drasticamente diferente. Mesmo que ambas as clínicas estivessem no mesmo hospital, as taxas de mortalidade na Clínica nº 2 eram muito menores do que na nº 1 — um fato tão conhecido que mães desesperadas imploravam de joelhos para não serem admitidas na Clínica nº 1.

As duas clínicas eram idênticas em todos os aspectos relevantes, exceto por um. Na Clínica nº 2, os partos eram feitos por parteiras,

154 DESPERTE SUA GENIALIDADE

enquanto na Clínica nº 1, por médicos e estudantes de medicina. Não era que as parteiras fossem melhores em fazer partos. As mortes maternas estavam acontecendo por febre pós-parto, não durante.[10]

O carro ainda não havia sido inventado e, na grande cidade de Viena, as mulheres muitas vezes tinham os bebês nas ruas, depois os carregavam para as maternidades. Contraintuitivamente, a taxa de mortalidade para mães que deram à luz na rua foi significativamente menor do que para aquelas que deram à luz na Clínica nº 1.

Essa discrepância escapou ao conhecimento da maioria dos médicos — exceto um, chamado Ignaz Semmelweis. Ele era um estranho em uma terra estranha, um húngaro trabalhando em um importante hospital austríaco em uma era xenofóbica.

Trabalhando na linha de frente, Semmelweis estava profundamente perturbado e intrigado com o padrão que observava. O que explicava a diferença drástica nas taxas de mortalidade entre as duas clínicas? Por que médicos e estudantes de medicina bem qualificados estavam perdendo mais pacientes do que as parteiras que trabalhavam ao lado? Por que as mães que deram à luz seus bebês nas ruas — em condições muito menos favoráveis do que em uma clínica médica — tinham muito mais chances de sobreviver quando chegavam à clínica?

A morte de Jakob Kolletschka, seu amigo e colega de profissão, deu uma pista. Kolletschka era professor de medicina forense. Durante uma autópsia, ele furou o dedo em uma faca contaminada e morreu da infecção resultante. "Dia e noite eu era assombrado pela imagem de [sua] doença", lembrou Semmelweis. Ele percebeu que a infecção que levou Kolletschka poderia ser a mesma doença que estava ceifando a vida de inúmeras pacientes de maternidade.

Pontos começaram a se ligar, e a resposta perturbadora acabou se revelando. As mesmas mãos que curavam os pacientes também lhes transmitiam doenças. Ao contrário das parteiras da Clínica nº 2, os médicos e estudantes de medicina da Clínica nº 1 realizavam autópsias rotineiramente. Dissecavam cadáveres no necrotério e passavam aos partos na maternidade sem lavar as mãos adequadamente. Semmelweis suspeitava que eles infectavam seus pacientes com partículas que pegavam de cadáveres.

Essa suspeita pode parecer óbvia agora, mas na época era uma ideia maluca. Isso foi antes de Louis Pasteur formular a teoria dos germes. As pessoas ainda não acreditavam que os micróbios pudessem espalhar doenças.

Para testar sua teoria, Semmelweis inventou um experimento — pediu aos médicos que lavassem as mãos com cal clorada após o trabalho de autópsia e antes de examinar os pacientes. Deu certo. As mortes diminuíram significativamente. Em apenas alguns meses, a taxa de mortalidade na Clínica nº 1 caiu de mais de 18% para menos de 2%.

Semmelweis ficou atordoado, em parte porque se sentia responsável. "Examinei cadáveres em uma extensão igualada por poucos outros obstetrícios", pontuou ele. "Só Deus sabe o número de pacientes que foram prematuramente para o túmulo por minha causa." No entanto, "não importa o quão doloroso e opressivo tal reconhecimento possa ser, o remédio não está na supressão", continuou ele. "Se o infortúnio não persistir para sempre, então essa verdade deve ser conhecida por todos os envolvidos."

A batalha de Semmelweis para encontrar uma solução se transformou em uma batalha para ser ouvido — que ele rapidamente perdeu. O rígido estabelecimento médico vienense rejeitou sua solução simples de lavar as mãos, apesar das evidências claras de que a técnica funcionava. Os médicos se ofenderam com sua sugestão de que a falta de higiene pessoal poderia causar a morte. Acreditavam que as mãos de um cavalheiro não poderiam transmitir doenças.

Imagine estar no lugar de Semmelweis: chegar a esse insight simples, mas devastador — lave as mãos com discernimento e salve vidas — e ter medo de que a resposta morra com você porque ninguém está disposto a ouvi-lo. Então você se debate e grita — como Semmelweis fez, cada vez mais alto, escrevendo uma carta após a outra —, apenas para ser forçado a sair do seu hospital.

Na mente de Semmelweis, cada morte evitável se tornava um assassinato.[11] Assombrado por todas as vidas que não conseguiu salvar, ele acabou sofrendo um colapso nervoso. Foi internado em um asilo, onde foi severamente espancado pelos guardas e morreu duas semanas depois devido a uma ferida infectada.

Anos após a morte de Semmelweis, a lavagem das mãos teve ampla aceitação como forma de evitar a propagação de germes. A ideia dele salvou inúmeras vidas, incluindo, talvez, a sua e a minha. Ele agora é conhecido como "o salvador das mães".

Hoje, o reflexo de Semmelweis refere-se à rejeição instintiva de ideias que resistem ao status quo. Os nomes diferem, mas a narrativa é a mesma. Foi o primeiro passo em uma nova estrada, com uma visão própria e a resposta recebida foi rejeição e crítica.

Pode ser que você não acabe em um asilo, mas quando se desafia a sabedoria convencional, o senso comum reluta. Quando você se separa do rebanho, este o expulsa. Quem aposta no status quo resiste, e resiste duramente.

Quando você cria algo significativo, alguém, em algum lugar, tenta fazer você se sentir mal com isso.

A descoberta de Nicolau Copérnico de que a Terra orbita o Sol, e não o contrário, foi banida por quase um século. Livros que concordavam com essa visão foram proibidos, e Galileu foi julgado por endossá-la.[12] A Inquisição Romana declarou as ideias de Galileu "tolas e absurdas em filosofia, e formalmente heréticas, uma vez que contradizem explicitamente em muitos lugares o sentido das Sagradas Escrituras".[13] Ele foi forçado a se retratar de sua teoria e condenado à prisão domiciliar, que cumpriu nos últimos nove anos de sua vida.

Stephen King rotineiramente se encontra no lado receptor de críticas mordazes. "Não se passa uma semana", escreve ele, "que eu não receba pelo menos uma carta irritada (na maioria das semanas, há mais) me acusando de ser desbocado, intolerante, homofóbico, assassino, frívolo ou totalmente psicopata".[14]

Quando Walt Whitman publicou *Folhas de Relva* — uma das obras mais influentes e originais da poesia norte-americana —, as críticas que recebeu foram contundentes. "É impossível imaginar como a fantasia de qualquer homem poderia ter concebido tal massa de imundície estúpida, a menos que ele estivesse possuído pela alma de um burro sentimental que havia morrido de amor desapontado", escreveu um crítico particularmente inflamado. Ele passou a chamar o livro de "um ajuntamento de sujeira... totalmente destituído de inteligência".[15] Outro comparou Whitman a um "porco" chafurdando "em um lixo podre de pensamentos licenciosos".[16]

Só há uma maneira de evitar críticas: parar de fazer um trabalho significativo.

O medo da crítica é um matador de sonhos, impedindo-nos de começar, de assumir um projeto desafiador ou de levantar a mão durante uma reunião para expressar discordância.

Não me entenda mal: a crítica é útil quando é feita com espírito de generosidade, com a intenção de melhorar seu trabalho. Um crítico generoso fornecerá seu feedback sem atacá-lo pessoalmente e com a intenção de melhorar seu trabalho. Esse tipo de feedback é precioso. Mas a crítica conformista das más línguas — aquela que diz que você não tem o direito de fazer o que está fazendo e que deve voltar a colorir dentro das linhas traçadas — deve ser ignorada.

A crítica conformista diz mais sobre o crítico do que sobre o criador. Quando as pessoas parecem julgá-lo, muitas vezes estão revelando uma parte de si mesmas que julgaram em silêncio — uma parte que martelaram para se conformar e se encaixar. Quando essa parte vê sua promessa cumprida por você, a tendência é atacar, em vez de elogiar.

Então, sim, você será mal interpretado. Eles vão atacá-lo, insultá-lo e arrastar seu bom nome pela lama. Quando isso acontecer, faça o que Elizabeth Gilbert aconselha: "Apenas sorria docemente e sugira — o mais educadamente possível — que façam sua própria arte. Então, teimosamente, continue fazendo a sua."[17]

Galileu continuou teimosamente fazendo sua arte depois de ser colocado em prisão domiciliar. Ele passou grande parte de seu tempo escrevendo sua obra-prima, *Discurso Sobre as Duas Novas Ciências*, que lhe valeu o título de "pai da física moderna".

E ele nunca perdeu a coragem de suas convicções. Diz a lenda que, depois que ele foi forçado a negar sua crença no heliocentrismo, sua resposta foi *Eppur si muove.*

E se move mesmo assim.

Isso é um fato. A Terra se move ao redor do Sol. As autoridades poderiam proibir seus livros ou prendê-lo, mas não podiam mudar esse fato.

"Preocupe-se com a aprovação das outras pessoas e você se tornará prisioneiro delas", como Lao Tzu escreve no *Tao Te Ching*.[18] Quando você não age porque tem medo de críticas, eleva os pensamentos das outras pessoas acima dos seus. Quanto menos aprovação externa for necessária — quanto menos se teme críticas —, mais ideias originais podem ser exploradas.

É um grande ato de coragem humana criar sem necessidade de validação constante — para ser amado, respeitado e compreendido por todos. Se você depende de fontes externas de energia, essa energia pode ser retirada a qualquer momento. Mas se seu combustível é interno, não há nada que possam tirar de você.

O combustível interno queima limpo. É renovável. Se acabar, você não precisará recorrer a fontes estrangeiras para reabastecê-lo com mais validação, mais aprovação e mais curtidas. Há um suprimento infinito dele dentro de você.

No final, a crítica, por mais dolorosa que seja, muitas vezes é a validação de que se está fazendo um trabalho significativo.

Se você sustentar esse trabalho por tempo suficiente, os trolls e críticos largarão o osso e encontrarão outra pessoa de quem zombar.

E sua arte falará por si.

Acidentes felizes

Quando jovem, crescendo em Istambul, minha visão da América foi montada a partir de um conjunto eclético de programas de TV norte-americanos selecionados para dublagem em turco.

Os representantes dos Estados Unidos na Turquia incluíam o primo Larry em *Primo Cruzado*, a família Tanner em *ALF* e Al Bundy em *Um Amor de Família* (que reforçou fortemente todos os estereótipos que as pessoas já tinham sobre os norte-americanos).

Mas outro representante se destaca e merece menção especial.

Seu nome era Bob Ross — o apresentador do icônico programa *The Joy of Painting*. Em todos os episódios, Ross ostentava o mesmo visual de colarinho azul, sentava-se em uma cadeira e usava tinta a óleo em uma tela.

Quando me deparei com o programa pela primeira vez na TV turca, isso me deteve. Lembro-me de pensar que os norte-americanos deviam estar muito entediados por ficarem vendo um homem pintar paisagens. Isso me fez reconsiderar a magia da América.

Mas algo no programa se mostrou estranhamente viciante. Ele abria a cortina do processo criativo, permitindo que o público visse como um criador poderia fazer algo do nada.

Para Ross, era importante que o público visse todo o processo criativo, inclusive a parte ruim. Em vez de editar seus erros, ele os documentava, os abraçava. E o mais importante, os reformulava. "Não cometemos erros", dizia ele. "Temos acidentes felizes."[19]

Ross sabia o que a maioria de nós negligencia: os erros são intrínsecos à criação. Se você não está cometendo erros, está jogando sem arriscar muito, não está mirando alto o suficiente nem se movendo rápido o suficiente.

Uma tela não existe para ser protegida de manchas. Não existe para ser encarada, apreciada por sua brancura perfeita. Existe para ser pintada, com ferocidade e beleza.

As pessoas que são prolíficas no sucesso também são prolíficas no fracasso.[20] Têm mais sucesso porque fazem mais — pintam mais vasos, chutam mais a gol e lançam mais negócios do que outros. Babe Ruth era o rei do *home run*, mas também do *strikeout*.[21] Michael Jordan fez mais cestas de última hora para ganhar o jogo do que qualquer outro jogador da NBA na história, mas também errou a maioria das cestas de última hora e perdeu o jogo.[22]

A maioria de suas tentativas falhará. Muitas serão menos que espetaculares. Algumas terão sucesso e compensarão todo o resto.

Fracasso é conhecimento. O solo lhe ensinará mais sobre o voo do que as nuvens, parafraseando o poeta Rudy Francisco.[23] Não tive uma única falha que não levasse a algum aprendizado. Você pode falhar e ainda vencer se enxergar o que faz como uma oportunidade de aprender — e não apenas como uma oportunidade de conquistar.

O perfeccionismo é alimentado principalmente por um desejo de aprovação externa. É uma indulgência. Temos medo de que, se expormos nossas manchas, pararemos de receber nossa dose diária de aprovações.

Se você é humano, é imperfeito.

Quando você se esforça para alcançar a perfeição, está procurando por algum ideal que simplesmente não existe. Então procrastina porque, se evitar fazer o trabalho, também evita cometer erros. Você desvia suas criações para o que é fácil e o que é seguro — em uma zona onde é provável que se minimizem as manchas. Conforma-se, em vez de se converter. Ajeita, em vez de terminar. Fica de pé, em vez de dançar.

Muitos tapetes Navajo têm erros neles — distorções nos padrões, linhas e formas. Alguns dizem que esses erros são intencionalmente criados como um lembrete da imperfeição humana.[24] Mas outros sugerem que os erros não são intencionais. O que é intencional é a decisão de não consertá-los, mas de deixá-los ali, no tecido.[25]

Quem faz esses tapetes sabe o que é óbvio: um tapete imperfeito e feito à mão com uma história é muito mais bonito do que um perfeito, produzido em uma fábrica.

Não estou falando do tipo de imperfeição falsa que faz com que o jeans pareça desgastado ou uma cadeira Crate & Barrel pareça antiga. As imperfeições fabricadas são fáceis de detectar, reconhecidas a olhos vistos.

Quando você encobre suas imperfeições autênticas, também percebe o que o torna interessante. As pessoas que fingem ser perfeitas são boas para cerca de dez minutos de conversa. Se eu quiser passar um tempo com humanos retocados, posso fazer isso no Instagram.

E lembre-se: você não é Bob Ross. Não há uma câmera apontada para sua tela o tempo todo, registrando cada mancha. Portanto, não se preocupe com o que os outros pensam de você — porque, na maioria das vezes, não estão pensando em você. Todos os outros estão presos em seu próprio universo, ocupados demais se preocupando com suas próprias manchas para notar as suas.

Sim, os erros às vezes podem ser dolorosos. A dor de cometer um erro é o preço da admissão a uma vida corajosa, e fico feliz em pagá-lo. Mas há outro tipo de preço que se paga — não por falhar, mas por não tentar. Já senti essa dor antes e nunca mais quero sentir.

No final, a única maneira de ter uma tela sem manchas é nunca pintar.

Então vá em frente e cometa erros. Cometa erros incríveis. Cometa erros que só você pode cometer — manchas que têm sua assinatura nelas.

Bons erros não o tornarão perfeito, mas vão ajudá-lo a parar de pensar que você deve chegar à perfeição.

Como os profissionais fazem parecer fácil

Em junho de 1976, Jerry Seinfeld, de 22 anos, subiu ao palco para se apresentar publicamente pela primeira vez em uma noite dos amadores em um clube de comédia de Nova York.[26] Pegou o microfone para fazer sua rotina bem ensaiada e... nada aconteceu.

"Eu não conseguia nem falar", lembra Seinfeld, "estava totalmente paralisado de medo". Quando finalmente reuniu forças para mover os lábios, só conseguiu recitar os assuntos que cobriria: "A praia. Dirigir. Cães", disse Seinfeld no microfone, com a voz sumindo. A apresentação inteira durou noventa segundos.

Quando comecei a falar em público, era espetacularmente esquisito. Eu escrevia tudo o que planejava dizer e recitava, palavra por palavra, em um tom monótono que nunca mudava — exceto para registrar a tensão palpável em minha voz. Enquanto lia meu teleprompter mental, era capaz de sentir o tédio da audiência subindo. A conexão entre meus ouvintes e eu era *zero*.

O mesmo acontecia na sala de aula. A primeira vez que dei uma aula como professor, fiquei tão nervoso que tropecei em alguns fios de computador, quase produzindo um encontro infeliz entre o rosto e o chão.

Repeti minha rotina por uma década, marchando ao ritmo decisivo do resultado-esforço, resultado-esforço, resultado-esforço. Cada aula e cada discurso que eu dava era um pouco melhor do que o anterior. No percurso, descobri como construir uma conexão, como contar uma boa história e como ocultar erros para que o público nem percebesse. Agora sou frequentemente classificado como o melhor orador em conferências e eventos da empresa.

O brilho reflete mais do que revela. Lionel Messi, um dos melhores jogadores de futebol de todos os tempos, diz que levou "17 anos e 114 dias para se tornar um sucesso da noite para o dia".[27] Steve Martin ecoa o mesmo sentimento: "Eu fiz comédia stand-up por dezoito anos", contou ele. "Dez desses anos foram gastos aprendendo, quatro anos foram gastos refinando e quatro foram gastos em sucesso frenético."[28]

Os atores Al Pacino e Ben Shenkman estrelaram juntos a minissérie *Angels in America*. Pacino era o herói de Shenkman, então Shenkman observava Pacino no set para saber o que tornava seu herói tão incrível. Um dia, depois que Pacino fez dez takes para uma cena específica, o diretor Mike Nichols se virou para Shenkman e perguntou: "Então, o que você aprendeu?" Shenkman respondeu: "Faça o simples." Nichols disse: "Não, essa não é a resposta certa. A resposta certa é: viu como é difícil? Mesmo para o mestre, mesmo para o seu ídolo? Viu quantas vezes ele tem que tentar? Você acabou de assistir a dez takes, e eu sei que você consegue ver que nesse ponto aqui foi ótimo, mas naquele, não, depois ficou ótimo de novo, mas não no momento importante."[29]

Podemos aprender com os profissionais, como Shenkman fez observando Pacino no set. Mas quando nos comparamos a eles — quando medimos a distância entre onde estamos e onde eles estão —, achamos que não somos bons o suficiente ou talentosos o suficiente, então nem nos incomodamos em tentar, ou desistimos cedo demais, supondo que não temos o que é preciso. Mas quando você se compara a um profissional mais experiente, a comparação não é entre maçãs e maçãs. Você é a versão beta, e eles são o produto acabado. Eles fazem isso há anos, senão décadas, e você está apenas começando.

E nem todos começamos do mesmo lugar. Privilégio, oportunidade e sorte se combinam para dar a algumas pessoas uma vantagem inicial ou um impulso a jato como no Mario Kart. Isso não é desculpa para não tentar ou desistir. É simplesmente um reconhecimento da realidade — que se pode correr a mesma distância na mesma velocidade que outra pessoa, mas ainda permanecer atrás dela. Na vida, não há uma linha do tempo única para todos. "Nunca é tarde demais para ser quem você poderia ter sido", como George Eliot supostamente disse. Então, honre onde está agora e até onde já chegou.

Se você assistir a um foguete decolar, a princípio parece que o veículo espacial mal está se movendo. Ele se inflama em um rugido estrondoso e começa a subir muito, *muito* lentamente a partir da plataforma de lançamento. Mesmo que haja um empuxo enorme, o foguete é pesado demais para se mover rápido. Ao tirar uma foto de um foguete logo após a ignição, pode-se supor que ele vai cair. O progresso se torna visível apenas se você observar o foguete por um longo período de tempo.

A vida funciona da mesma maneira. Quando iniciamos um novo projeto ou lançamos um novo negócio, muitas vezes sentimos que estamos no esforçando ao máximo e nada está acontecendo.

Ben Silbermann, fundador do Pinterest, diz que levou quatro anos para construir uma empresa de sucesso depois de deixar o Google. "Foi um período de quatro anos em que as coisas não estavam indo muito bem", afirmou ele. "Mas eu pensei: não é tanto assim. Isso é como a faculdade de medicina antes de ir para a residência."[30]

A maioria das pessoas nem entra na plataforma de lançamento porque tem medo de criar algo ruim. E esse é um medo válido: nos estágios iniciais, suas criações não serão impressionantes. Apesar das aparências, nada vem à existência perfeitamente formado. Você não está vendo as versões mais antigas da rotina de stand-up que provocou vaias da plateia, as dezenas de takes necessários para obter o monólogo digno de Oscar e os rascunhos anteriores daquele capítulo de livro que faria qualquer escritor que se preze se encolher. Todos os criadores devem passar por esses estágios iniciais e embaraçosos para alcançar o grande trabalho que está além deles.

Se as coisas parecem pesadas no início, é porque *são*. Seu foguete acabou de dar partida e vai demorar um pouco para encontrar o caminho para seu destino. As coisas começarão devagar e depois ganharão impulso ao longo do tempo.

Portanto, pare de se comparar a outros foguetes que já atingiram a velocidade de escape. Concentre-se em sua própria trajetória. Suba uma polegada. E depois outra. E depois outra. Quanto mais alto você subir, mais leves as coisas parecerão.

E antes que perceba, a distância atrás de você será maior do que a distância à frente.

O mito da autopromoção sem vergonha

Nunca entendi o conceito de "autopromoção sem vergonha".

A frase presume que a autopromoção causa vergonha. E que se você está se promovendo — se está colocando suas ideias e seu trabalho no mundo —, deve *perder* a vergonha.

Mas se você não promover suas criações, ninguém mais o fará. A vida não é o *Campo dos Sonhos*, e você não é Kevin Costner. Se você o construir e não fizer nada para promovê-lo, ninguém virá. Será apenas um esquisito que construiu um campo de beisebol no meio de um milharal em Iowa.

Muitas vezes, agimos em escala pequena para deixar os outros confortáveis. Nós nos encolhemos para sermos invisíveis, até de nós mesmos.

O negócio é o seguinte: sua arte permite a de outras pessoas. Sua sabedoria desbloqueia a de outras pessoas. Sua expansão inspira outros a se expandirem. Sua voz pode mudar a maneira como as pessoas pensam e agem. Mas se você ficar de boca fechada, nada disso será feito.

Isso não significa enviar spam para as pessoas ou se aproveitar delas. Significa promover com gentileza. Significa promover com respeito. Significa promover para pessoas que lhe deram permissão — que levantaram as mãos e disseram: "Sim, eu aceito."[31]

Se você não promover seu livro, os leitores não virão.

Se você não promover seu produto ou serviço, os clientes não virão.

Se você não se promover, as ofertas de emprego não virão.

A autopromoção não é um ato de vergonha. É um ato de amor — por outras pessoas que querem o que você criou.

É também um ato de coragem. É dizer "Aqui, eu fiz isso" e correr o risco de ser rejeitado. É ser vulnerável — e *não* egoísta. É bastante egoísta se recusar a promover suas criações para proteger seu próprio ego.

A alternativa à autopromoção é se esconder. Apresentar ideias e não executá-las. Escrever poemas e não compartilhá-los. Criar coisas e as acumular.

É hora de remover a vergonha da autopromoção.

Se há alguma vergonha, é em *não* promover algo que possa comover os outros e enriquecer suas vidas.

> Visite ozanvarol.com/genius (conteúdo em inglês) para encontrar planilhas, desafios e exercícios para ajudá-lo a implementar as estratégias discutidas nesta parte.

PARTE IV
A Jornada Exterior

A Parte IV tem três capítulos:

1. **Detectando Besteira:** sobre filtrar a desinformação e identificar a verdade.
2. **Olhe para Onde os Outros Não Olham:** sobre escapar da tirania do novo, do conveniente e do popular para ver o que os outros não veem.
3. **Não Sou Seu Guru:** sobre por que as histórias de sucesso nos enganam, como conselhos bem-intencionados muitas vezes nos enganam e o que você pode fazer para parar de se comparar com os outros.

No percurso, revelarei:

- As origens reveladoras do ditado "o café da manhã é a refeição mais importante".
- Por que existem perguntas estúpidas (e como fazer perguntas melhores).
- Uma maneira contraintuitiva pela qual um jornalista vencedor do Pulitzer viu o extraordinário no comum.
- O que o efeito George Clooney pode ensinar sobre como iniciar seu próximo projeto.
- Como estamos sendo aprisionados intelectualmente (e o que fazer a respeito).
- O que você pode aprender com o poema mais incompreendido do mundo.
- Por que a concorrência e a comparação são uma forma de conformidade.

9

Detectando Besteiras

*Duvidar de tudo ou acreditar em tudo são duas
soluções igualmente convenientes; ambas
dispensam a necessidade de reflexão.*

— HENRI POINCARÉ, *A CIÊNCIA E A HIPÓTESE*

Como nos enganamos

Minha bateria está fraca e está escurecendo.

Essas foram as palavras finais do rover marciano Opportunity, conforme relatado por vários meios de comunicação. O rover, carinhosamente apelidado de Oppy, encerrou suas comunicações em junho de 2018 depois de ficar preso em uma enorme tempestade de poeira. Funcionários da NASA enviaram centenas de comandos para o pequeno rover, pedindo que ele ligasse para casa, mas sem sucesso. Oppy foi oficialmente declarado morto em fevereiro de 2019.

O que chamou a atenção da maioria das pessoas não foi o fato de Oppy ter operado em Marte por mais de 14 anos — bem além de sua expectativa de vida de 90 dias. Também não foi o recorde das 28 milhas que atravessou no planeta vermelho — muito mais do que qualquer outro rover extraplanetário.

Não, o que tomou o mundo de assalto foi a última transmissão do rover à Terra, relatada por meio de um tuíte de um jornalista.

Minha bateria está fraca e está escurecendo.

O tuíte viralizou, gerando um frenesi na mídia em todo o mundo. Designers no Etsy entraram na onda, correndo para vender camisetas, canecas e porta-copos estampados com as palavras finais de Oppy. Muitas pessoas tatuaram essas palavras.

A mensagem de Oppy ressoou em nós em parte porque todos sentimos, de tempos em tempos, que nossas baterias estão fracas e está escurecendo lá fora. Ter o mesmo sentimento expresso por um não humano nos causou todas as sensações. Por quatorze anos, o pequeno rover obedeceu com afinco aos comandos de seus humanos enquanto era açoitado por ventos marcianos ferozes e tempestades de poeira. Quando a poeira lentamente varreu Oppy, ele irradiou um adeus final para a Terra que resumiu a coragem do pequeno rover.

Minha bateria está fraca e está escurecendo.

Só há um problema: essa história é falsa.

Logo antes de encerrar contato, Oppy enviou um monte de códigos de rotina para a Terra que relatavam, entre inúmeras outras coisas, seus níveis de energia e a leitura da luz externa. Um jornalista — que não deixou que os fatos atrapalhassem uma boa história — pegou uma pequena parte desse código aleatório, parafraseou-o em inglês e tuitou ao mundo que essas eram "basicamente" as últimas palavras do rover.[1]

Milhões de pessoas então apertaram o botão de retuíte e vários meios de comunicação publicaram histórias sobre a transmissão final do rover — tudo sem parar, contemplar ou se preocupar em perguntar: "Como um robô espacial controlado remotamente cuspiu frases completas em inglês projetadas para impactar o coração das pessoas?"

Passei quatro anos servindo na equipe de operações de Oppy. No entanto, por um breve momento, até eu caí nessa. Quando li pela primeira vez as supostas palavras finais de Oppy, soltei um instintivo "Awwwn!" e comecei a acompanhar a cobertura da imprensa procurando por mais.

"O velho George Orwell entendeu o oposto", aponta Chuck Palahniuk, autor de *Clube da Luta*. "O Grande Irmão não está assistindo. Está cantando e dançando. Está tirando coelhos da cartola. Está lhe contando histórias poderosas que o dominam até que sua imaginação se torne 'tão útil quanto seu apêndice'."[2] Nós caímos no conto, jogamos a lógica e o ceticismo ao vento e corremos para fazer tatuagens do Oppy.

Esse é um fenômeno comum. Um estudo realizado por acadêmicos do MIT analisou notícias verdadeiras e falsas compartilhadas no Twitter de 2006 a 2017.[3] Durante esse período, as histórias falsas tinham 70% mais chances de serem retuitadas e se espalhavam seis vezes mais rápido do que as histórias verdadeiras — o que é particularmente preocupante, porque o Twitter é a principal fonte de notícias para muitas pessoas. O que o autor Jonathan Swift escreveu no século XVIII ainda se aplica hoje: "A falsidade voa, e a verdade vem mancando atrás dela."[4]

Da próxima vez que você instintivamente começar a apertar o botão de retuitar ou se sentir tentado a aceitar a sabedoria convencional, faça uma pausa por um momento. Pergunte a si mesmo: *Isso está certo?* Questione tudo, desde a suposta despedida emocional de um rover moribundo até as afirmações confiantes de um profissional de marketing. Quando você fizer a prática regular de perguntar *Isso está certo?*, ficará surpreso com a frequência com que a resposta não é um sim imediato.

Ceticismo não é negacionismo. O negacionista é o vovô Simpson balançando o punho para as nuvens. O negacionista é a pessoa que escreve postagens de sete parágrafos no Facebook que começam com "Eu fiz minha própria pesquisa", mas cuja "pesquisa" envolve simplesmente regular a desinformação de fontes manipuladoras. O negacionista tem certeza — agora e para sempre. Em contraste, o cético tem uma mente aberta que pode mudar com a evidência correta.

Mas o ceticismo por si só não é suficiente. É fácil dizer: "Isso é besteira." É fácil derrubar as ideias de seus colegas em uma reunião de trabalho. É muito mais difícil expressar o ceticismo de maneira construtiva.

A solução é ser cético e curioso. Isso requer um equilíbrio delicado entre estar aberto a ideias — mesmo as que parecem controversas ou erradas no início — e ser igualmente cético em relação a elas. O objetivo não é o ceticismo pelo ceticismo. É reimaginar o status quo, descobrir novos insights e descobrir onde pode ser preciso repensar.

O cético curioso pode responder à história do rover de Marte perguntando: "Como o repórter sabe o que o rover disse?" Isso pode levar a perguntas adicionais como: "Para começar, como um rover marciano se comunica com a Terra? Ele fala em frases totalmente formadas em inglês? Como saber o que o veículo faz?" Essas perguntas são guiadas tanto pelo ceticismo em relação às afirmações do repórter quanto, mais importante, pela curiosidade sobre a verdade.

Elas o levarão a lugares que poucos se atrevem a ir e revelarão joias que poucos veem.

O café da manhã é mesmo a refeição mais importante do dia?

Esse ditado é tão conhecido que se tornou um clichê — repetido por pais de todo o mundo para fazer com que seus filhos tomem seu café da manhã: "O café da manhã é a refeição mais importante do dia."

A origem desse mantra é menos conhecida: uma campanha de marketing de 1944 que a General Foods criou para ajudar a vender mais cereais.[5] A campanha foi intitulada "Coma um bom café da manhã — faça um trabalho melhor." Durante a campanha, as mercearias distribuíram panfletos divulgando os benefícios do café da manhã, e anúncios de rádio explicaram que "especialistas em nutrição dizem que o café da manhã é a refeição mais importante do dia". A campanha foi fundamental para a ascensão dos cereais como alimento básico do café da manhã.

Os cereais matinais, por sua vez, foram inventados na virada do século para promover a saúde e o bem-estar — combinados com uma agenda moral específica. O Dr. John Harvey Kellogg, que deu seu nome à marca de cereais Kellogg's, codesenvolveu o cereal para suprimir o desejo sexual e impedir que as pessoas se masturbassem — o que Kellogg acreditava ser "o mais perigoso de todos os abusos sexuais". Em seu livro *Plain Facts for Old and Young* [Fatos Claros para Idosos e Jovens, em tradução livre], Kellogg escreveu que os alimentos saborosos têm "uma influência indubitável sobre a natureza sexual dos meninos, estimulando esses órgãos a uma atividade muito precoce e ocasionando tentações ao pecado, o que de outra forma não ocorreria".[6]

Para reduzir essa imoralidade desenfreada, os norte-americanos precisavam de um café da manhã mais sem graça.

E foi assim que os cornflakes nasceram.

Mais de 75 anos se passaram desde a campanha de marketing que cimentou o café da manhã como a refeição mais importante do dia. E o mesmo ditado continua a ser repetido e retuitado como se fosse uma notícia de última hora.

A repetição gera falsa confiança. "Uma mentira dita uma vez permanece uma mentira, mas uma mentira dita mil vezes se torna verdade", como diz o ditado popular. Se você ouvir repetidamente que os morcegos são cegos, ou que usamos apenas 10% de nosso cérebro, ou que o café da manhã é a refeição mais importante do dia, você tenderá a acreditar que é verdade.

Esses mitos de longa data continuam a ser repetidos mesmo quando as evidências científicas os refutam. Morcegos não são cegos; na verdade, algumas espécies enxergam melhor do que o ser humano médio.[7] E o uso de 10% do cérebro "é tão errado que é quase risível", observa o neurologista Barry Gordon. No período de um dia, usamos praticamente 100% de nosso cérebro.[8]

No caso do café da manhã, no entanto, parece haver uma base científica para sua fama como a refeição mais importante. Um estudo de 2019 publicado no *Journal of the American College of Cardiology* descobriu que não tomar café da manhã "aumentou significativamente o risco de mortalidade por doenças cardiovasculares".[9] Aqui está uma amostra das manchetes de notícias que relataram o estudo:

- "Tomar café da manhã todas as manhãs pode ser melhor para o seu coração" (*Healthline*) (Este artigo tem um rótulo reconfortante no topo: "Fato Checado.")[10]

- "Tomar café da manhã? Pular a refeição matinal causa maior risco de morte relacionada ao coração, diz estudo" (*USA Today*)[11]

- "Estudo: Pular o café da manhã aumenta o risco de mortalidade por doença cardíaca em 87%" (FOX 11 Los Angeles)[12]

- "Pular o café da manhã é um movimento ruim para o seu coração?" (WebMD)[13]

Afinal, talvez seja bom comer os cornflakes.

Vamos com calma. Uma associação entre duas coisas — pular o café da manhã e risco de doença cardíaca — não implica uma relação de causa e consequência. Em outras palavras, correlação não é causalidade.

Aqui estão alguns exemplos ridículos para ilustrar o ponto. Há uma correlação entre o número de filmes em que Nicolas Cage aparece e o número de pessoas que se afogam ao cair em uma piscina.[14] Há também uma correlação entre o consumo de margarina e a taxa de divórcio no Maine. Mas isso não significa que os filmes de Cage *façam* com que as pessoas se afoguem, ou que o consumo de margarina seja ruim para os relacionamentos no Maine. Podem haver boas razões para parar de comer margarina ou de assistir a filmes de Cage, mas evitar divórcios ou afogamentos não é uma delas. Em ambos os casos, outros fatores são responsáveis pelos resultados.

De volta ao estudo do café da manhã.

Acontece que as pessoas que pularam o café da manhã também tinham toda sorte de comportamentos não saudáveis, e qualquer um deles poderia ter causado doenças cardíacas. De acordo com os pesquisadores do estudo, os participantes que não tomavam café da manhã eram mais propensos a ser "ex-fumantes, bebedores contumazes, solteiros, sedentários, com menos renda familiar, menor consumo total de energia e pior qualidade da dieta, quando comparados com aqueles que tomavam café da manhã regularmente". Em outras palavras, quem pula o café da manhã pode ter contraído doenças cardíacas porque fumava demais, bebia demais ou não se exercitava — não porque ignorava o café da manhã. Embora o estudo tenha tentado controlar algumas dessas variáveis, "é extremamente difícil (na verdade, é impossível) ajustar com precisão e propriedade o que equivale a pessoas fundamentalmente diferentes", explicou o Dr. Peter Attia, primeiro crítico do estudo.[15]

Mesmo assim, as manchetes transformaram a correlação em causalidade e distorceram essas afirmações científicas para o consumo público. Por quê? Correlação não vende jornais. Confiança sim. Manchetes sensacionalistas atraem mais cliques e retuítes. Em um mundo que exige gratificação instantânea, só queremos a conclusão, o *life hack*, a bala de prata — sem as nuances que complicam, bem, tudo. Em vez de explicar as nuances e limitações do estudo, a mídia distribuiu conselhos prescritivos: *Tome o café da manhã ou corra o risco de ter uma doença cardíaca.*

Artigos sensacionalistas como esses rapidamente se espalham de um meio para outro. Quando as pessoas veem as mesmas informações repetidas em locais diferentes, sua confiança na precisão delas aumenta. Além disso, seus amigos também leram as mesmas fontes, então não há ninguém para contestar sua perspectiva. Isso rapidamente leva a um consenso falho.

A checagem de fatos não resolve o problema. Para começar, a maioria das editoras depende de escritores para verificar seus próprios trabalhos. Se o material for verificado, o processo é frequentemente usado para detectar os erros mais óbvios — como datas, nomes de pessoas e alegações difamatórias que podem resultar em um processo custoso.

Às vezes, especialmente com um prazo curto, a checagem de fatos acaba sendo desleixada. Certa vez, peguei um livro que passou várias semanas em primeiro lugar na lista de best-sellers do *New York Times* que repetia como fato o clichê ridiculamente errado de que usamos apenas 10% de nosso cérebro.

Além disso, a checagem de fatos não é necessariamente objetiva. Agentes que checam fatos e jornalistas são seres humanos que vivem no mundo real. Como o restante de nós, eles carregam seus próprios vieses políticos e ideológicos para o processo. Fontes liberais tendem a examinar a direita, e fontes conservadoras tendem a examinar a esquerda — enquanto passam pano para a própria tribo.

A maioria de nós não tem tempo para ler e digerir estudos científicos que dizem respeito a todos os aspectos de nossa vida. E mesmo se lermos, podemos não saber o que procurar ou o que perguntar.

Então, nos voltamos para as opiniões dos especialistas. Infelizmente, a rede está repleta de supostos especialistas que afirmam ter descoberto a verdade. Na internet, a especialização se tornou uma qualificação autoproclamada. Especialistas se tornam especialistas ao se chamarem assim. Os meios de comunicação desesperados por atenção recorrem a uma lista confiável de "especialistas" que favorecem a consistência em detrimento da precisão e a confiança em detrimento das nuances.

Diante da desinformação desenfreada, em quem confiar? Como detectar informações enganosas e separar o útil do inútil?

Todos os grandes pensadores devem ter o que Ernest Hemingway chamou de detector de besteira embutido e à prova de choque.[16] Na próxima seção, compartilharei o processo de detecção de besteira que sigo. Esse é o meu processo, o que significa que não é o certo para todos. Aproveite o que funciona para você e modifique ou deixe de fora o resto. E não trate isso como um protocolo de higiene intelectual — estéril e chato. Em vez disso, trate-o como um quebra-cabeça divertido. O objetivo é questionar o que se lê com um ceticismo curioso e descobrir pedras preciosas enterradas sob a sabedoria convencional desatualizada.

Detector de besteira embutido
e à prova de choque

Exercite a curiosidade cética. Quais fatos corroboram a informação? De onde o autor tirou esses fatos? Cuidado com frases que começam com "A ciência diz" ou "Pesquisas mostram" e que terminam sem citações. Filtre citações de baixa qualidade (e sim, com baixa qualidade falo daqueles artigos tipo "8 Superalimentos Surpreendentes que Você Deve Comer Todos os Dias para uma Vida Longa" que lideram seus resultados de pesquisa do Google).

Pergunte a si mesmo: *Se eu estivesse falando com o autor, que perguntas faria? Se eu estivesse debatendo com o autor, que pontos levantaria?* Algumas perguntas para os autores do estudo do café da manhã podem incluir: o que significa "pular" o café da manhã? Se alguém não toma café da manhã até o meio-dia, isso conta como pular? O que os participantes comeram e como isso pode ter afetado as taxas de doenças cardíacas?

Cuidado com fontes que falam em termos absolutos. Os fatos científicos existem em um espectro de verdade. Quando os cientistas fazem declarações, "a questão não é se é verdadeiro ou falso, mas sim a probabilidade de ser verdadeiro ou falso", como apontou Richard Feynman.[17] Cuidado com especialistas que nunca duvidam e que tentam afogar toda a incerteza com uma enxurrada de confiança e gestos exagerados com as mãos. Cuidado com afirmações de tamanho único ("O café da manhã é a refeição mais importante para todos" ou "A meditação é um remédio universal"). Cuidado com os autores que não reconhecem as limitações de seus argumentos, adicionam nuances às suas afirmações ou abordam estudos que questionam suas conclusões.

Fique atento a fontes que usam clichês ou generalizam tudo. Aqui está um exemplo de uma carta de acionista da empresa: "Nosso pessoal talentoso, presença global, solidez financeira e relevante conhecimento de mercado criaram nossos negócios sustentáveis e únicos."[18] Isso é muito *nada*. O que torna as pessoas talentosas? De que maneira o conhecimento de mercado da empresa é relevante? O que exatamente significa "solidez financeira"? De que modo seus negócios são únicos?[19]

Generalizações como essas são frequentemente usadas para encobrir lacunas. Esse foi o caso de Kenneth Lay e Jeffrey Skilling, os executivos da Enron que escreveram a frase acima em 2000 — um ano antes de a empresa falir e Lay e Skilling mais tarde serem indiciados por crimes federais.

O autor tem interesse velado no resultado? Ele está promovendo um produto em que investiu — como uma marca de cereais divulgando as virtudes do café da manhã ou um médico da internet vendendo seu próprio "tônico de saúde"?

A pesquisa médica, por exemplo, é frequentemente patrocinada por empresas farmacêuticas. Veja o *New England Journal of Medicine*, uma das revistas médicas mais prestigiadas do mundo. Dos 73 estudos de novos medicamentos publicados pelo *Journal* ao longo de um período de um ano, "60 foram financiados por uma empresa farmacêutica, 50 foram coescritos por funcionários da empresa farmacêutica e 37 tinham um autor principal, normalmente um acadêmico, que havia aceitado anteriormente remuneração externa da empresa farmacêutica patrocinadora na forma de pagamento de consultores, subsídios ou honorários de palestrantes".[20]

Conflitos de interesse não se limitam à academia. Eles também são encontrados em organizações governamentais. Veja, por exemplo, o Programa Nacional de Educação sobre Colesterol dos EUA, que cria diretrizes oficiais para os níveis de colesterol alvo. Em 2008, oito dos nove membros que atuavam no painel responsável pela criação dessas diretrizes tinham vínculos diretos com os fabricantes de estatinas — que poderiam obter um lucro considerável se o painel estabelecesse níveis mais baixos de colesterol-alvo.[21]

Esses laços não influenciam necessariamente os resultados. Mas as pessoas tendem a relutar em morder a mão que as alimenta. Como Upton Sinclair escreveu uma vez, "é difícil fazer com que um homem entenda algo quando seu salário depende de ele não entender".[22]

Cuidado com os valores de risco relativo. O estudo do café da manhã relatou que pular o café da manhã aumenta em 87% o risco de morte por doença cardíaca. Parece algo enorme! Mas os números brutos contam uma história muito diferente. Entre quem toma café da manhã, 415 dos 3.862 morreram de doença cardíaca (10,7%). Entre quem pula o café, 41 dos 336 morreram de doenças cardíacas (12,2%). A mídia relatou uma redução de risco *relativo* de 87%, totalmente desproporcional ao que é, de fato, uma redução de risco *absoluto* muito menor (1,5%).[23] Mark Twain estava certo: "Existem três tipos de mentiras: mentiras, mentiras malditas e estatísticas."[24]

Quem discorda desses argumentos? Muitas fontes apresentam apenas uma perspectiva sobre um problema. Por exemplo, nenhuma das matérias citadas anteriormente que trataram do estudo do café da manhã mencionou quaisquer contra-argumentos. São necessárias fontes que apresentem múltiplas perspectivas, o que pode mitigar a criação de falsas crenças.

Um truque é pesquisar o oposto da afirmação que se está verificando (depois de pensar por conta própria). Em vez de pesquisar "o café da manhã é a refeição mais importante do dia", ou mesmo fazer uma pergunta como "O café da manhã é a refeição mais importante do dia?", pesquise por "o café da manhã *não* é a refeição mais importante do dia". Os resultados lhe darão algumas perspectivas diferentes.

Não se engane. Você quer acreditar no que está lendo? Em caso positivo, tenha cuidado. Tenha *muito* cuidado. Se você gosta de tomar café da manhã todos os dias, é mais provável que acredite que é a refeição mais importante do dia — e desconsidere qualquer argumento oposto. Se algo combina com aquilo em que acreditamos, inconscientemente ativamos nosso viés de confirmação e chamamos isso de prova. Em seguida, chamamos qualquer desafio ao nosso sistema de crenças de *fake news*.

No fim das contas, André Gide acertou: "Acredite naqueles que estão buscando a verdade; duvide daqueles que a encontram."

Buscar a verdade é um processo contínuo. Não gerará respostas imediatas. Em muitos casos, você encontrará conclusões conflitantes e mais incerteza sobre as respostas.

Entretanto, é melhor estar desconfortavelmente incerto do que confortavelmente errado.

A verdade é uma coisa viva

"Fumante ou não fumante?"

Essa poderia ter sido uma pergunta de um maître em um restaurante europeu.

Mas não era. O ano era 1999, e meus pais e eu estávamos fazendo o check-in em um voo da Turkish Airlines.

Fumante ou não fumante?

Meus pais pegaram a seção de não fumantes. Sábia escolha, pensei.

Duas coisas então se revelaram em rápida sucessão. Primeiro, a fumaça não permanece parada, se move. Em segundo lugar, a fumaça se move particularmente rápido em um avião projetado para criar uma circulação contínua de ar.

Os protocolos de tabagismo das companhias aéreas parecem ridículos para nós agora. Como achamos que era uma boa ideia permitir o fumo nos voos há apenas vinte anos? Deixando de lado a imensa quantidade de fumaça passiva imposta aos viajantes sentados na seção de não fumantes, um incêndio a bordo iniciado por alguém acendendo um cigarro poderia ser prejudicial para todos.

Vamos voltar ainda mais.

No início do século XX, médicos e dentistas eram alguns dos vendedores mais entusiasmados da indústria do tabaco, endossando cigarros para ajudar na digestão, na aptidão física e no estresse. "Os principais especialistas em nariz e garganta sugerem Philip Morris", dizia um anúncio. "Mais médicos fumam Camel do que qualquer outro cigarro!" dizia outro.[25] (Segura essa, Cigarros Trident!)

Muitas das substâncias controladas de hoje já foram itens domésticos comuns. Nas palavras de Ayelet Waldman: "No início do século XX, os opioides e a cocaína estavam prontamente disponíveis e eram usados com frequência. O catálogo da Sears Roebuck, a amazon.com da época, apresentava kits completos com seringas e frascos de heroína ou cocaína, com estojos de transporte práticos. Na verdade, a Coca-Cola só foi ficar livre [de cocaína] em 1929, depois disso contando apenas com a cafeína para revigorar seus clientes."[26]

Considere também a teoria da deriva continental — que diz que os continentes eram uma grande massa que se dividiu em massas menores que se separaram ao longo do tempo. A teoria é ideia de Alfred Wegener, um meteorologista e um outsider à geologia. Quando Wegener propôs pela primeira vez a teoria — que contrariava o conhecimento da época —, foi ridicularizado por especialistas em geologia, que acreditavam que os continentes eram estáveis e não se moviam. Eles acusaram Wegener de vender pseudociência por meio de seus "devaneios delirantes" e "doenças da crosta em movimento e peste polar errante".[27] Rollin Thomas Chamberlin, proeminente geólogo norte-americano, se recusou até mesmo a cogitar a hipótese. Segundo ele, para acreditar na teoria de Wegener, "devemos esquecer tudo o que foi aprendido nos últimos setenta anos e começar tudo de novo".[28]

É assim que a ciência funciona, Rollin. Com o tempo, "o falso se torna realidade, o verdadeiro, falso", como disse Wassily Kandinsky, pintor russo.[29] Alguns veem esse ritmo natural como uma razão para desconfiar da ciência, mas eu o vejo como uma razão para adotá-la.

Abraçar a ciência não significa tratá-la como dogma. Aqueles que afirmam falar em nome da ciência podem ser alguns de seus inimigos mais prejudiciais. Eu tenho agonia toda vez que ouço alguém dizer: "Porque a ciência diz isso." Essa é uma forma de tirania intelectual — uma maneira de acabar com o ceticismo curioso, em vez de acendê-lo.

Não existe ciência com C maiúsculo. A ciência não é um conjunto de fatos perfeitamente conhecidos e imóveis. Fatos, como continentes, derivam ao longo do tempo. O que nos disseram este ano pode mudar no seguinte. Mesmo depois que uma teoria ganha aceitação, muitas vezes, surgem novos fatos que exigem o refinamento ou o abandono completo do status quo. É por isso que as maiores recompensas da ciência, como o Prêmio Nobel, são entregues àqueles que podem mudar os fatos e refutar teorias estabelecidas.

A ciência, conforme Carl Sagan, "é uma maneira de pensar muito mais do que um corpo de conhecimento".[30] É um processo de ceticismo curioso, uma doutrina de dúvida, um método de descobrir a verdade — não a verdade em si.

Na ciência, decidimos se algo é verdadeiro ou falso com base em pesquisas, não em autoridade. Não importa quantos títulos ou quantas credenciais da Ivy League você tenha. Não importa que tenha certificação tripla; ainda está sujeito ao mesmo processo científico. Você deve mostrar seu trabalho, provar seu argumento e deixar que outros tentem replicar e refutar suas conclusões.

Certa vez, Richard Feynman recebeu uma carta de uma estudante de graduação que errou uma resposta em um exame de física.[31] Sua resposta foi baseada em uma declaração que a jovem encontrou em um livro didático de autoria de Feynman, então ela resolveu escrever ao professor, que respondeu admitindo que cometeu um erro: "Não tenho certeza de como, mas fiz besteira." Então, acrescentou: "E você também, por acreditar em mim."

O argumento de Feynman era simples: não aceite nada como verdadeiro simplesmente porque leu em um livro didático — mesmo que o autor fosse ele mesmo. Sua responsabilidade como aluno inclui questionar o que se lê, não simplesmente regurgitar. "A ciência", disse Feynman em um discurso de 1966, "é a crença na ignorância dos especialistas".[32] Ele advertia sobre o "perigo da crença na infalibilidade dos maiores mestres da geração anterior".

Isso não é anti-intelectualismo ou um ataque à razão. Ignorância não é uma virtude. Mas quando terceirizamos completamente nossa responsabilidade cívica para as autoridades, quando não nos preocupamos em avaliar as evidências ou nos armar com fatos e nuances, nos desestimulamos. A musculatura de nosso pensamento crítico atrofia com o tempo devido ao desuso.

Ninguém tem o monopólio da ciência. A ciência é um processo, não uma profissão. A investigação científica não ocorre apenas em laboratórios. Não se limita a salas de aula, nem àqueles que têm o pedigree certo. O único requisito é uma mente ágil disposta a exercer curiosidade cética em relação a todas as ideias — especialmente as suas.

O pseudocientista se concentra em provar que está certo, em vez de encontrar o que é certo. Nega ideias sem considerá-las objetivamente. Acha que está tudo resolvido, de uma vez por todas. Não tem laboratório, nenhum lugar onde suas ideias possam ser testadas e nenhuma hipótese que possa ser falseada por outros.

Você não encontra pseudocientistas apenas em canais obscuros do YouTube. Todo político que se recusa a ouvir a dissidência é um pseudocientista. Todo CEO que acredita que o discordar é deslealdade é um pseudocientista. Toda pessoa que não está disposta a mudar de ideia, mesmo diante de evidências conflitantes, é um pseudocientista.

Consistência não é uma virtude na ciência. A autoconfirmação leva ao autoengano. Nunca aprendi um assunto até mudar de ideia sobre ele pelo menos uma vez. Se você ainda está regurgitando o que aprendeu há cinco anos — ou mesmo no ano passado —, é hora de fazer uma pausa e refletir.

Como Timothy Leary supostamente disse: "Você é tão jovem quanto a última vez que mudou de ideia."

Não se trata apenas de estar aberto para mudar de ideia. É sobre estar ansioso por isso, sondar e mexer bastante em suas ideias, procurar informações que provem que você está errado. Significa que você não se sente mal quando se encontra em erro, pelo contrário.

Isso deve parecer libertador. Não é preciso desperdiçar energia mental para proteger seu ego ou enganar a si mesmo continuando errado daqui para a frente. É possível agir como um cientista curioso e vivenciar o prazer de encontrar o inesperado.

A verdade é uma coisa viva. Não vai parar em uma cova. Algumas das verdades que você preza hoje acabarão por estar erradas.

Quer saber quais são essas respostas erradas, ou quer ser validado?

Não se pode ter as duas coisas.

Não há perguntas idiotas

Quando me tornei professor, fazia uma pausa de vez em quando durante a aula e perguntava: "Alguém tem alguma pergunta?"

Nove em cada dez vezes, ninguém levantava a mão. Eu seguiria em frente, confiante de que tinha dado uma explicação maravilhosa.

Eu estava errado. As respostas da prova deixaram claro que havia muitos alunos que não estavam entendendo.

Então decidi fazer um experimento. Em vez de perguntar "Alguém tem alguma pergunta?", comecei a dizer: "Agora vou responder às suas perguntas", ou melhor ainda, "O material que acabamos de abordar era confuso, e estou confiante de que há muitos de vocês com perguntas. Este é um ótimo momento para perguntar."

O número de mãos que subiam aumentou drasticamente.

Percebi que "Alguém tem alguma dúvida?" era uma pergunta muito estúpida. Eu tinha esquecido o quão difícil é para os alunos que se orgulham de seus poderes intelectuais admitir que não entenderam algo na frente de uma multidão de colegas.

Minha pergunta reformulada facilitou que eles levantassem as mãos. Deixou claro que o material era difícil e eu esperava perguntas. Com essa reformulação, meu resultado desejado (mais perguntas dos alunos) tornou-se a regra, não a exceção.

Fazemos perguntas estúpidas o tempo todo fora da sala de aula.

Se você perguntar a um novo funcionário "Tudo indo bem até agora?", não está pedindo a opinião dele, está fazendo uma declaração. O que você realmente quer dizer é: "Acredito que tudo está indo bem." Na maioria dos casos, essa "pergunta" produzirá uma resposta do novo contratado que repetirá sua suposição, em vez de revelar como ele realmente se sente.

Se você perguntar aos membros da equipe "Você está tendo algum desafio?", a maioria dirá não, pois podem temer que admitir isso seja visto como fraqueza. É mais provável que se obtenha uma resposta honesta perguntando: "Que desafios você está enfrentando agora?" Essa pergunta pressupõe que os desafios são a regra, não a exceção.

Essa abordagem foi confirmada em pesquisas. Em um estudo da Wharton (também intitulado *There Is Such a Thing as a Stupid Question*" — Perguntas Idiotas Existem, em tradução livre), os participantes foram convidados a desempenhar o papel de uma pessoa vendendo um iPod.[33] Foram informados de que o iPod havia travado duas vezes, deletando todas as músicas armazenadas nele. Os pesquisadores estavam curiosos sobre que tipos de perguntas em uma negociação encenada levariam os vendedores a esclarecer o defeito. Eles testaram três perguntas diferentes feitas por potenciais compradores.

"Pode me falar mais sobre isso?" levou apenas 8% dos vendedores a divulgar o defeito.

"Não tem nenhum defeito, não é?" aumentou a divulgação para 61%.

"Ele tem algum defeito?" levou 89% dos vendedores a divulgar o problema de travamento. Ao contrário das demais, essa pergunta pressupunha que havia defeitos no iPod e levou os vendedores a se abrirem.

Werner Heisenberg, o cérebro por trás do princípio da incerteza na mecânica quântica, estava certo: "O que observamos não é a própria natureza, mas a natureza exposta ao nosso método de questionamento."[34]

Quando reformulamos uma pergunta — quando mudamos nosso método de questionamento —, também mudamos o resultado.

Viva as perguntas

Eu queria largar o que estava fazendo, subir no pódio e aplaudi-la na frente de noventa alunos. Na época, eu estava dando uma aula de direito constitucional em uma grande sala de aula. Enquanto discutíamos os meandros da Cláusula de Comércio, uma mão se ergueu no ar.

"Eu não entendi nada disso", disse a aluna, com visível apreensão. "Estou completamente perdida."

Eu queria aplaudi-la de pé.

Aquele foi um ato de coragem. Ela fez o que a maioria de nós não se atreve a fazer: admitir que não sabemos ou não entendemos.

Aquele foi um ato de humildade. Quando pronunciamos essas três palavras temidas — eu não sei —, nosso ego se esvazia, nossa mente se abre e nossos ouvidos se animam.

Aquele foi também um ato de compaixão. Ao levantar a mão, ela o estava fazendo não apenas para si mesma, mas também para seus colegas estudantes que estavam tão confusos quanto ela.

Muitos de nós já nos sentimos inadequados na vida, e admitir nossa ignorância parece confirmar esse fato publicamente. Em vez de dizer coisas que não sabemos, fingimos saber. Sorrimos, acenamos com a cabeça e blefamos em uma resposta improvisada.

Essa resposta é, em parte, uma relíquia de nosso sistema educacional. Se você escrevesse "Eu não sei" em uma prova, você erraria. Na escola, fomos levados a acreditar que "todas as perguntas têm respostas, e é bom responder, mesmo que não haja nenhuma, mesmo que não se entenda a pergunta, mesmo que a pergunta contenha suposições errôneas, mesmo que se ignore os fatos necessários para responder", afirma Neil Postman.[35]

"Pensa rápido" é um dos maiores elogios à realização intelectual. Mas velocidade não é igual à credibilidade, e confiança não é igual à experiência.

Malcolm Gladwell remonta sua natureza inquisitiva à humildade intelectual de seu pai:

> Meu pai tem zero inseguranças intelectuais… Nunca passou pela sua cabeça se preocupar que o mundo pense que ele é um idiota. Ele não está nesse jogo. Então, se ele não entende alguma coisa, apenas pergunta. Ele não se importa se parece tolo. [Se meu pai tivesse conhecido Bernie Madoff, ele] nunca teria

investido dinheiro com ele porque teria dito "Eu não entendo" uma centena de vezes. "Eu não entendo como isso funciona", com aquela voz estúpida e lenta.[36]

Mesmo que suas perguntas pudessem ter feito o pai de Gladwell parecer tolo, as perguntas em si não eram tolas. Para o pai de Gladwell, "eu não entendo" não significava "eu não quero entender". Como Isaac Asimov pontua: "A incerteza que vem do conhecimento (saber o que não se sabe) é diferente da incerteza que vem da ignorância."[37] Não se transforme no cardeal da peça *Galileu*, que se recusa a olhar através de um telescópio para evitar descobrir que os planetas giram em torno do Sol.

E lembre-se: o objetivo de fazer uma pergunta não é encontrar uma resposta o mais rápido possível. Algumas perguntas não devem desaparecer.

O trabalho delas é permanecer com você, desfazê-lo e trabalhá-lo de dentro para fora.

Você é você?

Essa é a vida que quer viver?

Se você morresse amanhã, o que se arrependeria de não ter feito?

É possível ser paciente com essas perguntas e não se apressar a responder? Dizer "eu não sei" permite que perguntas transformadoras como essas permaneçam com você — e dá a elas o tempo necessário para serem as professoras que são.

"Viva as perguntas agora", afirma Rainer Maria Rilke. "Acontece que gradualmente, sem perceber, em um dia distante, você viverá a resposta."

10

Olhe Onde os Outros Não Olham

Se você não está inspirado pela vida,
não está prestando atenção.

— IN-Q, "ALL TOGETHER"

A tirania do óbvio

Em 24 de novembro de 1963, Clifton Pollard acordou às 9 da manhã.[1] Era um domingo, mas ele sabia que provavelmente precisaria ir para o trabalho.

Sua esposa preparou-lhe o café da manhã — bacon e ovos —, mas um telefonema interrompeu a refeição. Era o supervisor de Pollard do trabalho — uma ligação que ele esperava.

"Polly", disse o supervisor, "você poderia, por favor, estar aqui às 11 horas desta manhã? Acho que você sabe para quê".

Ele sabia exatamente. Rapidamente, terminou o café da manhã e saiu de seu apartamento. Então foi para o Cemitério Nacional de Arlington, onde passou o dia cavando uma sepultura para o presidente John F. Kennedy.

O assassinato de JFK foi manchete em todo o mundo. Quem era Lee Harvey Oswald? Por que Jackie Kennedy não tirou o terno rosa manchado de sangue no restante do dia? Que papel os comunistas desempenharam na trama? O que Lyndon B. Johnson faria como presidente?

Para a maioria dos jornalistas, essas eram as perguntas óbvias a serem seguidas.

Mas um jornalista foi além de perguntar o óbvio. Jimmy Breslin abandonou a faculdade e se tornou colunista de jornal. Ele tinha um talento especial para olhar onde os outros não olhavam e detectar perspectivas não óbvias.

No dia do funeral de JFK, Breslin foi à Casa Branca, como a maioria dos outros jornalistas que relataram o assassinato. Havia milhares de repórteres lá, todos recebendo a mesma narrativa do porta-voz oficial do poder executivo. "Eu não vou conseguir trabalhar aqui", pensou consigo mesmo. "Todo mundo vai ter a mesma coisa."

Então, decidiu deixar a Casa Branca e atravessar o rio até o Cemitério Nacional de Arlington. Lá ele encontrou Pollard, o coveiro. Ele o entrevistou e escreveu uma coluna contando a história do assassinato da perspectiva do homem que preparou o lugar do último descanso de JFK. Desse ângulo único, Breslin criou uma história magistral que se destacou da enxurrada de notícias quase idênticas chegando a conclusões quase idênticas.

"Ele era um bom homem", disse Pollard, referindo-se a JFK. "Agora eles virão e o colocarão bem aqui neste túmulo que estou preparando. Sabe, é uma honra só minha fazer isso", acrescentou.

Pollard não pôde comparecer ao funeral de JFK. Quando a procissão começou, ele já estava trabalhando duro em outra parte do cemitério, cavando sepulturas por US$3,01 por hora e preparando-as para seus futuros ocupantes. (O próprio Pollard mais tarde se tornou um desses ocupantes: foi enterrado no Cemitério Nacional de Arlington, a cerca de cem passos do túmulo que cavou para JFK.)

A coluna sobre o coveiro de JFK tornou-se a obra prima de Breslin. Seu talento para detectar o não óbvio fez dele famoso. O jornalista ganhou o Prêmio Pulitzer e foi apresentador do *Saturday Night Live*.

O talento atinge um alvo que ninguém mais pode atingir, mas a genialidade atinge um alvo que ninguém mais pode ver, parafraseando o filósofo Arthur Schopenhauer.[2] Os melhores pensadores procuram inspiração em lugares não convencionais. Intencionalmente, saem da versão da sala de imprensa da Casa Branca e procuram a versão do cemitério.

Até 1970, faltava às malas uma invenção antiga: as rodas.[3] As pessoas tinham de carregar nos braços suas malas monstruosas, do carro para o terminal, do avião para o destino. As rodas eram onipresentes em outros objetos, mas ninguém pensou em anexá-las às malas até Bernard Sadow aparecer. Inspirado ao ver um trabalhador usando uma escavadeira com rodas para mover uma máquina pesada, decidiu fazer o mesmo com a bagagem. E nasceu a mala com rodinhas.

Vejamos o nascimento da Netflix.[4] Em 1997, Reed Hastings, cofundador da Netflix, era um desenvolvedor de software. Ele acumulou uma multa enorme por não devolver uma cópia do filme *Apollo 13*. A caminho da academia, Hastings teve uma epifania. Sua academia, como a maioria das outras, usava um modelo de assinatura. "Você poderia pagar US$30 ou US$40 por mês e malhar tão pouco ou tanto quanto quisesse", lembra ele. Essa epifania foi a semente que criou a Netflix.

Não olhe apenas para *onde* ninguém mais está olhando. Veja também *como* ninguém mais está olhando. Havia outras pessoas que sabiam que as rodas podem ajudar a mover objetos pesados e outras pessoas que conheciam o modelo de assinatura predominante no setor de fitness. Mas nenhuma delas viu a mesma utilidade que Sadow e Hastings, que viram o que os outros perderam em parte porque não eram apenas observadores passivos do mundo; estavam se perguntando ativamente como as ideias de um campo poderiam ser relevantes em outro totalmente diferente. "Saber olhar é uma forma de inventar", como disse Salvador Dalí.[5]

Para encontrar ideias não óbvias, procure o extraordinário no aparentemente comum. A vida está cheia de fontes de inspiração, mas estamos muito ocupados gastando todo nosso tempo em nossa própria versão da sala de imprensa da Casa Branca para notá-las. Saia da sala e interaja com o mundo. Encontre sua versão do coveiro que todos estão ignorando.

Cada pessoa que você conhece é seu professor. Pessoas desconhecidas incorporam sabedoria desconhecida. Eles sabem algo interessante que você não sabe, e esse algo nunca é óbvio. Procure por isso. Trate isso como um jogo de esconde-esconde. Pule a conversa fiada e tente perguntar coisas como: "O que ultimamente tem deixado você animado?" "Diga-me um hobby ou interesse incomum que você tem." "Qual é a coisa mais interessante em que você está trabalhando agora?" (*Estou cavando o túmulo de JFK.*)

Apenas nos lugares não convencionais é que se encontrará as conexões — e, por fim, os alvos — que ninguém mais consegue ver.

A tirania do conveniente

*Pense por si mesmo, ou os outros pensarão
por você sem pensar em você.*

— AUTOR DESCONHECIDO

Hoje em dia, somos bombardeados com sugestões de consumo de mídia adaptadas para máxima atratividade por algoritmos sofisticados.

Em vez de ampliar nossos horizontes, esses algoritmos atendem às nossas supostas preferências. Podemos procurar outras opções, mas nosso tempo e energia são limitados. Em vez disso, vamos direto para a lista dos "mais populares" da Netflix e começamos a maratonar *Tiger King*. Com o tempo, a amplitude de nossos insumos diminui e nossa visão intelectual se estreita.

Muitas vezes, nem precisamos decidir o que consumir a seguir. Nossos serviços de streaming tiram esse fardo de nossos ombros, colocando na fila, automaticamente, um novo programa que os algoritmos acham que vamos adorar. Olá, *Indian Matchmaking*.

Esses algoritmos não se importam com a qualidade. Apenas se preocupam com a sua atenção — obtendo-a e retendo-a. Algumas das melhores mentes de nossa geração passam a maior parte do tempo garantindo que você continue assistindo, clicando e se atualizando.

Os algoritmos não apenas relatam tendências, também as criam. Eles geram uma realidade personalizada para você que afeta não apenas como vê o mundo, mas também como se vê. Ao priorizar certas sugestões mais lucrativas em detrimento de outras — ao decidir qual música, filme, livro ou podcast colocar na primeira página —, eles moldam o que você vê, o que lê e no que presta atenção.

O preço que pagamos por essa conveniência é a nossa liberdade de escolha. Estamos sendo aprisionados intelectualmente, mas nem estamos cientes disso.

Nosso aprisionamento vai além dos algoritmos para todos os atalhos convenientes. Diante de um dilúvio avassalador de conteúdo, nos voltamos para as listas de top 10 best-sellers e blockbusters. Procuramos o que está na moda — ações, emprego, criptomoeda. Assumimos que popularidade indica qualidade — algo que está em demanda deve ser melhor do que algo que não está.

Contudo, popular não significa melhor; significa simplesmente que a maioria prefere uma coisa a outra.

Em muitos casos, nem mesmo a maioria determina o que é popular. Os editores predeterminam quais livros têm uma boa chance de sucesso antes de chegarem às bancas, gastam dinheiro no marketing desses livros e garantem que eles sejam exibidos na frente e no centro da livraria local. As gravadoras preordenam quais músicas tocam mais nas rádios, deixando pouca escolha para o DJ. Quando você pesquisa mídia online, os algoritmos mostram principalmente livros, filmes e álbuns que já estão vendendo bem, então mais pessoas os compram, e eles vendem ainda mais.

O resultado é um círculo vicioso. "Os mais vendidos vendem melhor porque são mais vendidos", conforme a jornalista Alexandra Alter.[6]

Os jornais atuam de maneira semelhante. Eles acompanham de perto quais artigos estão sendo lidos e compartilhados e quais solicitam que as pessoas façam assinatura.[7] Artigos menos populares são deixados de lado em favor daqueles com maior taxa de cliques — ou CTR, no jargão do setor. Andrew Gorham, ex-editor de um dos jornais mais populares do Canadá, *The Globe and Mail*, explica a abordagem predominante: "Você olha para suas análises e diz: puta merda, essa história tem um CTR alto, vamos em frente! Destaque-a — compartilhe-a no Facebook, coloque-a na página inicial, faça um alerta de notícias, insira-a na newsletter." Ele acrescenta: "Se não a bombarmos, ela simplesmente evapora."

Bombar o que é popular tem um custo grave. A vida se transforma em um concurso de popularidade do ensino médio que torna as crianças populares ainda mais populares. Quanto mais somos expostos ao popular, mais distorcida nossa realidade se torna. Argumentos impopulares que desafiam as narrativas convencionais desaparecem facilmente do debate. Jornalistas independentes são desmonetizados. Autores sem grandes plataformas têm dificuldade em fechar um contrato de livro.

Quando uma ideia se torna popular, ela não é mais escassa. Você vê a mesma ideia, a mesma história, a mesma frase de impacto regurgitada — com um título *clickbait* diferente — em todas as plataformas para maximizar o número de cliques e globos oculares. Ideias populares se espalham como moda até você ver a mesma camiseta em cada esquina. É por isso que os livros mais vendidos agora se tornaram manifestos de moda. As pessoas às vezes compram um livro não para lê-lo, mas para transmitir a mensagem de que são o tipo de pessoa que compra esse tipo de livro. O livro, então, se torna decoração de estante.

Parafraseando Haruki Murakami, se você consumir o que todo mundo está consumindo, pensará o que todo mundo está pensando. Se for à Casa Branca com milhares de outros viajantes para obter as mesmas respostas às mesmas perguntas, escreverá a mesma história que todos os outros.

OLHE ONDE OS OUTROS NÃO OLHAM 195

Ideias extraordinárias, muitas vezes, surgem de ideias negligenciadas. E ideias negligenciadas não fazem uma grande aparição na primeira página do *New York Times*. (Se o fizessem, não seriam negligenciadas.) Se quiser se destacar de outros chefs, precisa cozinhar com ingredientes diferentes ou combiná-los de uma maneira nunca feita antes.

Escapar da tirania do conveniente não requer mudanças drásticas. Não é preciso colocar uma boina, ouvir apenas música esnobe aprovada ou assistir apenas ao cinema cult. (*É legendado, deve ser cult.*) Simplesmente requer ser consciente sobre o que se consome — e fazer suas próprias escolhas, em vez de deixar que os outros escolham por você.

Isso, por sua vez, exige que se responda a perguntas simples que a maioria das pessoas alimentadas por algoritmos acha extremamente difícil de responder: *O que eu realmente quero aprender? No que eu — e não as outras pessoas — estou interessado?*

Depois de descobrir o que deseja aprender, recorra a fontes de informação menos chamativas. Busque ideias inovadoras que ainda não foram descobertas. Trabalhos acadêmicos na vanguarda. Descobertas científicas que ainda precisam de um descobridor. Filmes que saíram do conhecimento geral. Livros outrora influentes agora esgotados — do tipo que se encontra apenas em bibliotecas e sebos, não no Kindle Unlimited.

Você sempre quis aprender mais sobre música country? Ken Burns tem um excelente documentário sobre isso. Quer saber mais sobre o processo criativo do cinema? Assista a *The Director's Chair*, em que o diretor Robert Rodriguez entrevista cineastas sobre seu ofício. É um dos meus *talk shows* favoritos de todos os tempos, mas você provavelmente nunca ouviu falar dele porque vai ao ar em uma emissora norte-americana pouco conhecida, chamada El Rey.

Entre em uma livraria independente, pule a seção de best-sellers e siga a trilha da curiosidade e do acaso para encontrar sua próxima leitura. Escolha livros aleatórios das prateleiras, folheie-os e compre aqueles que se destacam a seus olhos.

DESPERTE SUA GENIALIDADE

Siga jornalistas independentes que publicam no Substack.

Vá a uma banca de jornal e compre uma revista que nunca comprou antes.

Sim, essas ações são inconvenientes. Mas é somente por meio do inconveniente que você encontrará diversos insumos que expandirão seu pensamento e estimularão sua imaginação.

A tirania do novo

Em 2019, o Instagram lançou uma bomba. Anunciou que experimentaria esconder "contagens de likes".[8] Os usuários não veriam mais o pequeno indicador em forma de coração que exibe quantas pessoas curtiram sua última selfie.

O motivo da alteração? Criar "um espaço que pareça muito menos pressurizado", explicou Adam Mosseri, chefe do Instagram. "Não queremos que o Instagram pareça uma competição." Em um nível menos realista, a mudança também incentivaria mais pessoas a postar com mais frequência no Instagram, reduzindo a pressão para maximizar as curtidas para cada postagem — aumentando, assim, a atividade diária entre as fontes potenciais de receita.

A reação de muitos influenciadores do Instagram a essa notícia foi ruim, para dizer o mínimo. Para um influenciador, curtidas são dinheiro. É a exibição externa de curtidas que torna um influenciador atraente para marcas em acordos de patrocínio. E esse experimento esconderia essa vitrine.

O anúncio levou muitos influenciadores do Instagram à beira do desespero. Eles ameaçaram boicotar o Instagram e postaram vídeos de si mesmos irritados (ironicamente, no Instagram). "Coloquei meu suor, meu sangue e minhas lágrimas nisso, e foi arrancado de mim", escreveu um influenciador de Melbourne. "Não sou o único afetado, mas também todas as marcas e empresas que conheço."[9]

Quando você se inscreve em uma plataforma como o Instagram, faz uma barganha faustiana. Em troca de um design elegante e um público conveniente que frequenta a plataforma a qualquer hora do dia, concorda em ceder todo o controle a um intermediário. Esse intermediário pode alterar unilateralmente as políticas, ocultar as contagens e, geralmente, fazer o que quiser, mesmo que ponha fim à sua empresa ou influência.

Estamos altamente sintonizados com as novidades. De uma perspectiva evolutiva, isso faz sentido. Mudanças em nosso ambiente podem indicar uma ameaça potencial. É por isso que você notará imediatamente uma van branca estacionada em frente à sua casa, mas ignorará a árvore familiar pela qual passou mil vezes.

Muitas pessoas acreditam que o progresso requer abraçar o novo: "Construa seus seguidores no Twitter! É lá que tudo acontece." "Certifique-se de se inscrever no Clubhouse e soltar algumas bombas de sabedoria." "Você não pode se dar ao luxo de não estar no Snapchat." "O Facebook e o Instagram estão mortos. O TikTok é a onda."

O que há de novo é visível, e o que é visível é amplamente considerado eficaz. Mas as redes sociais raramente tornam as pessoas famosas, apenas refletem o quão famosas elas já são.

E o novo muitas vezes não dura. Das 95 milhões de fotos e vídeos postados todos os dias no Instagram e dos 500 milhões de tuítes compartilhados todos os dias, quantos perduram além de uma fração de segundo?[10] Nós olhamos, curtimos e prontamente esquecemos. E, no entanto, continuamos perseguindo essas ideias fugazes que têm a vida mais curta.

O que está quente hoje fica frio amanhã. Se você deixar a última moda ditar o que faz, seu trabalho terá uma data de validade curta. Há um enorme valor em investir em coisas que envelhecem bem.

Eu chamo isso de efeito George Clooney: para algumas coisas na vida, o envelhecimento é mais um ativo do que um passivo.

Este é um mantra pelo qual Jeff Bezos, da Amazon, vive. "Perguntam a mim com frequência: 'O que vai mudar nos próximos dez anos?'", observou ele. "Quase nunca me perguntam: 'O que não vai mudar nos próximos dez anos?'"[11] Faz mais sentido investir no que *não* vai mudar — com o que as pessoas ainda se importarão e ainda usarão daqui a dez anos.

Em 2016, quando comecei minha própria plataforma online, me fiz a mesma pergunta: o que *não* vai mudar? Era tentador investir meu tempo na construção de seguidores nas redes sociais. Afinal, elas são muito públicas, e as pessoas tendem a igualar curtidas e seguidores com popularidade. Também é exponencialmente mais fácil conseguir um novo seguidor nas redes do que obter o endereço de e-mail dessa pessoa.

Renunciando à facilidade e à visibilidade das redes sociais, decidi lançar um blog e investir no crescimento de uma lista de e-mails. Eu hospedo esse blog no meu *próprio* site — e não em uma plataforma de terceiros, como o Medium. Envio uma newsletter semanal para minha própria lista de e-mails — e não permito que um intermediário dite os termos de meu relacionamento com meu público (ou pior, remova-o completamente).

O pulo do gato: os serviços que uso para hospedar minha plataforma — principalmente a web e o e-mail — não vão a lugar nenhum tão cedo. Ambos são populares desde a década de 1990. Os usuários norte-americanos estão abandonando o Facebook aos milhões, mas ninguém abandona o e-mail.[12]

Alguns dos serviços mais populares de hoje podem parecer soluções permanentes, mas não são. Lembra-se de Friendster, AOL Instant Messenger, Myspace ou Vine? Todos esses serviços eram enormes — até não serem mais. Agora mal podemos nos lembrar de por que as pessoas estavam tão fascinadas por eles.

A natureza de hoje e de amanhã dessas tecnologias e seus modelos de negócios inconstantes as tornam candidatas precárias para um investimento *all-in*. Ainda podem ser usadas, desde que com investimentos pulverizados e principalmente em serviços que resistiram ao teste do tempo. Porém, confiar inteiramente no Instagram para acessar seus seguidores é o equivalente de redes sociais a investir todo seu dinheiro em uma única ação. Você está cortejando a catástrofe.

Há outra falsa suposição que nos atrai para o novo: para uma ideia ser "inovadora", para usar essa palavra da moda, ela deve ser nova. Quando comecei a escrever, essa suposição era paralisante. Sempre que pensava em ter uma ideia "nova", acabava descobrindo que outra pessoa já havia escrito sobre isso. Eu descartava a ideia e voltava a procurar por aquele unicórnio de originalidade indescritível (que desaparecia no momento em que pensava tê-la visto).

Mas original não significa novo. "Não é de onde você tira as coisas — é para onde as leva", afirmou Jean-Luc Godard.[13] Depois de ter sua própria opinião sobre as ideias existentes — quando você adiciona sua própria perspectiva peculiar —, elas serão originais. Ninguém pode olhar o mundo através de seus olhos. "Escrever uma frase verdadeira" foi o remédio de Ernest Hemingway para o bloqueio de escritor.[14] É também a chave para encontrar sua voz. Se você falar sua verdade — se compartilhar o que *realmente* vê, sente e pensa —, ela será exclusivamente sua.

Você já ouviu o termo *déjà vu*; estar em um lugar ou circunstância estranha, mas sentindo que é familiar, como se já tivesse estado lá antes. Há também o inverso, *jamais vu*; ver algo familiar, mas experimentá-lo de uma nova maneira.

Jamais vu é a chave para a criatividade. Muitas ideias originais vêm de olhar para trás em busca de inspiração e encontrar o novo no antigo — ver algo de uma maneira que os outros não viram. Obras de arte mais antigas "se opõem à sabedoria convencional de hoje simplesmente porque não são *de* hoje", como diz William Deresiewicz.[15] Livros mais antigos, por exemplo, darão uma perspectiva diferente sobre um tema do que o mais lido na seção de best-sellers. Então, em vez de ler o mais novo livro sobre evolução, pegue *A Origem das Espécies*, de Charles Darwin. Você encontrará insights que outros perderam porque estão focados no que é brilhante e novo.

Olhar para trás também significa reler livros que você leu no passado. Reler não é perda de tempo. Toda vez que volto a um livro, é uma nova pessoa que o lê. O livro não mudou. Eu mudei. Percebo sutilezas que perdi na primeira vez, e as ideias se tornam relevantes por causa de onde estou agora na vida.

Portanto, não pergunte apenas: "O que há de novo?" Pergunte também: "O que é velho? O que ainda será daqui a dez anos?"

Se seu objetivo é criar ideias duradouras, lembre-se do efeito George Clooney: concentre-se em coisas que envelhecem bem.

A tirania dos *sound bites*

"The Road Not Taken", de Robert Frost, é um dos poemas mais populares de todos os tempos. Se o título não soar como um sino, a última estrofe deve:

> *Isto eu hei de contar mais tarde, num suspiro*
>
> *Nalgum tempo ou lugar desta jornada extensa:*
>
> *A estrada divergiu naquele bosque — e eu*
>
> *segui pela que mais ínvia me pareceu,*
>
> *E foi o que fez toda a diferença.*[16]

Esse poema é citado em todos os lugares dos EUA, desde adesivos de para-choques até cartazes do Skymall, como um testemunho do individualismo e da autodeterminação. Escolhemos nosso próprio caminho — não o caminho que os outros escolhem para nós.

O que é surpreendente sobre o poema não é sua popularidade. O que surpreende é como um poema tão popular pode ser tão mal interpretado.

Uma inspeção cuidadosa do poema revela nuances importantes que muitas vezes são perdidas. No início, Frost escreve que o tráfego de pedestres desgastara os dois caminhos "por igual". Na estrofe seguinte, escreve que os caminhos "jaziam recobertos de folhas que nenhum pisar enegrecera". Em outras palavras, nenhum dos caminhos foi mais ou menos percorrido, e as escolhas eram praticamente iguais. A crença retrospectiva do viajante de que ele tomou o caminho superior e menos trilhado não é nada menos do que autoilusão.

Em uma das maiores ironias de todos os tempos, um poema que é parcialmente sobre autoilusão gerou uma ilusão generalizada.

Eu era parte do problema: lembro-me de citar seletivamente o poema na minha aula de inglês do primeiro ano, apenas para ser colocado no meu lugar por um professor que sugeriu (bem) que eu deveria primeiro me preocupar em ler o poema e dar-lhe um momento de reflexão antes de citá-lo com confiança equivocada.

Eu, como muitos outros, não me preocupei em ler, optei por citar linhas mal-humoradas sem contexto. É assim que a desinformação sobre o poema — e a desinformação em geral — muitas vezes se espalha.

Em vez de nos preocuparmos em ouvir, ler ou mesmo ignorar os fatos, confiamos em frases de efeito que inevitavelmente distorcem o conteúdo. Cada distorção, uma vez relatada e retuitada, é ampliada. Contamos com a interpretação de um autor da interpretação de outro autor sobre a obra de outro autor — com cada nível adicionando suas próprias distorções.

Um site satírico certa vez publicou um artigo com o seguinte título: "Estudo: 70% dos usuários do Facebook leem apenas o título de histórias científicas antes de comentar."[17] O que quase 200 mil pessoas fizeram? Elas compartilharam esse artigo nas redes sociais, e muitas delas provavelmente não se preocuparam em lê-lo. Como sabemos? Quem se deu ao trabalho de clicar no artigo notou que era falso. Havia apenas duas frases em inglês nele. O resto do artigo era parágrafo após parágrafo de lero-lero gerado automaticamente.

Deixar de ler o texto completo desencadeou uma das piores epidemias de opioides da história norte-americana. Em 1980, o Dr. Hershel Jick escreveu uma carta de cinco frases ao editor do *New England Journal of Medicine*.[18] Jick, médico do Centro Médico da Universidade de Boston, tinha um banco de dados de registros hospitalares que incluía informações sobre quantos pacientes hospitalizados desenvolveram vícios após serem tratados com analgésicos. Na carta, ele relatou que os vícios eram raros.

No que diz respeito à pesquisa, o relatório de Jick era informal, e suas descobertas eram limitadas a pacientes hospitalizados sem histórico de dependência. A carta foi publicada na seção de correspondência da revista e não foi revisada por pares. O próprio Jick não pensou muito na carta, explicando que estava "muito perto do final de uma longa lista de estudos que fiz".

A carta inicialmente não atraiu muita atenção. Mas então, dez anos depois de ter sido publicada, ganhou vida própria. Em 1990, um artigo publicado na *Scientific American* citou a carta de cinco frases como um "extenso estudo" para apoiar a proposição de que a morfina não é viciante.[19] Em 1992, a revista *Time* citou a mesma carta de cinco frases como um "estudo histórico" que mostrou que o medo do vício em opiáceos era "basicamente injustificado". A Purdue Pharma, que fabrica o OxyContin, começou a citar a carta para afirmar que menos de 1% dos pacientes tratados com opioides se tornaram viciados. Com base nessa afirmação, a FDA aprovou um rótulo para OxyContin que descrevia o desenvolvimento de dependência como "muito raro" se usado legitimamente no tratamento da dor.[20]

Esse telefone sem fio causou mutações e deturpou grosseiramente as descobertas da carta de Jick. Essas descobertas foram baseadas em pacientes que receberam prescrição de opioides em um ambiente hospitalar por um curto período de tempo. Eles não tinham dados do uso a longo prazo pelos pacientes em casa. Os fabricantes de medicamentos usaram a carta para convencer os médicos da linha de frente não apenas de que os opioides eram seguros para a dor crônica, mas de que quem não os prescrevesse estava deixando os pacientes em agonia desnecessária.

Ninguém se preocupou em ler a carta.

De 1999 a 2015, 183 mil pessoas morreram de overdose de opioides prescritos.[21] Milhões mais se tornaram viciados. Jick, o autor da carta, disse: "Estou essencialmente mortificado por essa carta ao editor ter sido usada como desculpa para fazer o que essas empresas farmacêuticas fizeram."[22]

A solução?

Leia o poema.

E se você não leu, não cite.

Em um mundo de *clickbaits* — onde a maioria das pessoas se concentra no título e ignora o conteúdo —, ler o poema é uma das coisas mais subversivas que se pode fazer.

Isso lhe dará uma vantagem distinta sobre todos os outros que não se preocupam em desenterrar a fonte original.

Você será capaz de ver o que os outros não veem.

11

Não Sou Seu Guru

*Nem eu, nem ninguém mais pode percorrer
essa estrada por você, que deve percorrê-la
por si mesmo.*

— WALT WHITMAN, "CANTO DE MIM MESMO"

Como as histórias de sucesso nos enganam

É a Segunda Guerra Mundial.[1]

Você foi encarregado de determinar como proteger os aviões de guerra norte-americanos que voam sobre o território inimigo. Os aviões estão sob fogo pesado, alguns conseguindo voltar, outros caindo e queimando. Pode-se reforçar a blindagem dos aviões de guerra, e seu trabalho é determinar em que ponto da aeronave essa blindagem extra deve ser posta.

Aqui está um fato relevante: nos aviões que voltam para casa com segurança, os buracos de bala se agrupam principalmente na fuselagem, não nos motores.

Sabendo dessas informações, onde você colocaria a blindagem?

A resposta pode parecer óbvia. Reforce pontos que mostraram dano visível, porque é aí que os aviões parecem estar sofrendo mais ataques.

Mas um matemático chamado Abraham Wald achava que a abordagem correta era exatamente a oposta. Ele argumentou que a blindagem deveria estar onde não havia buracos de bala.

Wald viu algo escondido no ponto cego de todos os outros; percebeu que estavam olhando apenas para os aviões que haviam sobrevivido ao fogo inimigo e voltado em segurança — não para os aviões abatidos.

Em outras palavras, os buracos de bala nos aviões sobreviventes mostravam onde eles eram mais fortes, não mais fracos. Afinal, esses aviões poderiam sobreviver tendo sua fuselagem transformada em queijo suíço. A parte mais vulnerável do avião era o motor, que não mostrava nenhum dano nos aviões sobreviventes. Eles não viam nenhuma marca de tiro nos motores — não porque os aviões não estavam sendo alvejados lá, mas porque os que foram atingidos nos motores não voltaram para casa.

Então Wald propôs aumentar a blindagem dos motores. Sua proposta foi rapidamente implementada com sucesso na Segunda Guerra Mundial. A mesma abordagem também foi usada mais tarde nas guerras do Vietnã e da Coreia.

Essa história contém lições importantes que se estendem para muito além da guerra. Em nossa rotina, nos concentramos em histórias de sucesso — os aviões sobreviventes — e tentamos imitá-las. Na escola, aprendemos as melhores práticas com base em como os outros tiveram sucesso no passado. Escolha um livro de negócios aleatório da seção de não ficção e provavelmente encontrará uma fórmula para ganhar o jogo dos negócios seguindo a liderança de megaempresários de sucesso de hoje.

As fórmulas para o sucesso satisfazem o desejo popular por heróis, mas também enganam. Estamos vendo apenas os sobreviventes — não as falhas, aqueles que levaram tiros no motor e nunca voltaram para casa. O aspirante a empreendedor que se mudou para o Vale do Silício para tentar fundar uma startup e falhou não vai parar na capa da *Fast Company*. O homem que tentou e não conseguiu perder peso com a dieta de Jenny Craig não aparece no infomercial. O cara que desistiu da faculdade e que ficou hipnotizado por Branson, Jobs e

Zuckerberg e deixou para trás uma educação promissora apenas para ficar preso em um emprego sem saída não aparece nas notícias.

Também é possível que alguns desses titãs tenham tido sucesso apesar do caminho que tomaram, não por causa disso. Talvez Steve Jobs tivesse sido ainda mais bem-sucedido se não tivesse abandonado o Reed College. Talvez a mulher naquele comercial de fitness tenha uma barriga tanquinho não por causa do programa de exercícios ou suplementos que ela está vendendo, mas apesar deles. Talvez o homem que ganhou 9 quilos de massa magra em um mês malhando uma vez por semana tenha genes sobre-humanos que faltam em nós.

Quem controla as informações geralmente mostra dados limitados que levam a uma conclusão. Eles o afogam em dados concretos, testemunhos estelares e referências que parecem convincentes, e falam apenas parte da história. Quem fez tal curso online, mas não se beneficiou dele? Quem não gostou de trabalhar naquela empresa e se demitiu? Quais são as referências que lhe darão informações mais precisas sobre o candidato a emprego do que as que foram cuidadosamente selecionadas para aparecer em um currículo?

Histórias de sucesso também desconsideram o papel da sorte. O piloto pode ter tido sorte e nunca ter levado um tiro no motor. Esse é o cara que fuma como uma chaminé, bebe como um marinheiro e ainda vive até os 95 anos. Se você seguir a linha dele — mas levar um tiro no lugar errado —, será abatido.

Lembre-se: o que chamam de "melhor prática do setor" não é necessariamente a melhor. Muitas vezes, consiste em pessoas colocando blindagem externa nos pontos mais óbvios.

Preste atenção quando estiver para ser cativado por uma história de sucesso. Lembre-se de que não está vendo o cenário todo. Aplique o mesmo escrutínio às histórias de sucesso que está lendo neste livro.

Acima de tudo, não se distraia com os buracos de bala óbvios. As vulnerabilidades geralmente estão escondidas sob uma superfície enganosamente imaculada.

Thotalmente enganoso

Em 1845, Henry David Thoreau fez uma famosa peregrinação a Walden Pond, em Massachusetts, para viver em uma pequena cabana que construiu na floresta. Foi até lá "para viver deliberadamente", como escreveu, "para enfrentar apenas os fatos essenciais da vida e ver se eu não poderia aprender o que ela tinha a ensinar, e para que, quando eu morresse, não descobrisse que não tinha vivido". Thoreau viveria como um espartano por conta própria, sem eletricidade e sem água corrente. Ele "sugava toda a medula da vida" e "a reduzia aos seus termos mais baixos".[2]

Thoreau registrou suas experiências em um livro chamado *Walden*, que é indicado em escolas secundárias e citado em filmes de Hollywood para ilustrar as virtudes da autoconfiança e a conexão da humanidade com a natureza.

Tenho inveja de Thoreau desde que li sobre sua peregrinação pela floresta. Sua história me lembra de minhas próprias inadequações. Veja, eu sou um garoto da cidade, criado na expansão urbana de Istambul, lar de 15 milhões de pessoas. Tenho as mãos macias e não calejadas de um escritor. Minhas lesões no trabalho consistem em cortes causados por papel (*podem* ser desagradáveis). Se você me colocasse em uma cabana perto de Walden Pond e cortasse eletricidade, água corrente e wi-fi, eu não sobreviveria. Então, admiro pessoas como Thoreau, que podem deliberadamente se expor a condições difíceis e prosperar.

Mas minha atitude começou a mudar depois que li o livro de Amanda Palmer, *A Arte de Pedir*, em que ela revela mais detalhes sobre o experimento de Thoreau com a "autossuficiência".[3] Acontece que a cabana que Thoreau construiu ficava a menos de três quilômetros de sua casa — não em uma floresta remota, como a história pode sugerir. Quase todos os dias, o autor fazia viagens de volta à civilização, que ficava a uma curta distância a pé nas proximidades de Concord. Ele jantava regularmente na casa de seu amigo Ralph Waldo Emerson. Minha parte favorita: todos os fins de semana, a mãe de Thoreau trazia doces frescos para ele. O historiador Richard

Zacks resume bem: "Que fique claro que o garoto natureba foi para casa nos fins de semana assaltar o pote de biscoitos da família."[4]

Eu não conto essa história para zombar de Thoreau (ok, talvez um pouco). Digo isso porque destaca uma lição importante: as pessoas que colocamos em um pedestal muitas vezes não estão à altura de suas próprias pernas. O autor best-seller de livros de dieta com baixo teor de carboidratos enche a cara de alimentos que fazem seu dia do lixo parecer saudável. (Vi isso em primeira mão várias vezes.) O famoso guru da produtividade desperdiça uma hora todos os dias vendo as redes sociais.

Isso não significa que o conselho deles esteja errado. Significa que são humanos e também que você deve desconfiar um pouco do que dizem e se lembrar do provérbio africano: "Tenha cuidado quando uma pessoa nua lhe oferecer uma camisa."

Os influenciadores são pagos para fazer com que as suas vidas pareçam glamourosas — para encobrir seus buracos de bala com as redes sociais. Se Thoreau tivesse vivido na era do Instagram, poderia estar fazendo selfies na frente de sua cabana enquanto negligenciava tirar fotos de si mesmo devorando a comida recém-assada de sua mãe.

Este livro, por exemplo, representa anos de trabalho destilados em cerca de 250 páginas. As palavras que você está lendo não saíram apenas de mim. O livro passou por inúmeras revisões. A maioria das ideias ruins foi descartada, e as restantes foram polidas e repolidas por várias mãos capazes.

É por isso que fico um pouco apavorado ao conhecer os leitores pessoalmente. Não tem como eu corresponder às suas expectativas. Prefiro que você conheça meu *doppelgänger* muito mais bonito, inteligente e engraçado, que vive apenas nestas páginas.

Teddy Roosevelt supostamente disse: "A comparação é o ladrão da alegria." A comparação faz mais do que isso: também rouba sua confiança. Quando nos comparamos com os outros, muitas vezes ficamos aquém. Isso porque estamos nos comparando a uma ilusão — uma versão curada, retocada e aparentemente perfeita de uma pessoa profundamente imperfeita.

A internet exacerbou essa tendência, reduzindo a distância entre nós e nossos modelos. Isso nos permite rastrear todos seus movimentos, lembrando-nos constantemente de como ficamos aquém. Mas o que você inveja é o feed de rede social deles — que, por mais chocante que possa parecer, é diferente de sua vida real. Ninguém passa tanto tempo olhando o pôr do sol impressionista ou tomando banho de sol com modelos.

Muito do que se vê na internet é falso. É possível comprar 5 mil seguidores no Instagram por US$40 ou obter 5 mil visualizações no YouTube por US$15.[6] Existem fazendas de cliques, que são empresas nas quais centenas de computadores e smartphones reproduzem o mesmo conteúdo repetidamente para aumentar o engajamento falso.[7] As pessoas até postam conteúdo falso nas redes sociais, fingindo ser embaixadores da marca sem serem pagos. Por quê? "No mundo dos influenciadores, isso é credibilidade de rua", disse um influenciador. "Quanto mais patrocinadores você tiver, mais credibilidade terá."[8]

Se você está com fome de influência ou fama, pode estar vendo apenas as portas que ela abre, e não as que fecha. Há uma cena relevante em *Miss Americana*, um documentário sobre Taylor Swift.[9] Ela é rica, famosa e está no topo, tendo vendido mais de 100 milhões de álbuns. Na cena, ela está implorando para sua equipe deixá-la apoiar um político de seu estado. Eles resistem, preocupados que esse apoio possa afastar parte de seus fãs. Ela então cai em lágrimas lutando para fazer algo — apoiar publicamente um político — que a maioria das pessoas pode fazer sem pensar duas vezes.

"Fico maravilhado com o quão desinteressante é ser famoso, com como as pessoas famosas são simplórias", escreve Andre Agassi, campeão de tênis, em seu livro de memórias revigorantemente cru *Open*. "Eles estão confusos, incertos, inseguros e muitas vezes odeiam o que fazem. É algo que sempre ouvimos — aquele velho ditado de que o dinheiro não pode comprar felicidade —, mas em que nunca acreditamos até vermos por nós mesmos."[10]

Caímos em uma armadilha quando escolhemos apenas trechos da vida de outra pessoa como base para comparação. Pode-se querer o dinheiro dela, mas provavelmente não se quer trabalhar oitenta horas por semana. Pode-se querer se parecer com ela, mas provavelmente não a dieta intensa e o regime de exercícios que dão essa aparência. Se você não gostaria de trocar sua vida *completamente* com outra pessoa, não há necessidade de invejá-la.

Concorrência e comparação são uma forma de conformidade.

Quando competimos com os outros, nos medimos em relação às métricas deles. Tentamos ser como eles, mas melhores. Como resultado, nossa vida se transforma em um jogo miserável de soma zero de superioridade interminável. Acabamos nos comportando como crianças de 6 anos olhando em volta para ver quem ganhou mais doces. Ao fazer isso, entregamos nosso poder aos outros. Deixamos que a lacuna entre nós e eles decida como nos sentimos em relação a nós mesmos.

Certa vez, me deparei com este post de Taffy Brodesser-Akner, romancista best-seller: "Acabei de ler um livro tão bom que não consigo sair da cama. Antes de começar a [escrever] romances, era assim que os grandes livros me deixavam? Escrever é um esporte competitivo?"[11] Eu entendo o que ela quer dizer. *Meu livro nunca será tão bom quanto* _____ é um pensamento assustadoramente recorrente para mim. Mas então me lembro: o autor daquele livro também se sentia assim em relação a outros. E estou muito feliz que esse sentimento não o impediu de escrever, e também não vai me impedir.

A melhor maneira de escapar da comparação é por meio da autenticidade. "Autêntico" tornou-se um termo tão usado que perdeu muito de seu significado. Quando digo autêntico, quero dizer viver uma vida de acordo com suas próprias métricas, não com as de outra pessoa. Se você está perseguindo seus próprios objetivos — e evitando concursos de vaidade movidos pelo ego —, a comparação se torna inútil.

Na verdade, quanto mais única é sua vida, mais a comparação perde o sentido. Se você anseia pelo que os outros também anseiam, é mais provável que entre em uma corrida de ratos. Há um número limitado de degraus nessa escada corporativa, então o ganho de outra pessoa se torna sua perda. Mas se você inventar sua própria escada — se estiver buscando um pacote idiossincrático de atividades —, então fica mais difícil fazer comparações.

Invejei Thoreau até perceber que não quero a vida dele. Não tenho interesse em morar em uma cabana sem água corrente ou aquecimento. Nem quero picadas de mosquito, doença de Lyme e hera venenosa. A grama ao redor do Lago Walden, como em outros lugares, é muito mais marrom do que parece.

Da próxima vez que você for tentado a colocar alguém em um pedestal por causa da história que conta ao mundo, imagine Thoreau — não sugando a medula da vida, mas se banqueteando com os donuts feitos por sua mãe.

O problema com a maioria dos conselhos

Em 2016, comecei a pensar em lançar um podcast.

Na época, um amigo e mentor de confiança me advertiu contra isso. Ele disse: "Por favor, não comece um podcast. Todos estão lançando um. Já existem muitos podcasts por aí. Em vez disso, faça algo diferente."

Segui seu conselho. Em vez de lançar um podcast, comecei uma série de entrevistas escritas. Gravei entrevistas com meus hóspedes, transcrevi-as, editei-as e publiquei-as em meu site.

Isso pode parecer simples. Não era.

As pessoas falam de forma diferente de como escrevem. Boa gramática, escolha adequada de palavras e outras sutilezas não existem. Converter essas conversas orais em entrevistas que fizessem sentido em um formato escrito exigia *dias* de trabalho. Além disso, ao publicar o material apenas como entrevistas escritas, perdi inúmeros membros do público que preferiam ter ouvido a conversa crua, e não editada em seu aplicativo de podcast.

No entanto, fiquei com o formato escrito porque confiei no conselho de meu mentor. Foi apenas depois de quinze entrevistas exaustivas que desisti e lancei um podcast.

Esse é o problema: damos conselhos como um controlador de tráfego aéreo pousa voos — com uma forte dose de certeza. "United 135, reduza a altitude e fique a 10 mil pés." "Ozan, não comece um podcast." Nem nos preocupamos em qualificar nossos conselhos com "Me ouça, mas ajuste isso a você" ou "Sua quilometragem pode variar".

Somos levados a acreditar que há uma maneira infalível de lançar um produto, de criar um negócio e de criar um funil de marketing que certamente funcionará.

Mas não há, para nada. O mito da bala de prata é apenas isso — um mito.

A certeza é uma virtude quando todos os aviões devem seguir um padrão de tráfego predeterminado para pousar com segurança. Mas nossos padrões de tráfego na vida são todos diferentes. O que funciona para uma pessoa pode não funcionar para outra.

Algumas pessoas deveriam começar um podcast, outras não.

Algumas pessoas deveriam ir para a faculdade, outras não.

Algumas pessoas precisam correr mais riscos, outras não.

Algumas pessoas precisam trabalhar mais, outras já estão flertando com o burnout.

Em condições de incerteza — em outras palavras, na vida —, muitas vezes, achamos que os outros sabem algo que não sabemos. Se as grandes sumidades decidiram que iniciar um podcast é uma má ideia, podemos seguir em frente. Não há razão para duvidar de suas conclusões aparentemente informadas.

Mas essas conclusões, muitas vezes, não são assim; são moldadas principalmente, e às vezes exclusivamente, por sua própria experiência. São uma única amostra — um estudo de caso de um indivíduo apenas que representa toda a base para seus conselhos bem-intencionados, mas perturbadoramente confiantes.

214 DESPERTE SUA GENIALIDADE

Vejamos um popular post de blog que Marc Andreessen, empreendedor e capitalista de risco, escreveu em 2007, intitulado "Um Guia para a Produtividade Pessoal". Nele, Andreessen compartilha suas estratégias para fazer as coisas. Seu conselho inclui: "A melhor maneira de garantir que nunca mais lhe peçam para fazer algo é estragar tudo na primeira vez que pedirem." Ele também aconselha os leitores a "começar o dia sentando para tomar um verdadeiro café da manhã", porque "estudo após estudo [mostra] que o café da manhã é, sim, a refeição mais importante do dia".[12]

Para a maioria das pessoas, o primeiro conselho é realmente eficaz — para perder o emprego. E a segunda, como discuti anteriormente no livro, é muito mais duvidosa do que a afirmação "estudo após estudo" faz parecer. (Andreessen notavelmente não cita estudos após essa frase.)

Há uma falácia lógica chamada *post hoc, ergo propter hoc*. Essa é uma sofisticada frase em latim que significa "Depois disso, por causa disso". Uma pessoa fez a, b e c e se tornou bilionária. Portanto, a, b e c devem ter levado ao seu sucesso. Não necessariamente. Outros fatores, como x, y e z, também podem ser a causa.

Essa falácia explica parcialmente por que as histórias de rotina matinal se tornaram uma parte essencial do gênero de autoajuda. Elas fornecem vislumbres voyeurísticos de como os titãs "esmagam" sua manhã e se apresentam no seu auge. Eles fazem ioga, meditam, correm vários quilômetros, mergulham no frio e aquecem um pouco de leite cru de sua cabra de estimação — tudo antes das 9h.

Essa obsessão com as rotinas matinais dá a falsa impressão de que, se você apenas copiar e colar a rotina pré-jogo coreografada de outra pessoa — se fizer a, b e c —, estará no caminho do sucesso. Mas a vida não funciona assim. Usar o mesmo tipo de caneta que Stephen King usa não fará de você um escritor melhor.

Muitas vezes, nos é dado um único enredo sobre o que faz a vida valer a pena. Basta seguir este caminho, a história continua, e você terá seu final feliz. Mas os caminhos e os gráficos são múltiplos. Na tentativa de duplicar o final aparentemente feliz de outra pessoa, acabamos extinguindo os possíveis enredos de nossa própria vida. Nós nos tornamos um figurante silencioso no fundo do filme de outra pessoa.

Seguir cegamente o caminho de outra pessoa não é apenas um exercício inócuo. Ao fazer isso, também nos livramos do fardo. Dizemos a nós mesmos que, se tivéssemos a tática certa, a caneta certa ou o processo certo, estaríamos prontos. Fingimos que copiar histórias de sucesso é uma estratégia aceitável, por isso não nos preocupamos em trilhar nosso próprio caminho.

Antes de agir com base em conselhos — mesmo de uma fonte confiável —, reserve um momento e faça uma pausa. Busque opiniões de várias pessoas, principalmente aquelas que discordam umas das outras. Lembre-se de que o conselho delas é apenas delas. É baseado em sua própria experiência, suas próprias habilidades e suas próprias visões e pode não ser adequado para você ou para o trabalho que está fazendo atualmente.

Seja informado pelo conselho de outras pessoas, mas não seja constrangido por ele. Teste seus conselhos, mas não os siga cegamente. Veja se isso resiste ao escrutínio em sua própria vida. O que as pessoas afirmam como evangelho, muitas vezes, não é nada mais do que sua experiência.

E lembre-se: o melhor conselho não dita exatamente qual caminho se deve seguir. Em vez disso, o ajuda a ver os muitos caminhos possíveis à frente e ilumina o que está em seu ponto cego — para que se possa decidir o que fazer sozinho.

Ao dar conselhos, situe-os em seu próprio contexto pessoal. Explique sua própria experiência e evite transformar seus conselhos em sabedoria universal. Use declarações "eu" (*veja o que eu fiz*). Adicione as nuances e advertências necessárias. Incentive os outros a pensar por si mesmos e encontrar seu próprio caminho. Pergunte: *O que você acha? O que parece alinhado para você? Quando você enfrentou esse tipo de problema no passado, o que deu certo?*

No fim das contas, começar um podcast foi uma das melhores decisões que tomei recentemente. Isso me levou a um caminho que acabou culminando em um acordo de livro dos sonhos e me apresentou a pessoas que foram profundamente influentes em minha vida.

E sabe o mentor que me disse para não começar um podcast?

Depois começou um.

Ninguém está vindo

Ninguém está vindo
Resgatá-lo
Curá-lo
Escolher você na multidão
Dizer que você conseguiu
Carregá-lo nas costas
Dar a fórmula
Nem trilhar o caminho por você

Você não é uma donzela em perigo.
Você é o herói em sua própria história.
Você é seu próprio cavaleiro de armadura brilhante.

> Visite ozanvarol.com/genius (conteúdo em inglês) para encontrar planilhas, desafios e exercícios para ajudá-lo a implementar as estratégias discutidas nesta parte.

PARTE V
A Transformação

A Parte V tem dois capítulos:

1. **Liberte Seu Futuro**: sobre se abrir para novas possibilidades, deixando de tentar controlar o que não pode ser controlado e inclinando-se para a beleza de não saber.
2. **Metamorfose:** sobre reimaginar continuamente quem se é.

No percurso, revelarei:

- Por que os especialistas são péssimos em prever o futuro.
- Como o planejamento para o futuro pode cegá-lo para melhores possibilidades.
- Por que sua rede de segurança pode ser uma camisa de força.
- Como começar a caminhar antes de ver um caminho claro pela frente.
- Por que desistir pode ser um ato de amor.
- Como uma vida vivida com cuidado é uma vida meio morta.
- O que a transformação da lagarta em borboleta pode te ensinar sobre descobrir quem é.

12

Liberte Seu Futuro

*No fundo do inconsciente humano, há uma
necessidade generalizada de um universo lógico que
faça sentido. Mas o universo real está
sempre um passo além da lógica.*

— EXTRAÍDO DAS *CITAÇÕES DE MUAD'DIB* EM
DUNA, DE FRANK HERBERT

O segredo para prever o futuro

"Nenhum dirigível jamais voará de Nova York para Paris. Isso me parece impossível", escreveu Wilbur Wright, o coinventor do avião, em 1909.[1] Apenas dez anos depois, em 1919, um dirigível britânico cruzou o Atlântico.[2]

"O crescimento da internet diminuirá drasticamente", escreveu Paul Krugman em 1998. "A maioria das pessoas não tem nada a dizer umas às outras! Por volta de 2005, ficará claro que o impacto da internet sobre a economia não foi maior do que o da máquina de fax."[3] Esse pode ter errado *um pouco* o alvo. Krugman venceu o Prêmio Nobel de Economia.[4]

As previsões são populares porque apelam à natureza humana. Elas criam uma ilusão de certeza em um mundo incerto, mas estão erradas com muito mais frequência do que supomos.

Philip Tetlock, professor da Universidade da Pensilvânia, elaborou um estudo para determinar a precisão das previsões. Essa pesquisa incluiu 284 especialistas cujas profissões envolviam "comentar ou oferecer conselhos sobre tendências políticas e econômicas".[5] Suas qualificações eram impressionantes: mais da metade deles tinha doutorado e quase todos tinham pós-graduação. Em média, eles também tinham doze anos de experiência profissional relevante.

O estudo pediu a esses especialistas que fizessem previsões sobre uma variedade de eventos — por exemplo, se o partido em exercício nos Estados Unidos manteria o poder na próxima eleição ou se as taxas de crescimento do PIB acelerariam, desacelerariam ou permaneceriam as mesmas nos próximos dois anos. Entre meados da década de 1980 e 2003, Tetlock coletou mais de 82 mil previsões.

Os especialistas tiveram um desempenho terrível. Não conseguiram superar um algoritmo simples que presumiu que o que aconteceu no passado continuaria no futuro — por exemplo, que a atual taxa de crescimento do PIB de 1% permaneceria a mesma nos próximos dois anos. Os especialistas também não conseguiram vencer diletantes sofisticados — pessoas que Tetlock chama de "leitores atentos do *New York Times*". A única vitória dos especialistas foi sobre os alunos de graduação da UC Berkeley, "que conseguiram a improvável façanha de se saírem piores do que o acaso", segundo o cientista.[6]

Educação ou experiência extras não fizeram diferença. Especialistas com doutorado não conseguiram superar especialistas que não tinham esse grau. Experts experientes não conseguiram bater os amadores.

Havia, no entanto, uma variável que afetava a precisão: a aclamação da mídia. Especialistas que atraíram a atenção da mídia — aqueles que vemos na TV — tiveram um desempenho *pior* do que seus colegas de perfil mais baixo. Quanto mais aparições na mídia um especialista fazia, maior era a tentação de soltar frases sonoras excessivamente confiantes e previsões que acabavam erradas.

O problema com as previsões não se limita à ciência política ou à economia; ele atravessa domínios. Outro estudo — com o subtítulo

"How Can Experts Know So Much and Predict So Badly?" [Como Especialistas Conseguem Saber Tanto e Prever Tão Pouco] — identificou o mesmo problema em áreas tão diversas como medicina, contabilidade e psicologia.[7]

No entanto, os especialistas que fazem previsões imprecisas não são afastados; muitas vezes, eles se safam. As pessoas raramente dizem: "Talvez você deva ficar de fora, Dr. Stu, já que 90% de suas previsões econômicas são erradas." Até lá, já passamos para a próxima notícia de última hora, brilhante e emocionante.

De vez em quando, o Dr. Stu acerta uma previsão, não por ter níveis divinos de previsão, mas porque teve sorte. Se você atirar o dia todo, acabará acertando o alvo, no entanto, isso não faz de você um bom atirador.

Não me entenda mal: os especialistas desempenham funções importantíssimas. Apenas eles podem programar computadores ou projetar aeronaves. Eu não gostaria de um dentista que aprendeu a realizar um tratamento de canal assistindo a vídeos do YouTube. Os especialistas têm experiência, e com a experiência vem um grande conhecimento de domínio. São ótimos em dizer o que aconteceu no passado em seu campo, porém, não são bons em prever o que acontecerá no futuro.

O problema não é apenas com especialistas. *Ninguém* é bom em prever o futuro. Grande parte da vida não pode ser prevista, diagramada ou reduzida a uma apresentação do PowerPoint. Quando o futuro não corresponde às nossas expectativas, nossas projeções são descartadas (ou, pior ainda, continuam sendo seguidas).

Gastamos muita energia psíquica tentando prever coisas fora do nosso controle e nos preocupando com o que pode acontecer. Sofremos preventivamente, vivendo a má economia, o mau tempo, o mau porvir.

Preocupar-se é um desperdício gigante de sua imaginação. Pense em todo o tempo e energia que gastou se preocupando com o futuro e meditando sobre previsões — políticas, do mercado de ações, da Covid-19, isso para citar apenas algumas.

A rendição pode ser libertadora, não derrotadora. Render-se não significa desistir da responsabilidade ou se afastar dos problemas. Significa se concentrar no que se pode controlar e deixar de lado o que não se pode.

Tudo se resume a uma pergunta: isso tem serventia?

Preocupar-se com o futuro tem serventia?

Atualizar seu site de notícias favorito pela enésima vez nesta hora tem serventia?

Entregar o arbítrio e a responsabilidade pelo seu estado de espírito a profetas autoproclamados que vomitam previsões reconfortantes, mas enganosas, tem serventia?

Se a resposta for não, deixe para lá.

Pare de tentar prever o futuro. Em vez disso, crie-o.

O problema com o planejamento

*O olho que olha para o curso seguro está
fechado para sempre.*

— PAUL ATREIDES EM *DUNA*, DE FRANK HERBERT

*Cansei da Bússola! —
Cansei do Mapa!*

— EMILY DICKINSON, "LOUCAS NOITES"

Nos anos 1800, as mariposas-salpicadas na Grã-Bretanha passavam por uma transformação estranha.[8]

Antes da transformação, 98% das mariposas eram de cor clara. Apenas 2% eram escuras. Mas nas cinco décadas seguintes, a proporção mudou completamente. Em 1895, 98% das mariposas eram escuras, e o restante era claro.

A transformação pode ser atribuída a um evento cataclísmico cujo efeito cascata transformou não apenas as mariposas, mas também a vida como a conhecemos.

A Revolução Industrial.

Antes da Revolução Industrial, as mariposas de cor clara tinham uma vantagem significativa sobre as mais escuras. O líquen de cor clara que crescia abundantemente na casca das árvores camuflava as mariposas de cor clara, tornando-as mais difíceis de serem detectadas por aves predadoras.

Quando a Revolução Industrial chegou, as fábricas de queima de carvão começaram a vomitar imensas quantidades de dióxido de enxofre e fuligem no ar. O dióxido de enxofre matou os líquenes de cor clara que cresciam na casca das árvores, e a fuligem deixou a casca mais escura.

Com essas mudanças, as mariposas de cor clara se destacaram contra o fundo escuro e se tornaram um almoço fácil para pássaros famintos. Em contraste, a população de mariposas mais escuras, que agora se camuflava, disparou.

A antiga vantagem tornou-se um novo passivo, e o antigo passivo tornou-se uma nova vantagem. As mariposas de cor clara foram sumindo, e a população das mais escuras aumentou.

O mundo está evoluindo a uma velocidade vertiginosa. O amanhã se recusa a cooperar com nossos melhores planos. Um novo produto promissor falha, um emprego aparentemente estável desaparece e o disruptor se torna aquele que sofre a disrupção. Empresas prósperas começam a definhar à medida que a mudança leva embora sua vantagem competitiva, expondo-as como mariposas de cor clara contra uma casca escurecida.

Embora as pessoas anseiem por um retorno ao "normal" ou tentem prever o "novo normal", não existe *normal*. Só há mudanças. Mudanças constantes e sem fim. Às vezes lenta, às vezes rápida, mas constante. Uma vez que percebemos que o solo abaixo de nós não é estável — e nunca foi —, podemos relaxar, nos abrir a novas possibilidades e nos ancorar na beleza de não saber.

Não há problema em ter um senso geral de direção — querer começar sua própria empresa, escrever um livro ou abrir um estúdio de ioga. Não é bom ser vítima desses planos e da maneira precisa que você acha que eles se concretizarão. Quando se planeja, se extrai ideias do que se sabe *agora*. Mas a previsão de seu eu atual é limitada. Se você não permanecer aberto, bloqueará seu próprio progresso.

Há uma história famosa sobre como capturar um macaco. Coloque nozes em um pote. O macaco enfia a mão no jarro para pegar as nozes e descobre que não consegue tirar o punho cheio de comida da abertura estreita. Se ele soltar as nozes, consegue escapar, no entanto, se recusa a fazê-lo. Em vez de desapego, o animal escolhe o apego ao que não pode ter.

Quanto mais firmes nossos planos, mais nos apegamos a eles, mesmo quando as coisas não saem como planejado. Fechamos os olhos quando precisamos olhar. Permanecemos sentados quando precisamos nos mover. Vemos o que esperamos ver, em vez do que realmente está lá. Se você é uma mariposa de cor clara determinada a confirmar sua crença de que a Revolução Industrial não chegou, acabará como alimento para pássaros famintos.

Estamos em uma luta constante para ter tudo planejado, mas "ter tudo planejado" é o fim. É quando os créditos rolam. O filme da sua vida ainda não acabou. Você ainda está no meio da ação, em constante evolução e expansão. Se soubesse o que vem a seguir, interromperia o que está se desenrolando, não aprenderia as lições que precisa aprender.

Tentamos controlar o futuro em parte porque ele é incerto e a incerteza é assustadora. Não sabemos o que dará certo ou o que virá a seguir, então, tentamos eliminar a incerteza procurando a certeza. Nós nos apegamos à nossa pele velha, aos nossos planos para o futuro, e procuramos uma fórmula comprovada, uma receita, um processo. Procuramos um mapa para territórios desconhecidos e para caminhos que ainda não foram trilhados.

Aquilo a que nos apegamos nos define — e nos confina.

Nós nos tornamos reféns de nossa visão de futuro. Acabamos nos fixando em um conjunto de circunstâncias, um caminho ou uma pessoa. Agimos como o Grande Gatsby dando uma festa após a outra, esperando em vão que Daisy apareça. Esquecemos que as possibilidades que nos esperam podem ser ainda melhores do que as Daisys de nossa imaginação atual.

Pense nos momentos mais notáveis de sua vida. Se você é como a maioria das pessoas, esses momentos não foram cuidadosamente mapeados e planejados — ocorreram precisamente porque você relaxou na possibilidade e se manteve aberto ao mistério. Eles se desdobraram de maneiras muito mais mágicas do que você poderia ter previsto.

Quando as cascas das árvores mudam de cor, temos uma escolha. Podemos nos encolher de medo. Podemos viver em negação e nos agarrar às árvores escuras, esperando desesperadamente que nossas velhas maneiras de fazer as coisas comecem magicamente a funcionar novamente. Podemos passar nossos dias balançando os punhos para os deuses em uma tentativa fútil de forçar o universo a nos dar uma mão melhor.

Ou podemos aliviar nosso controle sobre nossos planos para o amanhã, assim como trocamos a pele de ontem. Podemos jogar com a mão que recebemos, em vez de com a mão que gostaríamos de ter recebido. Podemos aprender a usar nossas habilidades, nossos produtos e serviços de uma maneira que não fizemos antes. Podemos encontrar um abrigo diferente que nos protegerá de pássaros famintos em um mundo manchado de fuligem.

A vida é uma dança, mas não pode ser coreografada. Requer inclinar-se para a curiosidade sobre o que virá a seguir, em vez de exigir que a dança esteja em conformidade com nossos passos cuidadosamente roteirizados. Quando tentamos forçar os resultados e os próximos passos — quando tentamos prever o que não pode ser previsto e quando tentamos controlar o que não pode ser controlado —, ficamos enrolados e não somos capazes de dançar tango.

Um thriller não seria tão divertido de assistir se você soubesse exatamente como termina. Um jogo de futebol seria chato se você soubesse quem vai ganhar. Viajar perderia seu brilho se você andasse com o nariz preso em um guia, verificando meticulosamente cada visão "importante" enquanto perde a magia que se desenrola ao seu redor.

No entanto, quando se trata de vida, exigimos um guia detalhado, um roteiro totalmente controlado de como as coisas se desenrolarão. Mas a vida é mais como uma academia na selva e menos como uma escada. Desafia previsões, lógica e ordem. Nada na natureza é linear. Não há galhos retos em uma árvore. Um vulcão explode de forma espetacularmente não linear, expelindo lava que destrói tudo o que toca — até esfriar, solidificar e, com o tempo, criar um solo rico e fértil.

A sabedoria não está em seu plano de cinco anos ou em seu roteiro. A sabedoria está dentro. A luz não está no fim do túnel. A luz está dentro de você. Se conseguir agir como um ator de improviso — se puder aceitar cada oferta da vida com a mentalidade "Sim e…" —, ela se torna muito mais fluida. É possível assumir novas funções, se deliciar com as reviravoltas e chegar a destinos inesperados.

O futuro favorece quem tem olhos e mente abertos. Se você não se ativer ao seu roteiro — se deixar de lado o que esperava ver e abrir os olhos para o que realmente existe —, notará o que, de outra forma, perderia.

A incerteza é um recurso, não um *bug*. É algo para ser reforçado, não apagado. Quanto mais procuramos um caminho claro e bem iluminado, mais escolhemos caminhos bem percorridos por outras pessoas e menos podemos ver e traçar os nossos. Há mais de uma maneira certa de jogar uma mão de pôquer, mais de uma maneira certa de comercializar um produto e mais de uma maneira certa de organizar um livro.

Muitas pessoas esperam para fazer um movimento até saberem exatamente o que vem a seguir — o que significa que nunca se movem. A vida, muitas vezes, ilumina o caminho à frente apenas algums passos de cada vez. Não há trailer prevendo as trilhas à frente e nenhuma lanterna poderosa o suficiente para iluminar o que está por vir. À medida que você dá cada passo e experimenta caminhos diferentes, passa do não saber para o saber e da escuridão para a luz.

A única maneira de saber é começar a andar — *antes* de ver um caminho claro.

Sim, você nunca lançou esse produto específico antes. Nunca fez faculdade de direito antes. Nunca teve um emprego assim antes. Todavia, lançou outros produtos, frequentou outras escolas e teve outros empregos no passado.

Houve um tempo em que era a primeira vez que você fazia alguma coisa. Já esteve aqui antes e emergiu intacto. Enfrentou contratempos, resolveu problemas imprevistos e desenvolveu habilidades cruciais que podem ser aplicadas à sua próxima missão.

Às vezes, você surfa nas ondas da incerteza. Outras vezes, as ondas surfarão em você. Entretanto, se nadar apenas em águas familiares, nunca descobrirá o inesperado.

Há sempre uma lacuna entre o mundo como ele é e o mundo como desejamos que seja.

Podemos ver a lacuna como uma ameaça, ou podemos vê-la como nossa própria tela em branco e estar prontos para destacar nosso melhor criativo.

Qual você escolherá?

13

Metamorfose

*É preciso ter o caos dentro de si
para gerar uma estrela dançante.*

— FRIEDRICH NIETZSCHE,
ASSIM FALOU ZARATUSTRA

*Não sei para onde estamos indo,
mas sei exatamente como chegar lá.*

— BOYD VARTY,
THE LION TRACKER'S GUIDE TO LIFE

Sua próxima vida

Para se tornar uma borboleta, a lagarta deve aceitar sua própria morte.[1]

O processo começa quando um impulso profundo dentro da lagarta sinaliza que é hora de uma mudança radical. Quando esse sinal chega, ela se pendura de cabeça para baixo em um galho ou folha e forma uma crisálida.

Dentro da crisálida, a lagarta começa a, literalmente, se devorar, secretando enzimas para dissolver e digerir todos seus tecidos. Embora a transição para borboleta seja, muitas vezes, glamourizada na cultura popular, não há nada de gracioso nisso. Ao abrir a crisálida, encontraríamos uma lagarta em decomposição.

Quando o inseto se digere, os únicos sobreviventes são um grupo de células chamadas discos imaginais — cujo nome vem da palavra imaginação. Estes são os blocos de Lego da lagarta — seus primeiros princípios. Alimentados pela sopa nutritiva dentro da crisálida, os discos imaginais permitem que a lagarta desenvolva olhos, asas, pernas e tudo o mais de que precisará para se tornar uma borboleta. Dessa nojeira desorganizada, nasce uma borboleta maravilhosa.

Mesmo quando perde sua pele velha, a cobra ainda é uma cobra. Para nós, porém, a transição de uma fase da vida para outra, às vezes, é mais violenta. Pode exigir que nos tornemos outra coisa, em uma metamorfose completa — como a da lagarta em borboleta.

A hora de minha metamorfose chegou em 2016. Até então, eu tinha feito um pouco da mudança de pele velha da ciência de foguetes para o direito e depois para a academia — mas a base da minha carreira tinha sido construída sobre o salário estável de um empregador estável.

Pouco depois de me tornar professor, percebi que essa vida não era mais para mim. Eu não queria escrever artigos acadêmicos que apenas um punhado de professores leria. Além disso, vinha dando as mesmas aulas, respondendo às mesmas perguntas e participando das mesmas reuniões do corpo docente havia anos.

Minha vida como lagarta havia se tornado confortável — confortável demais. Eu tinha parado de aprender e crescer.

Todavia, mesmo depois que o sinal de transformação chegou, inicialmente, o ignorei. Eu considerava a academia uma importante rede de segurança. O cargo estável me garantia um salário vitalício. Essa garantia me permitia explorar outros empreendimentos — como escrever livros sobre ciência de foguetes e falar com empresas líderes do setor sem arriscar tudo. Se meus outros projetos não dessem certo, eu sempre teria a segurança do cargo para me pegar se eu caísse.

Então, tive uma epifania. Percebi que minha rede de segurança havia se tornado uma camisa de força.

Enquanto eu mantivesse um pé na academia, permaneceria preso. Eu não poderia dar o salto completo para outros campos porque meus compromissos acadêmicos estavam esgotando meu suprimento limitado de tempo e energia criativa.

Em outras palavras, a mesma rede que uma vez me proporcionou segurança e conforto — a carreira que eu amava — agora estava me confinando. Eu não poderia ser totalmente quem eu estava me tornando sem abandonar completamente quem eu era.

Uma rede de segurança que está lá para pegá-lo também pode contê-lo. Pode fazer você acreditar que está seguro apenas acima da rede. *Jogue apenas aqui, não ali,* diz a rede. *Pare de correr riscos saudáveis e evite novos saltos que a rede não pode suportar.*

As redes de segurança de minha vida pareciam práticas, mas não era a segurança ou a estabilidade que me mantinha agarrado a elas. Essa era apenas a história que eu estava contando a mim mesmo.

Em vez disso, era medo. Medo de deixar ir. Medo de perder a vida como lagarta. Medo de não saber se eu poderia fazer isso como uma mosca da manteiga. *Claro, há tantas borboletas por aí, mas eu sou uma lagarta, droga! É tudo o que sei.*

E, então, me lembrei: desapegar pode ser um ato de amor. Há nascimento na morte. Nas palavras de Joseph Campbell: "A terra deve ser quebrada para produzir vida. Se a semente não morrer, não há planta. O pão resulta da morte do trigo. A vida vive de vidas."[2]

Sim, a vida vive de vidas. Nossos antigos eus se tornam compostagem para nossos novos eus. Nossas velhas verdades se tornam sementes para novas revelações. Nossos antigos caminhos se tornam faróis para novos destinos.

Então, decidi me transformar em uma crisálida e digerir meu passado como combustível para meu futuro. Minha antiga carreira em ciência de foguetes me proporcionou asas para o pensamento crítico — e formou o assunto principal de um livro. A academia forneceu as pernas para ensinar e captar o público. Uma década de escrita me deu as antenas para contar histórias. Esses discos imaginais — meus primeiros princípios — me ajudaram a criar o novo eu.

A transformação da lagarta em borboleta não é imediata. Uma lagarta não foge de si mesma; se torna ela mesma; se incorpora. Permanece na crisálida e tende à decomposição até localizar seus discos imaginais e formar aquilo de que precisará como borboleta.

Passei alguns anos em minha própria crisálida enquanto ainda estava na academia testando diferentes eus e futuros. Foi só depois de alcançar algum nível de sucesso na escrita e na fala — quando formei as partes do corpo de que precisava para voar — que decidi sair.

Não se engane: apodrecer não é divertido. Não se pode ignorar a desordem, o colapso e a decomposição do outrora. Você duvidará mais de si mesmo quando estiver mais perto de sua próxima transformação. Logo quando o apodrecimento começar, ficará tentado a voltar à sua vida como uma lagarta. A sociedade fará o possível para convencê-lo a resistir a essa transformação e continuar participando dos negócios como de costume. *Olhe o que você está prestes a deixar para trás*, dirão. *Você está prestes a se transformar em lixo — e digerir tudo o que trabalhou tão duro para construir.*

Mas digerir não significa esquecer. Muito pelo contrário: desapegar requer lembrar seu passado e as pistas que a lagarta deixou para você navegar pela vida como borboleta. Os economistas chamam isso de custos irrecuperáveis — o tempo, o dinheiro e o esforço que você gastou para se especializar em história da arte, frequentar a faculdade de direito ou fundar uma empresa. Mas esses não são custos; são presentes de seu antigo eu para seu eu atual.

Seu trabalho foi um fracasso se lhe deu as habilidades necessárias para prosperar? Seu relacionamento foi um fracasso se lhe ensinou o significado do amor? Sua especialização em história da arte foi um grande fracasso se lhe deu as ferramentas para apreciar a criatividade?

Quando estiver naquela crisálida, não se compare às borboletas voando por aí. Elas fazem isso há algum tempo, e você ainda está formando suas asas. Uma árvore jovem não olharia para uma árvore adulta e se sentiria envergonhada. Não criticaríamos uma semente por não ter raízes. Nós lhe daríamos o tempo e a água de que precisa para crescer.

Faça o mesmo por você. Mesmo quando você sentir que estará para sempre apodrecendo naquela crisálida, está se tornando a pessoa que deveria ser. Está retornando à sua essência para que possa agir a partir dessa essência, e não de sua programação. Encontrará sua saída — desde que não atrapalhe sua própria transformação nem permita que os outros o mantenham confinado na crisálida.

E lembre-se: você não deve a ninguém a lagarta que costumava ser. Sua metamorfose pode chocar pessoas que se acostumaram a vê-lo como uma lagarta. Sua transformação pode lembrá-las de sua estagnação. Seu renascimento pode causar desconforto, mas também pode acordá-las de seu próprio torpor. E se não quiserem acordar ou não conseguirem entender sua transformação, é problema delas, não seu.

Passos para a frente, muitas vezes, exigem passos para trás. "Nossa próxima vida", afirma Glenn Doyle, "sempre nos custará esta. Se estamos realmente vivos, estamos constantemente perdendo quem acabamos de ser, o que acabamos de construir, aquilo em que acabamos de acreditar, o que sabíamos ser verdade."[3] Qualquer mudança real exige que se morra antes de renascer — e saiba que morrer pode ser o começo, não o fim.

Você pode não saber ainda, mas tem discos imaginais prontos para fazerem brotar uma borboleta em seu interior. Agradeça à lagarta e a deixe ir. Deixe o que está morrendo servir de fertilizante para o que está despertando.

À medida que emerge de sua crisálida, as possibilidades se tornarão infinitas. Você terá asas e poderá voar em um milhão de direções diferentes.

Você pode olhar para aquele abismo infinito e se sentir paralisado. Ou pode afrouxar seu controle sobre seu passado e ver aonde o universo o leva — bater asas com curiosas batidas de asas.

A palavra grega para borboleta é *psique*. E *psique* significa alma.[4]

Quando você passa por uma metamorfose, não se perde.

Você descobre as profundezas de sua alma.

Uma vida vivida com cuidado

Você nunca
Encara a derrota
Trilha a estrada difícil
Salta para o desconhecido
Muda sua rotina
Come frutos proibidos
Canta muito alto
Dança muito mal
Sai na chuva
Mostra suas imperfeições
Chora copiosamente
Confessa seu amor
Parte seu coração

Você pinta todas as suas paredes de branco
Olha apenas para o caminho seguro
Sufoca seus melhores impulsos
Afasta-se do seu chamado
Diz o que os outros esperam que você diga
Pune sua criança interior por querer brincar
Dispensa seus pensamentos porque eles são seus
Fica com o perigo de não correr perigo
Caminha pelos mesmos caminhos
Adia seus sonhos
Espreme-se em caixas que outros montaram
Apaga o fogo que queima em seu coração
Escurece a luz que dança em seus olhos
E abate um pedacinho da sua alma todos os dias

Uma vida vivida com cuidado é uma vida semimorta

Porque o propósito da vida não é estar bem

É estar vivo

> Visite ozanvarol.com/genius (conteúdo em inglês) para encontrar planilhas, desafios e exercícios para ajudá-lo a implementar as estratégias discutidas nesta parte.

Epílogo

Eu não peço boa sorte,
Eu mesmo sou a boa sorte.

— WALT WHITMAN,
"CANÇÃO DA ESTRADA ABERTA"

Você foi criado a partir de pedaços do universo.

O ferro que flui em seu sangue, o cálcio em seus ossos e o carbono em seu cérebro foram feitos no caos de bilhões de gigantes vermelhas de anos atrás.[1]

Se você olhar apenas para os últimos 300 anos de sua árvore genealógica, descobrirá que tem mais de 4 mil ancestrais diretos.[2] Remova apenas um deles e você não estaria aqui hoje.

Muita coisa teve que conspirar para trazê-lo aqui. Para você, ler estas palavras é nada menos que um milagre.

Então seja você — sem remorso e espetacularmente você.

Descarte o que não lhe serve para que possa descobrir seu âmago.

Desorganize sua mente para que possa ver a sabedoria interior.

Delicie-se em conhecer a si mesmo, porque há apenas — e sempre haverá — um de você.

Nade com os peixes grandes brincando nas profundezas de seus oceanos.

Siga seu corpo para lugares onde sua mente não permitiu que fosse.

Abrace o roxo que ilumina sua alma.

Encontre o extraordinário no comum.

Apoie-se nos ombros de gigantes — e ajude a próxima geração a se apoiar nos seus.

Canalize a energia que o trouxe à existência.

Transforme-a na arte que só você pode criar.

Pare de procurar por gurus e heróis.

Você é quem você estava esperando.

Borboleta, é hora de voar.

Agora, se você me der licença, tenho de ir.

Minha bateria está fraca e está escurecendo.

Quais São os Próximos Passos?

Agora que você aprendeu a despertar sua genialidade, é hora de colocar esses princípios em ação.

Acesse ozanvarol.com/genius (conteúdo em inglês) para encontrar o seguinte:

- Um resumo dos principais pontos de cada capítulo.

- Planilhas, desafios e exercícios para ajudá-lo a implementar as estratégias discutidas no livro.

- Um formulário de inscrição para minha newsletter semanal, em que compartilho uma grande ideia que você pode ler em três minutos ou menos. Os leitores a chamam de "o único e-mail que aguardo ansiosamente a cada semana".

Viajo pelo mundo com frequência para dar palestras para organizações de vários setores. Se estiver interessado em me convidar para falar com seu grupo, visite ozanvarol.com/speaking (conteúdo em inglês).

Se gostou deste livro, informe seus amigos e publique uma avaliação online. Mesmo em um mundo de anúncios e algoritmos, os livros prosperam no boca a boca. As ideias se espalham porque pessoas generosas como você optam por compartilhá-las com outras pessoas. Agradeço seu apoio.

Agradecimentos

A palavra *grato* não faz jus à forma como me sinto em relação a ganhar a vida criando arte — escrevendo, falando e compartilhando minhas ideias com o mundo.

Então, em primeiro lugar, OBRIGADO por ler, revisar e compartilhar meus livros. Que honra imaginá-lo com este livro em mãos! Você me deu um presente incrível que eu aprecio todos os dias — e espero que tenha encontrado algo nestas páginas que o tenha avivado.

Sou grato a Richard Pine, meu agente literário rockstar, por defender meu trabalho e me dar uma chance quando eu era um escritor iniciante — que lançou este foguete em que estamos desde então. Obrigado ao restante das estrelas do InkWell, particularmente Alexis Hurley e Eliza Rothstein.

Este é meu segundo livro com a PublicAffairs. Obrigado ao meu editor, Benjamin Adams, por iluminar meus pontos cegos e apoiar minhas ideias não convencionais. Agradeço também a Melissa Veronesi, minha editora de produção, a Miguel Cervantes, especialista em marketing, a Johanna Dickson, especialista em publicações, e a Pete Garceau, que projetou a bela capa do livro.

Tenho o privilégio de trabalhar com uma equipe maravilhosa que apoia meus esforços criativos:

Brendan Seibel é o intérprete invisível em tudo o que faço. Obrigado, Brendan, por me ajudar a pesquisar, verificar e editar este livro (todos os erros são meus) e por deixar tudo o que você toca significativamente melhor do que como encontrou.

David Moldawer me ajudou a encontrar as joias na bagunça de ideias que flutuavam em minha mente e moldar a proposta para este livro.

Allison McLean e Elizabeth Hazelton amplificam minha mensagem por meio de sua publicidade e gênio do marketing.

Brandi Bernoskie e sua equipe da Alchemy+Aim projetam belas páginas da web para meus livros e outros empreendimentos.

Chris West, meu bom amigo e colaborador criativo, juntamente com sua equipe da Video Narrative, refina minha narrativa online e produz vídeos extraordinários que dão vida às minhas ideias.

A equipe excepcional do Washington Speakers Bureau cuida de minha plataforma de palestras e me conecta ao público em todo o mundo.

Quando eu estava no ensino médio, disse aos meus pais que queria ser astronauta. "Você consegue", disseram eles. Quando, mais tarde, eu disse que queria ser professor, eles disseram "Você consegue". Quando disse a eles que deixaria a academia e me tornaria um escritor e palestrante em tempo integral, eles disseram "Você consegue". Eu gostaria que todos tivessem pais tão solidários quanto os meus. *Sizi çok seviyorum.*

Pouco depois de aprender a ler e escrever, eu me sentava na frente da máquina de escrever de meu avô e escrevia histórias. Sou profundamente grato a esse garotinho por seguir seu coração e colocar uma palavra após a outra sem ter ideia de aonde isso o levaria um dia. O melhor deste livro veio de sua visão criativa e natureza lúdica.

Einstein e Sputnik, nossos cães, me lembram todos os dias do que é realmente importante na vida (comida, carinho, brincar e dormir). É um privilégio compartilhar minha vida com eles. ("Por que querer outro universo quando este tem cães?", como Matt Haig escreveu no romance multiverso *A Biblioteca da Meia-Noite.*)

Finalmente, Kathy — minha esposa, minha constante cósmica, minha parceira em tudo. Sou muito grata por ter esta vida com você. Obrigado por me inspirar, por inflamar minha alma e por me tornar uma pessoa melhor. Sua genialidade nunca deixa de me surpreender.

Notas

Introdução

1. Zora Neale Hurston, *Dust Tracks on a Road* (Nova York: Harper-Collins, 2010).

Capítulo 1: Deseduque

1. Guy Raz, "How Do Schools Kill Creativity?", *TED Radio Hour*, 3 de outubro de 2014, www.npr.org/2014/10/03/351552772/how-do-schools-kill-creativity.

2. Gillian Lynne, *A Dancer in Wartime* (Londres: Vintage, 2012), p. 14.

3. William Poundstone, *Carl Sagan: A Life in the Cosmos* (Nova York: Henry Holt and Co., 1999), p. 12.

4. Neil Postman e Charles Weingartner, *Teaching as a Subversive Activity* (Nova York: Dell Publishing Co., 1969), p. 60.

5. Tim T. Morris, Danny Dorling, Neil M. Davies e George Davey Smith, "Associations Between School Enjoyment at Age 6 and Later Educational Achievement: Evidence from a UK Cohort Study" *npj Science of Learning* 6, n. 1 (15 de junho de 2021), pubmed.ncbi.nlm.nih.gov/34131153/.

6. Postman e Weingartner, *Teaching as a Subversive Activity*, p. 62.

7. Richard P. Feynman, conforme dito a Ralph Leighton, *"What Do You Care What Other People Think?" Further Adventures of a Curious Character* (Nova York: W. W. Norton & Co., 2001).

8. Jacob W. Getzels e Philip W. Jackson, *Creativity and Intelligence: Explorations with Gifted Students* (Londres: John Wiley & Sons, 1962), p. 31.

9. Erik L. Westby e V. L. Dawson, "Creativity: Asset or Burden in the Classroom?", *Creativity Research Journal* 8, n. 1 (1995): 1–10, www.gwern.net/docs/psychology/1995-westby.pdf.

10. Postman e Weingartner, *Teaching as a Subversive Activity*, p. 62.

11. Postman e Weingartner, *Teaching as a Subversive Activity*, p. 29.

12. Tom Peters, "Say 'No' to Normalcy", *Journal for Quality and Participation* 21, n. 3 (maio/junho de 1998): 64, www.proquest.com/open view/30dc2926802784d40c9b3e9dac54cd13/1?pq-origsite=gscholar &cbl=37083.

13. Citado em "Modern Living: Ozmosis in Central Park", *Time*, 4 de outubro de 1976, content.time.com/time/subscriber/article/0,33009,918412,00.html.

14. David Bayles e Ted Orland, *Art and Fear: Observations on the Perils (and Rewards) of Artmaking* (Santa Cruz, CA: Image Continuum, 1993), p. 79.

Capítulo 2: Descarte

1. Elle Luna, *The Crossroads of Should and Must: Find and Follow Your Passion* (Nova York: Workman Publishing Co., 2015).

2. Catrin Sian Rutland, Pia Cigler e Valentina Kubale, "Reptilian Skin and Its Special Histological Structures", em *Veterinary Anatomy and Physiology*, editado por Catrin Sian Rutland e Valentina Kubale (London: IntechOpen, 2019), 150–152; Stephen Divers e Scott Stahl, *Mader's Reptile and Amphibian Medicine and Surgery*, 3ª ed. (St. Louis: Elsevier, 2019), p. 732.

3. Maranke I. Koster, "Making an Epidermis", *Annals of the New York Academy of Sciences* 1170, n. 1 (4 de agosto de 2009): 7–10, nyaspubs. onlinelibrary.wiley.com/doi/10.1111/j.1749-6632.2009.04363.x.

4. Philip Galanes, "For Arianna Huffington and Kobe Bryant: First Success. Then Sleep", *New York Times*, 28 de setembro de 2014, www. nytimes.com/2014/09/28/fashion/arianna-huffington-kobe-bryant-meditate.html.

5. Rebecca Solnit, *A Field Guide to Getting Lost* (Nova York: Penguin Books, 2006).

6. E. Bruce Goldstein, *Encyclopedia of Perception* (Thousand Oaks, CA: Sage Publications, 2009), p. 492.

7. John A. Banas e Stephen A. Rains, "A Meta-Analysis of Research on Inoculation Theory", *Communication Monographs* 77, n. 3 (2010),

nca.tandfonline.com/doi/abs/10.1080/03637751003758193#.Ypw V7JDMLlw.

8. Carl R. Rogers, *On Becoming a Person: A Therapist's View of Psychotherapy* (Boston: Houghton Mifflin, 1995), p. 332.

9. Lowell L. Bennion, *Religion and the Pursuit of Truth* (Salt Lake City, UT: Deseret Book Co., 1959), p. 52.

10. Emma Goldman, "What I Believe", *New York World*, 19 de julho de 1908.

11. David Kortava, "Lost in Thought: The Psychological Risks of Meditation", *Harper's*, abril de 2021, harpers.org/archive/2021/04/lost-in-thought-psychological-risks-of-meditation/.

12. M. Farias, E. Maraldi, K. C. Wallenkampf e G. Lucchetti, "Adverse Events in Meditation Practices and Meditation-Based Therapies: A Systematic Review", *Acta Psychiatrica Scandinavica* 142 (2020): 374–393, onlinelibrary.wiley.com/doi/full/10.1111/acps.13225

13. F. Scott Fitzgerald, "The Crack-Up", *Esquire*, 1º de fevereiro de 1936, classic.esquire.com/article/1936/2/1/the-crack-up.

14. Graham M. Vaughan, "Henri Tajfel: Polish-Born British Social Psychologist", *Britannica*, 29 de abril de 2022, www.britannica.com/biography/Henri-Tajfel.

15. Henri Tajfel, "Experiments in Intergroup Discrimination", *Scientific American* 223, n. 5 (novembro de 1970): 96–103, www.jstor.org/stable/24927662.

16. David Foster Wallace, "Tense Present: Democracy, English, and the Wars over Usage", *Harper's*, abril de 2001.

17. Amy E. Boyle Johnston, "Ray Bradbury: *Fahrenheit 451* Misinterpreted", *LA Weekly*, 30 de maio de 2007, www.laweekly.com/ray-bradbury-fahrenheit-451-misinterpreted/.

18. Elizabeth N. Simas, Scott Clifford e Justin H. Kirkland, "How Empathic Concern Fuels Political Polarization", *American Political Science Review* 114, n. 1 (fevereiro de 2020): 258–269, www.cambridge.org/core/journals/american-political-science-review/article/how-empathic-concern-fuels-political-polarization/8115DB5BDE548FF6AB04DA-661F83785E.

19. David J. Lick, Adam L. Alter e Jonathan B. Freeman, "Superior Pattern Detectors Efibly Learn, Activate, Apply, and Update Social Stere-

otypes", *Journal of Experimental Psychology: General* 147, n. 2 (fevereiro de 2018): 209–227, pubmed.ncbi.nlm.nih.gov/28726438/.

20. Daniel J. Isenberg, "Group Polarization: A Critical Review and Meta-Analysis", *Journal of Personality and Social Psychology* 50, n. 6 (1986): 1141–1151, psycnet.apa.org/record/1986-24477-001.

21. Susan David, "The Gift and Power of Emotional Courage", TEDWomen, novembro de 2017, www.ted.com/talks/susan_david_the_gift_and_power_of_emotional_courage/.

22. Glen Pearson, "African Famine: 'I See You,'" *HuffPost Canada*, 9 de agosto de 2011, www.huffpost.com/archive/ca/entry/africa-famine_b_922063.

23. Pearson, "African Famine".

24. Scott Neuman, "On Anniversary of Apollo 8, How the 'Earthrise' Photo Was Made", *The Two-Way*, NPR, 23 de dezembro de 2013, www.npr.org/sections/thetwo-way/2013/12/23/256605845/on-anniversary-of-apollo-8-how-the-earthrise-photo-was-made.

25. Archibald MacLeish, "Riders on Earth Together, Brothers in Eternal Cold", *New York Times*, 25 de dezembro de 1968, archive.nytimes.com/www.nytimes.com/library/national/science/nasa/122568sci-nasa-macleish.html.

26. Jim Lovell, "Apollo 8 Astronaut Remembers Looking Down at Earth", Smithsonian National Air and Space Museum, 21 de dezembro de 2018, airandspace.si.edu/stories/editorial/apollo-8-astronaut-remembers-looking-down-earth.

27. "Edgar Mitchell's Strange Voyage", *People*, 8 de abril de 1974, people.com/archive/edgar-mitchells-strange-voyage-vol-1-no-6/.

28. Pico Iyer, "Why We Travel", *Salon*, 18 de março de 2000, www.salon.com/2000/03/18/why/.

29. Chip Heath e Dan Heath, *Switch: How to Change Things When Change Is Hard* (Nova York: Broadway Books, 2010), p. 208.

30. Daniel M. Stancato e Dacher Keltner, "Awe, Ideological Conviction, and Perceptions of Ideological Opponents", *Emotion* 21, n. 1 (fevereiro de 2021): 61–72, psycnet.apa.org/buy/2019-46364-001.

31. Jonathon McPhetres, "Oh, the Things You Don't Know: Awe Promotes Awareness of Knowledge Gaps and Science Interest", *Cognition and Emotion* 33, n. 8 (2019): 1599–1615, www.tandfonline.com/doi/full/10.1080/02699931.2019.1585331.

NOTAS 247

32. TS Eliot, "Little Gidding", em *Four Quartets* (Nova York: Harcourt Brace and Co., 1943).

Capítulo 3: Desintoxique

1. Arthur C. Brooks, "This Holiday Season, We Can All Learn a Lesson from Beethoven", *Washington Post*, 13 de dezembro de 2019, www.washingtonpost.com/opinions/this-holiday-season-we-can-all-learn--a-lesson-from-beethoven/2019/12/13/71f21aba-1d0e-11ea-b4c1-fd-0d91b60d9e_story.html.

2. Maynard Solomon, *Beethoven* (Nova York: Schirmer, 2012).

3. Craig Wright, *The Hidden Habits of Genius: Beyond Talent, IQ, and Grit—Unlocking the Secrets of Greatness* (Nova York: Dey Street Books, 2020).

4. Blaise Pascal, *Pensées*, traduzido por Gertrude Burford Rawlings (Mount Vernon, NY: Peter Pauper Press, 1900), p. 65.

5. "Free Your Mind", En Vogue, *Funky Divas*, EastWest Records, 1992.

6. Clive Thompson, "End the Tyranny of 24/7 Email", *New York Times*, 28 de agosto de 2014, www.nytimes.com/2014/08/29/opinion/end--the-tyranny-of-24-7-email.html.

7. Nicholas Carr, *The Shallows: What the Internet Is Doing to Our Brains* (Nova York: W. W. Norton & Co., 2010), p. 120.

8. Herbert A. Simon, "Designing Organizations for an Information-Rich World", *Computers, Communication, and the Public Interest*, editado por Martin Greenberger (Baltimore: Johns Hopkins University Press, 1971), p. 40.

9. Melina R. Uncapher e Anthony D. Wagner, "Minds and Brains of Media Multitaskers: Current Findings and Future Directions", Proceeds *of the National Academy of Sciences* 115, n. 40 (1º de outubro de 2018): 9889–9896, www.pnas.org/doi/full/10.1073/pnas.1611612115.

10. Kermit Pattison, "Worker, Interrupted: The Cost of Task Switching", *Fast Company*, 28 de julho de 2008, www.fastcompany.com/944128/worker-interrupted-cost-task-switching.

11. Statista, "Daily Time Spent on Social Networking by Internet Users Worldwide from 2012 to 2022", 21 de março de 2022, www.statista.com/statistics/433871/daily-social-media-usage-worldwide/.

248   DESPERTE SUA GENIALIDADE

12. Marc Brysbaert, "How Many Words Do We Read per Minute? A Review and Meta-Analysis of Reading Rate", *Journal of Memory and Language* 109 (dezembro de 2019), www.sciencedirect.com/science/article/abs/pii/S0749596X19300786.

13. Robert A. Heinlein, *Stranger in a Strange Land* (Nova York: Ace Books, 1987), p. 98.

14. Oliver Burkeman, "Treat Your To-Read Pile Like a River, Not a Bucket", www.oliverburkeman.com/river.

15. Chip Heath e Dan Heath, *Decisive: How to Make Better Choices in Life and Work* (Nova York: Currency, 2013); Amar Cheema e Dilip Soman, "The Effect of Partitions on Controlling Consumption", *Journal of Marketing Research* 45, n. 6 (dezembro de 2008): 665–675, www.jstor.org/stable/20618855.

16. Marcia Reynolds, "Zebras and Lions in the Workplace: An Interview with Dr. Robert Sapolsky", *International Journal of Coaching in Organizations* 4, n. 2 (2006): 7–15, libraryofprofessionalcoaching.com/concepts/managing-stress-and-challenges/zebras-and-lions-in-the--workplace-an-interview-with-dr-robert-sapolsky/.

17. Rosamund Stone Zander e Benjamin Zander, *The Art of Possibility: Transforming Professional and Personal Life* (Boston: Harvard Business School Press, 2000), p. 177.

18. Ferriss, Tim. *The 4-Hour Work Week: Escape the 9–5, Live Anywhere, and Join the New Rich* (Nova York: Crown, 2009), p. 70.

19. Jia Tolentino, *Trick Mirror: Reflections on Self-Delusion* (Nova York: Random House, 2020), p. 66–67.

20. Pamela Rothon, "A Conversation with Corita Kent", *American Way* 3, n. 11 (novembro de 1970): p. 7–14.

Capítulo 4: Espetacularmente Você

1. Brené Brown, *Braving the Wilderness: The Quest for True Belong-ing and the Courage to Stand Alone* (Nova York: Random House, 2019), p. 160.

2. A realidade foi um pouco diferente da representação de Hollywood. Cash fez o teste sozinho depois de surpreender Sam Phillips na porta da Sun Records e foi convidado a voltar com uma banda de apoio. Depois de ouvir as músicas gospel do grupo, Phillips rejeitou a ideia de comercializá-las como uma apresentação gospel e pediu que voltas-

sem com material novo. Em uma audição posterior, Cash finalmente cantou "Folsom Prison Blues". Colin Escott e Martin Hawkins, *Good Rockin' Tonight: Sun Records and the Birth of Rock 'n' Roll* (Nova York: Open Road Integrated Media, 2011).

3. *Johnny & June*, roteiro de Gill Dennis e James Mangold, dirigido por James Mangold (20th Century Fox, 2005).

4. Robert L. Doerschuk, "One Vision Beyond Music: On Simplicity, Context, and the Necessity of Urgency", *Keyboard*, junho de 1989.

5. Bruce Springsteen, *Born to Run* (Nova York: Simon & Schuster, 2017), p. 166.

6. David Rubenstein, "Oprah Winfrey", *The David Rubenstein Show: Peer to Peer Conversations*, 1º de março de 2017, www.bloomberg.com/news/videos/2017-03-01/the=-david-rubenstein-show-oprah-winfrey?srnd-peer-to-peer.

7. Jane L. Levere, "Airline Safety Videos That Passengers Might Watch", *Seattle Times*, 31 de janeiro de 2014, www.seattletimes.com/life/travel/airline-safety-videos-that-passengers-might-watch/.

8. Paula Caligiuri, "When Unilever Bought Ben & Jerry's: A Story of CEO Adaptability", *Fast Company*, 14 de agosto de 2012, www.fastcompany.com/3000398/when-unilever-bought-ben-jerrys-story-ceo--adaptability.

9. Nick Craig, *Leading from Purpose: Clarity and the Confidence to Act When It Matters Most* (Nova York: Hachette Book Group, 2018).

10. "Nick Craig on Leading from Purpose", *Purpose and Profit with Kathy Varol* (podcast de áudio), 9 de junho de 2021, purposeandprofit.libsyn. com/5-nick-craig-on-leading-from-purpose; Nick Craig, "Do You Lead with Purpose?", Knowledge at Wharton, 26 de setembro de 2018, knowledge.wharton.upenn.edu/article/do-you-lead-with-purpose/.

11. Para exemplos adicionais de empresas que criaram produtos notáveis, consulte Seth Godin, *A Vaca Roxa: Como transformar o seu negócio e se destacar dos concorrentes*.

12. Cameron Crowe, "Joni Mitchell Defends Herself", *Rolling Stone*, 26 de julho de 1979, www.rollingstone.com/feature/joni-mitchell-defends--herself-61890/.

13. Laura Shapiro, *Something from the Oven: Reinventing Dinner in 1950s America* (Nova York: Viking, 2004).

14. Claudia H. Deutsch, "At Kodak, Some Old Things Are New Again", *New York Times*, 2 de maio de 2008, www.nytimes.com/2008/05/02/technology/02kodak.html.

15. Rupert Neate, "Kodak to Stop Making Cameras", *Guardian*, 9 de fevereiro de 2012, www.theguardian.com/business/2012/feb/09/kodak-to-stop-making-cameras.

16. A história da Fuji é baseada nas seguintes fontes: Christopher Sirk, "Fujifilm Found a Way to Innovate and Survive Digital. Why Didn't Kodak?", CRM.ORG, 17 de setembro de 2020, crm.org/articles/fujifilm-found-a-way-to-innovate-and-survive-digital-why-didnt-kodak; Ushijima Bifue, "Fujifilm Finds New Life in Cosmetics",nippon.com, 25 de abril de 2013, www.nippon.com/en/features/c00511/; Aidan McCullen, Undisruptable: *A Mindset of Permanent Reinvention for Individuals, Organisations, and Life* (Chichester, UK: Wiley, 2021).

17. Richard Nieva, "YouTube Started as an Online Dating Site", CNET, 14 de março de 2016, www.cnet.com/tech/services-and-software/youtube-started-as-an-online-dating-site/.

18. Ankit Ajmera, "Slack Reference Price for Direct Listing Set at $26/Share", Reuters, 19 de junho de 2019, www.reuters.com/article/us-slack-listing-reference-price/slack-reference-price-for-direct-listing-set-at-26-share-idUSKCN1TK31V?il=0; Haidee Chu, "'Glitch' Died so Slack Could Take over Offices Everywhere, but Traces of the Game Live On", Mashable, 25 de fevereiro de 2020, mashable.com/article/slack-glitch.

19. Ciarán Ó Murchadha, *The Great Famine: Ireland's Agony 1845–1852* (Londres: Continuum International Publishing, 2011).

20. Ann Gibbons, "The Great Famine: Decoded", *Science*, 21 de maio de 2013, www.science.org/content/article/great-famine-decoded.

21. George Stroumboulopoulos, "Interview with BlackBerry Co-CEO Jim Balsillie", *The Hour*, CBC, 1º de abril de 2008, www.youtube.com/watch?v=wQRcEObmSRM.

22. Adam Grant, *Think Again: The Power of Knowing What You Don't Know* (Nova York: Viking, 2021), p. 16.

23. George Parker, "Xerox Was Actually First to Invent the PC, They Just Forgot to Do Anything with It", *Business Insider*, 29 de fevereiro de 2012, www.businessinsider.com/xerox-was-actually-first-to-invent-the-pc-they-just-forgot-to-do-anything-with-it-2012-2.

24. François Jacob, "Evolution and Tinkering", *Science* 196, n. 4295 (10 de junho de 1977): 1163, DOI: 10.1126/science.860134.

25. Robert Root-Bernstein *et al.*, "Arts Foster Scientific Success: Avocations of Nobel, National Academy, Royal Society, and Sigma Xibers", *Journal of Psychology of Science and Technology* 1, n. 2 (outubro de 2008): p. 53.

26. Tom Bilyeu, "Amelia Boone: How to Cultivate Mental Toughness", Impact Theory, 7 de março de 2017, impacttheory.com/episode/amelia-boone/.

27. Thomas C. Hayes, "Walker Balances Bulk with Ballet", *New York Times*, 11 de abril de 1988, www.nytimes.com/1988/04/11/sports/walker-balances-bulk-with-ballet.html.

Capítulo 5: Descubra Sua missão

1. Esta história é baseada nas seguintes fontes: Judy Klemesrud, "'Rocky Isn't Based on Me', says Stallone,'But We Both Went the Distance'", *New York Times*, 28 de novembro de 1976, www.nytimes.com/1976/11/28/archives/rocky-isnt-based-on-me-says-stallone-but-we-both-went-the-distance.html; Josh Cornfield, "Rocky's Muse: Boxer Who Inspired Stallone Gets His Moment", Associated Press, 4 de maio de 2017, apnews.com/article/c32bbd68efbf4a2987719eb6a-32bcff4; "*Rocky*: Video Commentary with Sylvester Stallone", produzido por Jennifer Peterson e Mark Rance (MGM Home Video, 2000), www.youtube.com/watch?v=TBjKQi5c_As.

2. Robert Krulwich, "How Do Plants Know Which Way Is Up and Which Way Is Down?", *Krulwich Wonders*, NPR, 22 de junho de 2012, www.npr.org/sections/krulwich/2012/06/21/155508849/how-do-plants-know-which-way-is-up-and-which-way-is-down.

3. Gil Bailie, *Violence Unveiled: Humanity at the Crossroads* (Nova York: Crossroad Publishing Co., 1997), p. xv.

4. Lizzo, "Juice", *Cuz I Love You* (2019): "If I'm shinin', everyone gonna shine."

5. Bruce McClure e Deborah Byrd, "Gamma Cephei, aka Errai, a Future North Star", EarthSky, 22 de setembro de 2021, earthsky.org/brightest-stars/gamma-cephei-errai-future-north-star/.

6. Jim Carrey, discurso de formatura, Maharishi International University, Fairfield, Iowa, 24 de maio de 2014, www.miu.edu/graduation-2014.

7. Boyd Varty, *The Lion Tracker's Guide to Life* (Boston: Houghton Mifflin Harcourt, 2019).

8. Jocelyn Hoppa, *Isaac Asimov: Science Fiction Trailblazer* (Berkeley Heights, NJ: Enslow Publishers, 2009), p. 8.

9. Seth Godin, "And Maybe It's Enough", Seth's Blog, 6 de abril de 2022, seths.blog/2022/04/and-maybe-its-enough/.

10. Robert I. Sutton, "Kurt Vonnegut on 'Having Enough': A Reminder from the No Asshole Rule", *Fast Company*, 10 de março de 2011, www.fastcompany.com/1737273/kurt-vonnnegut-having-enough-reminder-no-asshole-rule.

11. Max Kutner, "How to Game the College Rankings", *Boston*, 26 de agosto de 2014, www.bostonmagazine.com/news/2014/08/26/how-northeastern-gamed-the-college-rankings/.

12. Luxi Shen e Christopher K. Hsee, "Numerical Nudging: Using an Accelerating Score to Enhance Performance", *Psychological Science* 28, n. 8 (30 de junho de 2017): 1077–1086, journals.sagepub.com/doi/abs/10.1177/0956797617700497.

13. Bethany McLean, "How Wells Fargo's Cutthroat Corporate Culture Allegedly Drove Bankers to Fraud", *Vanity Fair*, 31 de maio de 2017, www.vanityfair.com/news/2017/05/wells-fargo-corporate-culture-fraud.

14. Nicholas Iovino, "$480M Wells Fargo Shareholder Settlement Approved", *Courthouse News Service*, 18 de dezembro de 2018, www.courthousenews.com/480m-wells-fargo-shareholder-settlement-approved/.

Capítulo 6: Destrave a Sabedoria Interior

1. John F. Kennedy, discurso de formatura, Universidade de Yale, 11 de junho de 1962, www.jfklibrary.org/about-us/about-the-jfk-library/kennedy -library-fast-facts/rededication-film-quote.

2. Glennon Doyle, *Untamed* (Nova York: Dial Press, 2020), p. 55.

3. David Lynch, *Catching the Big Fish: Meditation, Consciousness, and Creativity* (Nova York: Jeremy P. Tarcher/Perigee, 2007), p. 1.

4. Este é um significado possível da palavra abracadabra derivada da frase aramaica *avra kehdabra*. Lawrence Kushner, *The Book of Words: Talking Spiritual Life, Living Spiritual Talk* (Woodstock, VT: Jewish Lights Publishing, 2011), p. 11.

5. Nana Ariel, "Talking Out Loud to Yourself Is a Technology for Thinking", *Psyche*, 23 de dezembro de 2020, psyche.co/ideas/talking--out-loud-to-yourself-is-a-technology-for-thinking.

6. Julia Cameron, *The Artist's Way: A Spiritual Path to Higher Creativity* (Nova York: Jeremy P. Tarcher/Putnam, 1992).

7. Para saber mais sobre procrastinação estratégica, consulte Adam Grant, "Why I Taught Myself to Procrastinate", *New York Times*, 16 de janeiro de 2016.

8. Gerry Leisman *et al.*, "Thinking, Walking, Talking: Integratory Motor and Cognitive Brain Function", *Frontiers in Public Health* 4 (25 de maio de 2016): 94, www.ncbi.nlm.nih.gov/pmc/articles/PMC4879139/.

9. Marily Oppezzo e Daniel L. Schwartz, "Give Your Ideas Some Legs: The Positive Effect of Walking on Creative Thinking", *Journal of Experimental Psychology: Learning, Memory, and Cognition* 40, n. 4 (2014): 1142–1152.

10. "Quentin Tarantino", *The Joe Rogan Experience*, 29 de junho de 2021, open.spotify.com/episode/5cdu4y60lq6QXyUbhMpVWH.

11. William Poundstone, *Carl Sagan: A Life in the Cosmos* (Nova York: Henry Holt and Co., 1999), p. 104.

12. Charles J. Limb e Allen R. Braun, "Neural Substrates of Spontaneous Musical Performance: An fMRI Study of Jazz Improvisation", *PLoS ONE* 3, n. 2 (27 de fevereiro de 2008): e1679, journals.plos.org/plosone/article?id=10.1371/journal.pone.0001679.

13. Guy Raz, "What Does a Creative Brain Look Like?", *TED Radio Hour*, 3 de outubro de 2014, www.npr.org/transcripts/351549673.

14. Ellen M. Calder, "Personal Recollections of Walt Whitman", *Atlantic Monthly*, junho de 1907, www.theatlantic.com/past/docs/issues/07jun/recollections.htm.

15. Chip Heath e Dan Heath, *Decisive: How to Make Better Choices in Life and Work* (Nova York: Currency, 2013).

16. David Robson, "A Brief History of the Brain", *New Scientitist*, 21 de setembro de 2011, www.newscientist.com/article/mg21128311-800-a--brief-history-of-the-brain/.

17. A história sobre Isaac Newton é baseada nas seguintes fontes: Thomas Levenson, "The Truth About Isaac Newton's Productive Plague", *New Yorker*, 6 de abril de 2020, www.newyorker.com/culture/cultural-com-

254 DESPERTE SUA GENIALIDADE

ment/the-truth-about-isaac-newtons-productive-plague; Ada Palmer, "Self-Care & Healthy Work Habits for the Pandemic", *Ex Urbe*, 30 de julho de 2020, www.exurbe.com/self-care-healthy-work-habits-for--the-pandemic/.

18. Isaac Newton, carta a Robert Hooke, 5 de fevereiro de 1675, em *The Correspondence of Isaac Newton: 1661–1675*, vol. 1, editado por HW Turnbull (Londres: Cambridge University Press, 1959), p. 416.

19. A analogia do tribunal foi inspirada por uma entrevista com Olivier Sibony: Bill Huyett e Tim Koller, "How CFOs Can Keep Strategic Decisions on Track", McKinsey & Company, 1º de fevereiro de 2011, www.mckinsey.com/business-functions/strategy-and-corporate-finance/our-insights/how-cfos-can-keep-strategic-decisions-on-track.

20. Reed Hastings, "Reed Hastings on Netflix's Biggest Mistake", *Forbes*, 11 de setembro de 2020, www.forbes.com/sites/forbesdigitalcovers/2020/09/11/reed-hastings-no-rules-rules-book-excerpt-netflix-biggest-mistake/?sh=5e0d0b0332d9.

21. Hastings, "Reed Hastings on Netflix's Biggest Mistake".

22. Hastings, "Reed Hastings on Netflix's Biggest Mistake".

23. Reed Hastings, "How Netflix Changed Entertainment—and Where It's Headed", TED Talk, abril de 2018, www.ted.com/talks/reed_hastings_how_netflix_changed_entertainment_and_where_it_s_headed/.

24. Mark Harris, *Mike Nichols: A Life* (Nova York: Penguin Books, 2022), 369, 435.

Capítulo 7: Liberte o Poder da Diversão

1. A história do R.E.M. é baseada nas seguintes fontes: Kory Grown, "R.E.M. Reflect on 'Radical' *Out of Time* LP" *Rolling Stone*, 21 de novembro de 2016, www.rollingstone.com/feature/rem-losing-my-religion-out-of-time-album-124296/; Hrishikesh Hirway, "R.E.M.—Losing My Religion", *Song Exploder: How Music Gets Made* (Netflix, 2020), www.netflix.com/watch/81025976.

2. Hirway, "R.E.M."

3. Brooke N. Macnamara *et al.*, "Deliberate Practice and Performance in Music, Games, Sports, Education, and Professions: A Meta-Analysis", *Psychological Science* 25, n. 8 (agosto de 2014): 1608–1618.

4. Henry Ford e Samuel Crowther, *My Life and Work* (Garden City, NY: Doubleday, Page & Co., 1922), p. 92.

5. Daniel H. Pink, *A Whole New Mind: Why Right-Brainers Will Rule the Future* (Nova York: Riverhead Books, 2005), p. 187.

6. Lawrence Pearsall Jacks, *Education Through Recreation* (Nova York: Harper & Brothers, 1932).

7. Atul Gawande, *The Checklist Manifesto: How to Get Things Right* (Nova York: Picador, 2011).

8. René Proyer e Willibald Ruch, "The Virtuousness of Adult Playfulness: The Relation of Playfulness with Strengths of Character", *Psychology of Well-Being Theory Research and Practice* 1, n. 1 (janeiro de 2011), DOI:10.1186/2211-1522-1-4.

9. Alice Isen, Mitzi M. S. Johnson, Elizabeth Mertz, Gregory F. Robinson, "The Influence of Positive Affect on the Unusualness of Word Associations", *Journal of Personality and Social Psychology* 48, n. 6 (junho de 1985): 1413–1426, DOI:10.1037//0022-3514.48.6.1413.

10. Alice Isen, Kimberly A. Daubman e Gary P. Nowicki, "Positive Affect Facilitates Creative Problem Solving", *Journal of Personality and Social Psychology* 52, n. 6 (1987): p. 1122–1131, https://psycnet.apa.org/doiLanding?doi=10.1037%2F0022-3514.52.6.1122.

11. Oliver Burkeman, "How Pixar Conquered the Planet", *Guardian*, 12 de novembro de 2004, www.theguardian.com/film/2004/nov/12/3.

12. Megan McArthur, "A NASA Astronaut's Lessons on Fear, Confidence, and Preparing for Spaceflight", TED Talk, novembro de 2020, www.ted.com/talks/megan_mcarthur_a_nasa_astronaut_s_lessons_on_fear_confidence_and_preparing_for_spaceflight/.

13. Kory Grow, "R.E.M. Reflect on 'Radical' *Out of Time* LP", *Rolling Stone*, 21 de novembro de 2016, www.rollingstone.com/feature/rem--losing-my-religion-out-of-time-album-124296/.

14. Richard P. Feynman e Ralph Leighton, *"Surely You're Joking, Mr. Feynman!": Adventures of a Curious Character* (Nova York: W. W. Norton, 1985).

15. Michael T. Ghiselin, "Perspective: Darwin, Progress, and Economic Principles", *Evolution* 49, n. 6 (dezembro de 1995): 1029–1037, www.jstor.org/stable/2410428.

256 DESPERTE SUA GENIALIDADE

16. Amy Stewart, "Talking with Elizabeth Gilbert About Her Novel of Botanical Exploration", *Garden Rant*, 2 de outubro de 2013, gardenrant. com/2013/10/elizabeth-gilberts-novel-of-botanical-exploration.html.

17. Aaron Sorkin, "Aaron Sorkin Teaches Screenwriting", MasterClass, www.masterclass.com/classes/aaron-sorkin-teaches-screenwriting.

18. Chip Heath e Dan Heath, *Decisive: How to Make Better Choices in Life and Work* (Nova York: Currency, 2013); Stuart Brown com Christopher Vaughan, *Play: How It Shapes the Brain, Opens the Imagination, and Revigorates the Soul* (Nova York: Penguin/Avery, 2009), p. 131–132.

19. Vanessa Van Edwards, "Priming Psychology: How to Get People to Do What You Want", Science of People, www.scienceofpeople.com/ priming-psychology/.

20. Chip Heath e Dan Heath, *Switch: How to Change Things When Change Is Hard* (Londres: Random House Business Books, 2011), p. 157.

Capítulo 8: Ouse Criar

1. Stephen King, *On Writing: A Memoir of the Craft* (Nova York: Pocket Books, 2002), p. 9–16.

2. Emma Kelly, "15 Books You Didn't Know Stephen King Wrote", *Newsweek*, 22 de abril de 2021, www.newsweek.com/stephen-king-novels-you-didnt-know-he-wrote-1584233.

3. Arthur Schopenhauer, *Parerga and Paralipomena*, vol. 2, *Short Philosophical Essays*, traduzido por Adrian Del Caro (Cambridge: Cambridge University Press, 2015).

4. *Rocketman*, roteiro de Lee Hall, dirigido por Dexter Fletcher (Paramount Pictures/New Republic Pictures, 2019).

5. Clare O'Connor, "How Sara Blakely of Spanx Turned $5,000 into $1 billion", *Forbes*, 14 de março de 2012, www.forbes.com/global/2012/0326/billionaires-12-feature-united-states-spanx-sara-blakely-american-booty.html?sh=650816f37ea0.

6. Sara Blakely, "I Never Had a Business Plan" (Instagram post), 20 de julho de 2020, www.instagram.com/p/CC3SpZGASE_/.

7. Kevin Kelly, "68 Bits of Unsolicited Advice", Technium, 28 de abril de 2020, kk.org/thetechnium/68-bits-of-unsolicited-advice/.

8. Philip Glass, *Words Without Music: A Memoir* (Nova York: Liveright Publishing Co., 2016).

9. William Goldman, *Adventures in the Screen Trade: A Personal View of Hollywood and Screenwriting* (Nova York: Grand Central Publishing, 2012).

10. Ignaz Philipp Semmelweis, *The Etiology, Concept, and Prophylaxis of Childbed Fever*, traduzido por K. Codell Carter (Madison: University of Wisconsin Press, 1983).

11. Nahlah Ayed, "The Dirt on Handwashing: The Tragic Death Behind a Life-Saving Act", CBC Radio, 28 de maio de 2020, www.cbc.ca/radio/ideas/the-dirt-on-handwashing-the-tragic-death-behind-a-life-saving--act-1.5587319.

12. Nicholas P. Leveillee, "Copernicus, Galileo, and the Church: Science in a Religious World", *Inquiries* 3, n. 5 (2011), www.inquiriesjournal.com/articles/1675/copernicus-galileo-and-the-church-science-in-a-religious-world.

13. Christopher Graney, "The Inquisition on Copernicus, February 24, 1616: A Little Story About Punctuation", Observatório do Vaticano, 24 de fevereiro de 2016, www.vaticanobservatory.org/sacred-space-astronomy/139212-2/.

14. King, *On Writing*, p. 184.

15. Rufus W. Griswold (sem assinatura), revisão sem título de *Leaves of Grass*, *Criterion*, 10 de novembro de 1855.

16. "*Leaves of Grass*", *New York Daily Times*, 13 de novembro de 1856.

17. Elizabeth Gilbert, *Big Magic: Creative Living Beyond Fear* (Nova York: Riverhead Books, 2015), p. 125.

18. Lao-tzu, *Tao Te Ching*, traduzido por Stephen Mitchell (Nova York: Harper Perennial Modern Classics, 2006).

19. Bob Ross, "Happy Accident", *The Joy of Painting*, 25 de março de 1987.

20. Dean Keith Simonton, "Creativity as Heroic: Risk, Success, Failure, and Acclaim", em *Creative Action in Organizations: Ivory Tower Visions and Real World Voices*, editado por Cameron M. Ford e Dennis A. Gioia (Thousand Oaks, CA: Sage Publications, 1995), p. 88.

21. Gary Kauffman, "Babe Ruth Would Now Be Listed as a Contact Hitter", How They Play, 27 de maio de 2022, howtheyplay.com/team-sports/strikeouts-have-skyrocketed-since-Babe-Ruth.

22. Josh Waitzkin, *The Art of Learning: An Inner Journey to Optimal Performance* (Nova York: Free Press, 2008), p. 113.

23. Rudy Francisco, "Most of What I Know", *I'll Fly Away* (Minneapolis: Button Poetry, 2020): "The ground has taught me / more about flight / than the sky ever could."

24. Alysa Landry, "Navajo Weaver Shares Story with Authentic Rugs", *Native Times*, 16 de março de 2009, www.nativetimes.com/archives/22/1217-navajo-weaver-shares-story-with-authentic-rugs.

25. Jason Fried, "A Mistake Is Just a Moment in Time", Signal V. Noise, 10 de setembro de 2016, m.signalvnoise.com/a-mistake-is-just-a-moment-in-time/.

26. A história sobre Jerry Seinfeld é baseada nas seguintes fontes: Michael Neill e Michael Alexander, "Success Was a Shore Thing Once Jerry Seinfeld Stuck to Being a Stand-Up Kind of Guy", *People*, 5 de setembro de 1988; Steven Rea, "Jerry Seinfeld's True Comedy", *Entertainment Weekly*, 1º de março de 1991.

27. Lionel Messi, "Adidas: Overnight Success", comercial da Adidas (2012), vimeo.com/44340483.

28. Steve Martin, *Born Standing Up: A Comic's Life* (Nova York: Scribner, 2007), p. 1.

29. Mark Harris, *Mike Nichols: A Life* (Nova York: Penguin Books, 2022), p. 531.

30. Tim Ferriss, *Tribe of Mentors: Short Life Advice from the Best in the World* (Harper Business: Nova York, 2017).

31. Seth Godin, *Permission Marketing: Turning Strangers into Friends and Friends into Customers* (Nova York: Simon & Schuster, 1999).

Capítulo 9: Detectando Besteiras

1. Jacob Margolis,"How a Tweet About the Mars Rover Dying Blew Up on the Internet and Made People Cry", *LAist*, 16 de fevereiro de 2019, laist.com/news/jpl-mars-rover-opportunity-battery-is-low-and-its-getting-dark.

2. Chuck Palahniuk, *Lullaby* (Nova York: Anchor Books, 2003), p. 18–19.

3. Soroush Vosoughi, Deb Roy e Sinan Aral, "The Spread of True and False News Online", *Science* 359, n. 6380 (9 de março de 2018): 1146–1151, www.science.org/doi/10.1126/science.aap9559.

4. Jonathan Swift, "The Art of Political Lying", *Examiner*, 9 de novembro de 1710.

NOTAS 259

5. Alex Mayyasi e Priceonomics, "Why Cereal Has Such Aggressive Marketing", *Atlantic*, 16 de junho de 2016, www.theatlantic.com/business/archive/2016/06/how-marketers-invented-the-modern-version--of-breakfast/487130/.

6. John Harvey Kellogg, *Plain Facts for Old and Young* (Battle Creek, MI: J. H. Kellogg, MD, 1881).

7. Loren K. Ammerman, Christine L. Hice e David J. Schmidly, *Bats of Texas* (College Station: Texas A&M University Press, 2011), p. 18.

8. Robynne Boyd, "Do People Only Use 10 Percent of Their Brains?", *Scientific American*, 7 de fevereiro de 2008, www.scientificamerican.com/article/do-people-only-use-10-percent-of-their-brains/.

9. Shuang Rong *et al.*, "Association of Skipping Breakfast with Cardiovascular and All-Cause Mortality", *Journal of the American College of Cardiology* 73, n. 16 (30 de abril de 2019): 2025–2032, pubmed.ncbi.nlm.nih.gov/31023424/.

10. Elizabeth Pratt, "Eating Breakfast Every Morning May Be Better for Your Heart", *Healthline*, 23 de abril de 2019, www.healthline.com/health-news/skipping-breakfasts-raises-your-risk-of-cardiovascular-disease.

11. Ryan W. Miller, "Eating Breakfast? Skipping a Morning Meal Has Higher Risk of Heart-Related Death, Study Says", *USA Today*, 23 de abril de 2019, www.usatoday.com/story/news/health/2019/04/23/skipping-breakfast-tied-higher-risk-heart-disease-death-study/3547295002/.

12. Shelly Insheiwat, "Study: Skipping Breakfast Increases Risk of Heart Disease Mortality by 87 Percent", FOX 11 Los Angeles, 23 de abril de 2019, www.foxla.com/news/study-skipping-breakfast-increases-risk-of-heart-disease-mortality-by-87-percent.

13. E. J. Mundell, "Skipping Breakfast a Bad Move for Your Heart?", WebMD, 23 de abril de 2019, www.webmd.com/heart/news/20190423/skipping-breakfast-a-bad-move-for-your-heart.

14. Tyler Vigen, "Spurious Correlations", https://tylervigen.com/spurious-correlations.

15. Peter Attia, "The Bad Science Behind 'Skipping Breakfast'", Peter Attia, MD, 12 de maio de 2019, peterattiamd.com/skipping-breakfast/.

16. George Plimpton, "Ernest Hemingway, The Art of Fiction n. 21", *Paris Review* 18 (primavera de 1958), www.theparisreview.org/interviews/4825/the-art-of-fiction-no-21-ernest-hemingway.

17. Richard P. Feynman, "What Is and What Should Be the Role of Scientific Culture in Modern Society", em *The Pleasure of Finding Things Out: The Best Short Works of Richard P. Feynman* (Nova York: Basic Books, 1999), p. 111.

18. Matt Preuss, "Investor Letter: Enron—Ask Why", Visible, 27 de abril de 2016, visible.vc/blog/investor-letter-enron-ask-why/.

19. "Why We Praise Meaningless Jargon and Fail to Realize the Emperor Has No Clothes", Farnam Street, fs.blog/the-emperor-has-no-clothes/.

20. Peter Whoriskey, "As Drug Industry's Influence over Research Grows, so Does the Potential for Bias", *Washington Post*, 24 de novembro de 2012, www.washingtonpost.com/business/economy/as-drug-industrys-influence-over-research-grows-so-does-the-potential-for-bias/2012/11/24/bb64d596-1264-11e2-be82-c3411b7680a9_story.html.

21. Stephan Guyenet, "Conflict of Interest", *Whole Health Source*, 28 de agosto de 2008, wholehealthsource.blogspot.com/2008/08/conflict-of-interest.html.

22. Upton Sinclair, *I, Candidate for Governor: And How I Got Licked* (Berkeley: University of California Press, 1994), p. 109.

23. Para obter mais informações sobre risco absoluto *versus* risco relativo, consulte Peter Attia, "Studying Studies: Part I—Relative Risk vs. Absolute Risk", Peter Attia, MD, 8 de janeiro de 2018, peterattiamd.com/ns001/.

24. Mark Twain, *Chapters from My Autobiography*, publicado na *North American Review* (setembro de 1906 a dezembro de 1907). Twain atribui o comentário ao primeiro-ministro britânico Benjamin Disraeli.

25. "Blowing Smoke: Vintage Ads of Doctors Endorsing Tobacco", *CBS News*, 7 de março de 2012, www.cbsnews.com/pictures/blowing-smoke-vintage-ads-of-doctors-endorsing-tobacco/.

26. Ayelet Waldman, *A Really Good Day: How Microdosing Made a Mega Difference in My Mood, My Marriage, and My Life* (Nova York: Alfred A. Knopf, 2017).

27. Richard Conniff, "When Continental Drift Was Considered Pseudoscience", *Smithsonian*, junho de 2012, www.smithsonianmag.com/science-nature/when-continental-drift-was-considered-pseudoscience-90353214/.

28. Rollin T. Chamberlin, "Some of the Objections to Wegener's Theory", *Theory of Continental Drift; a Symposium on the Origin and Movement of Land Masses, Both Inter-continental and Intra-continental, as Proposed by Alfred Wegener* (Tulsa: American Association of Petroleum Geologists, 1928), p. 87.

29. Lisa Florman, *Concerning the Spiritual—and the Concrete—in Kandinsky's Art* (Stanford, CA: Stanford University Press, 2014), p. 33.

30. Carl Sagan, *Broca's Brain: Reflections on the Romance of Science* (Nova York: Random House, 1979), p. 15.

31. Joseph McClain, "Feynman's Advice to W&M Student Resonates 45 Years Later", *W&M News*, 9 de setembro de 2020, www.wm.edu/news/stories/2020/feynmans-advice-to-wm-student-resonates-45-years-later.php.

32. Richard Feynman. "What Is Science?", apresentado na 15ª reunião anual da National Science Teachers Association, Nova York, 1966, www.feynman.com/science/what-is-science/.

33. Julia A. Minson, Nicole E. Ruedy e Maurice E. Schweitzer, "There Is Such a Thing as a Stupid Question: Question Disclosure in Strategic Communication", *Advances in Consumer Research* 40 (2012): 271–275, www.acrwebsite.org/volumes/1012889/volumes/v40/NA-40.

34. Werner Heisenberg, *Physics and Philosophy: The Revolution in Modern Science* (Londres: Penguin Books, 2000), p. 25.

35. Neil Postman e Charles Weingartner, *Teaching as a Subversive Activity* (Nova York: Dell Publishing, 1969).

36. Tim Ferriss, *Tools of Titans: The Tactics, Routines, and Habits of Billionaires, Icons, and World-Class Performers* (Boston: Mariner Books, 2016).

37. Isaac Asimov, *It's Been a Good Life*, editado por Janet Jeppson Asimov (Amherst, NY: Prometheus Books, 2002), p. 259.

Capítulo 10: Olhe Onde os Outros Não Olham

1. A história sobre Clifton Pollard é baseada nas seguintes fontes: *Breslin and Hamill: Deadline Artists*, documentário da HBO, 2018; Jimmy Breslin, "Digging JFK Grave Was His Honor", *New York Herald Tribune*, 26 de novembro de 1963, www.newsday.com/opinion/digging-jfk-grave-was-his-honor-jimmy-breslin-1.6481560; Kat Eschner, "The Man Who Dug JFK's Grave, Twice", *Smithsonian*, 14 de março de

2017, www.smithsonianmag.com/smart-news/man-who-dug-jfks-grave-twice-180962457/.

2. Arthur Schopenhauer, *The World as Will and Representation*, vol. 2, traduzido por E. F. J. Payne (Nova York: Dover Publications, 1966), p. 391.

3. Marnie Hunter, "Happy Anniversary, Wheeled Luggage!", CNN, 4 de outubro de 2010, www.cnn.com/2010/TRAVEL/10/04/wheeled.luggage.anniversary/index.html.

4. Reed Hastings, em entrevista com Amy Zipkin, "Out of Africa, onto the Web", *New York Times*, 17 de dezembro de 2006, www.nytimes.com/2006/12/17/jobs/17boss.html.

5. Salvador Dalí, "Photography, Pure Creation of the Mind", *L'Amic de les Arts* 18 (30 de setembro de 1927): p. 90–91.

6. Alexandra Alter, "Best Sellers Sell the Best Because They're Best Sellers", *New York Times*, 19 de setembro de 2020, www.nytimes.com/2020/09/19/books/penguin-random-house-madeline-mcintosh.html.

7. Russell Smith, "How Algorithms Are Changing What We Read Online", *The Walrus*, 8 de setembro de 2020, thewalrus.ca/how-algorithms-are-changing-what-we-read-online/.

8. John Herrman, "What if Instagram Got Rid of Likes?", *New York Times*, 31 de maio de 2019, www.nytimes.com/2019/05/31/style/are-likes-and-followers-the-problem-with-social-media.html.

9. Rebekah Scanlan, "Crying Influencer Slammed After Instagram Meltdown", *NZ Herald*, 23 de julho de 2019, www.nzherald.co.nz/lifestyle/crying-influencer-slammed-after-instagram-meltdown/IFCLY7BF-DD4NBHOC3GF447PUW4/.

10. Kurt Schlosser, "Instagram Surpasses 500 Million Users—95 Million Photos and Videos Shared Daily", *GeekWire*, 21 de julho de 2016, www.geekwire.com/2016/instagram-500-million-users/; Raffi Krikorian, "New Tweets per Second Record, and How!", blog de engenharia do Twitter, 16 de agosto de 2013, blog.twitter.com/engineering/en_us/a/2013/new-tweets-per-second-record-and-how.

11. Jeff Haden, "20 Years Ago, Jeff Bezos Said This 1 Thing Separates People Who Achieve Lasting Success from Those Who Don't", *Inc.*, 6 de novembro de 2017, www.inc.com/jeff-haden/20-years-ago-jeff-bezos-

-said-this-1-thing-separates-people-who-achieve-lasting-success-from-
-those-who-dont.html.

12. Kimberly Adams, "US Users Are Leaving Facebook by the Millions, Edison Research Says", *Marketplace*, 6 de março de 2019, www.marke-tplace.org/2019/03/06/tech/exclusive-look-numbers-showing-users-
-leaving-facebook-by-the-millions/.

13. Jim Jarmusch, "Things I've Learned", *MovieMaker*, 5 de junho de 2013, www.moviemaker.com/jim-jarmusch-5-golden-rules-of-movie-making/.

14. Ernest Hemingway, *A Moveable Feast: The Restored Edition* (Nova York: Scribner, 2010).

15. William Deresiewicz,"Solitude and Leadership", *American Scholar*, 1º de março de 2010, theamericanscholar.org/solitude-and-leadership/.

16. Robert Frost, "The Road Not Taken", *Atlantic Monthly* (agosto de 1915).

17. "Study: 70% of Facebook Users Only Read the Headline of Science Stories Before Commenting", *Science Post*, 5 de março de 2018, thes-ciencepost.com/study-70-of-facebook-commenters-only-read-the-hea-dline/.

18. Sarah Zhang, "The One-Paragraph Letter from 1980 That Fueled the Opioid Crisis", *Atlantic*, 2 de junho de 2017, www.theatlantic.com/health/archive/2017/06/nejm-letter-opioids/528840/.

19. Ronald Melzack, "The Tragedy of Needless Pain", *Scientific American*, 1º de fevereiro de 1990, www.scientificamerican.com/article/the-tra-gedy-of-needless-pain/.

20. Art Van Zee, "The Promotion and Marketing of OxyContin: Com-mercial Triumph, Public Health Tragedy", *American Journal of Public Health* 99, n. 2 (fevereiro de 2009): 221–227, www.ncbi.nlm.nih.gov/pmc/articles/PMC2622774/.

21. Pamela T. M. Leung, Erin M. Macdonald, Irfan A. Dhalla e David N. Juurlink, carta ao *New England Journal of Medicine*, 1º de junho de 2017, www.nejm.org/doi/full/10.1056/NEJMc1700150.

22. Marilynn Marchione, "Painful Words: How a 1980 Letter Fueled the Opioid Epidemic", Associated Press, 31 de maio de 2017, apnews.com/article/health-ma-state-wire-us-news-business-epidemics-9307e-b6e8b3c4970bb2a6344a09b0170.

Capítulo 11: Não Sou Seu Guru

1. Jordan Ellenberg, *How Not to Be Wrong: The Power of Mathematical Thinking* (Nova York: Penguin Books, 2015).

2. Henry David Thoreau, *Walden; or, Life in the Woods* (Boston: Ticknor and Fields, 1854).

3. Amanda Palmer, *The Art of Asking, or, How I Learned to Stop Worrying and Let People Help* (Nova York: Grand Central Publishing, 2014).

4. Richard Zacks, *An Underground Education: The Unauthorized and Outrageous Supplement to Everything You Thought You Knew About Art, Sex, Business, Crime, Science, Medicine, and Other Fields of Human Knowledge* (Nova York: Anchor Books, 1999), p. 19.

5. Maya Angelou, Distinguished Annie Clark Tanner Lecture, 16th annual Families Alive Conference, 8 de maio de 1997, Weber State University, Ogden, Utah, awpc.cattcenter.iastate.edu/2017/03/21/the-distinguished-annie-clark-tanner-lecture-may-8-1997/.

6. Michael H. Keller, "The Flourishing Business of Fake YouTube Views", *New York Times*, 11 de agosto de 2018, www.nytimes.com/interactive/2018/08/11/technology/youtube-fake-view-sellers.html.

7. Max Read, "How Much of the Internet Is Fake? Turns Out, a Lot of It, Actually", *New York*, 26 de dezembro de 2018, nymag.com/intelligencer/2018/12/how-much-of-the-internet-is-fake.html.

8. Taylor Lorenz, "Rising Instagram Stars Are Posting Fake Sponsored Content", *Atlantic*, 18 de dezembro de 2018, www.theatlantic.com/technology/archive/2018/12/influencers-are-faking-brand-deals/578401/.

9. *Miss Americana*, dirigido por Lana Wilson (Tremolo Productions, 2020).

10. Andre Agassi, *Open: An Autobiography* (Nova York: Alfred A. Knopf, 2009).

11. Newsletter de Laura Belgray, talkingshrimp.activehosted.com/index.php?action=social&chash=b6edc1cd1f36e45daf6d-7824d7bb2283.983&s=1b1ffcfd9ceaa89d13a6921ec91e51ef.

12. Marc Andreessen, "Pmarca Guide to Personal Productivity", *Pmarchive*, 4 de junho de 2007, pmarchive.com/guide_to_personal_productivity.html.

Capítulo 12: Liberte Seu Futuro

1. Tom D. Crouch, *Wings: A History of Aviation from Kites to the Space Age* (Nova York: W. W. Norton & Co., 2004), p. 8.

2. Erin Blakemore, "The First Nonstop Flight Across the Atlantic Lasted 16 Harrowing Hours", History, 13 de junho de 2019, www.history.com/news/first-transatlantic-flight-nonstop-alcock-brown.

3. Paul Krugman, "Why Most Economists' Predictions Are Wrong", *Red Herring*, 10 de junho de 1998, web.archive.org/web/19980610100009/http://www.redherring.com/mag/issue55/economics.html.

4. David Emery, "Did Paul Krugman Say the Internet's Effect on the World Economy Would Be 'No Greater Than the Fax Machine's'?", Snopes, 7 de junho de 2018, www.snopes.com/fact-check/paul-krugman-internets-effect-economy/.

5. Philip E. Tetlock, *Expert Political Judgment: How Good Is It? How Can We Know?* (Princeton, NJ: Princeton University Press, 2017).

6. Tetlock, *Expert Political Judgment*, p. xx.

7. Colin F. Camerer e Eric J. Johnson, "The Process-Performance Paradox in Expert Judgment: How Can Experts Know So Much and Predict So Badly?", em *Toward a General Theory of Expertise: Prospects and Limits*, editado por K. Anders Ericsson e Jacqui Smith (Cambridge: Cambridge University Press, 1991), 195–217.

8. Stephen Fleischfresser, "Ultra-Violet Confirms 'Darwin's Moths,'" *Cosmos*, 20 de agosto de 2018, cosmosmagazine.com/nature/evolution/ultra-violet-experiment-confirms-darwins-moths/.

Capítulo 13: Metamorfose

1. Ferris Jabr, "How Does a Caterpillar Turn into a Butterfly?", *Scientific American*, 10 de agosto de 2012, www.scientificamerican.com/article/caterpillar-butterfly-metamorphosis-explainer/.

2. Joseph Campbell, *A Joseph Campbell Companion: Reflections on the Art of Living* (Mill Valley, CA: Joseph Campbell Foundation, 2011).

3. Glennon Doyle, *Untamed* (Nova York: Dial Press, 2020), 74.

4. Elena I. Antonakou e Lazaros C. Triarhou, "Soul, Butterfly, Mythological Nymph: Psyche in Philosophy and Neuroscience", *Arquivos de Neuro-Psiquiatria* 75, n. 3 (março de 2017): 176–179, www.research-

gate.net/publication/315598495_Soul_butterfly_mythological_nymph_Psyche_in_philosophy_and_neuroscience.

Epílogo

1. Carl Sagan, *Demon Haunted World: Science as a Candle in the Dark* (Nova York: Ballantine Books, 1997).

2. Tim Urban, "Your Family: Past, Present, and Future", Wait But Why, 28 de janeiro de 2014, waitbutwhy.com/2014/01/your-family-past--present-and-future.html.

FOTOGRAFIA DE KOLBY WALL

Ozan Varol foi cientista de foguetes e um professor premiado, e agora é um autor de best-sellers. Nascido em Istambul, Varol cresceu em uma família sem falantes de inglês e se mudou para os Estados Unidos sozinho aos 17 anos para frequentar a Universidade de Cornell. Enquanto estava lá, trabalhou na equipe de operações para a missão Mars Exploration Rovers de 2003.

Um aclamado especialista em criatividade, inovação e pensamento crítico, Varol foi chamado de "verdadeiro original" por Adam Grant e apelidado de "super-herói" por Daniel Pink. Seu trabalho foi descrito como "leitura obrigatória" por Susan Cain e apresentado no *Wall Street Journal*, *Time*, BBC, CNN, *Fast Company*, *Washington Post* e muito mais. Seu primeiro livro, *Pense Como um Cientista de Foguetes* [Editora Alta Books], foi traduzido para quase 25 idiomas e classificado como um dos principais livros de 2020 pela Inc.com. Você pode segui-lo em ozanvarol.com (conteúdo em inglês).

Este livro foi impresso nas oficinas gráficas da Editora Vozes Ltda.,
Rua Frei Luís, 100 – Petrópolis, RJ.